杭州市第三届重大教育科研成果

丛书主编 | 沈建平

U0729863

双射线模式：
松散型教育集团治理新范式

王 红 / 编著

中国出版集团

现代出版社

序
集团化办学内部治理探索正当时

杭州市是最早从教育均衡发展视角开始集团化办学探索的城市之一。早在2002年,杭州市即出台《杭州市人民政府关于深化改革加快发展率先实现基础教育现代化的决定》,率先将集团化办学纳入教育优质均衡发展政策框架,提出通过"资产和人员重组,改造薄弱学校,提高教育质量和办学效益",从政策层面扫清了集团化办学的外部障碍,为集团化办学以内部治理改革为突破口提升教育质量和办学水平,创设了良好的政策环境。

在集团化的初始阶段,沿用的是以名校为"轴心"的治理模式:名校领办的各个校区统一接受名校的管理。然而,随着集团化办学走入"深水区",单体学校治理模式越来越面临着来自集团内部的挑战,尤其是多法人、地理距离较远的集团,各校区之间"如何重组形成新的治理结构""如何构建新的运作机制"等问题不仅是集团化办学内部治理面临的现实课题,更是推进教育治理体系和治理能力现代化的时代课题。

采荷一小教育集团正是在这样的背景下开始了其松散型教育集团内部治理模式的研究。作为"名校+新校"的教育集团,采荷一小教育集团较早进行了集团化办学探索,并以开创性的实践,实现了集团整体教育教学质量的跨越式提升,亲历、见证和推进了集团化办学的纵深发展,成为杭州市义务教育优质均衡发展总体图景中一道亮丽的风景线。

治理的核心要义是多元主体参与。采荷一小教育集团根据其松散型集团的特点,提出"双射线模式",推进治理结构从"单中心"向"双中心"转变。不仅如此,集团将跨校区管理层、多学科教师团队等不同主体之间存在的竞争性"协商区间"，视作建设内部治理机制的窗口和机遇，着力构建集团内部各主体间"多维覆盖、全面延伸"的交往和对话机制，探索了集团管理干部研讨坊、众筹会、跨校区大年级组、项目制与项目组等新型民主治理组织，形成了特色活动双边共有、同题异构、走校带教等新型多主体参与、对话协商、互助共享式的治理机制。

采荷一小教育集团始终坚持治理不是发生在课程、教学、教师专业成长等专业领域之外、与专业领域无关的独立活动；相反，专业自治是治理能力和治理水平现代化的核心环节。为此，采荷一小教育集团致力于搭建"课堂节""才艺汇""成长营"等专业自治平台，鼓励教师在专业领域内的自治探索，培育正式、非正式的专业治理网络以及丰富、灵动、富有生命力的治理载体，形成专业自治性"软法"与集团规范性"硬法"相互补充，治理规则多元化，有规范、有温度、有效能的善治格局。

采荷一小教育集团还注重数据驱动治理现代化，将搭建智慧校园作为治理改革的有力支撑，不断完善基于数据的"整体智治"；调整和优化教学组织、管理、实施中教师、学生与教学资源、评价之间的关系，实现赋权增能；努力将数据思维贯穿治理过程，推进基于数据的"循证"治理。

尤其值得一提的是，采荷一小教育集团以科研为引领、在课题研究中强化提升内部治理的自我反思、自我迭代，而杭州市教科院的重大课题机制也为这种教育研究和教育实践的互动创造了条件，这也正是现代治理的题中应有之义。无疑，作为正在行进中的集团化治理探索，采荷一小教育集团的双射线治理范式还有很大的成长空间，愿它一如既往地以自我革新的勇气、长期主义和专业主义的精神，在治理现代化的道路上砥砺前行。

浙江省教育科学研究院基教所所长、博士

目 录

CONTENTS

第一章

绪 论

公平与质量是基础教育现代化的各种价值追求中最为核心的价值之一；在致力于基础教育公平与优质发展的各种路径探寻中，集团化办学是独具价值的路径之一。集团化办学是探索拓展优质教育资源、实现优质教育资源配置公平、推进教育优质均衡发展的重要策略。集团化办学打破了学校围墙的束缚，为集团内每一所学校的发展注入了活力，实现教育格局的"破"和"立"。本章分别从全国集团化办学的发展面貌、杭州市集团化办学的发展轨迹和采荷一小教育集团的发展历程三个层面来论述集团化办学，引出松散型教育集团治理新范式的探索和取得的成效。

第一节　全国集团化办学的发展面貌扫描

集团化办学是以行政指令为主，兼顾学校共同意愿，将一所名校和若干所学校组成学校共同体，以名校为龙头，在教育理念、学校管理、教育科研、信息技术、教育评价、校产管理等方面统一管理，实现管理、师资、设备等优质教育资源的共享。名校集团以名校校长为领衔校长，由专家顾问、各校区校长组成的决策机构负责集团的整体规划，并形成相应的执行系统、监督反馈系统。名校与各校之间既有统一的协调和管理，以保证同样的教育品质，各校之间又相对独立，追求各自的办学特色，实现互惠互助、共同成长。可以说，集团化办学是教育发展的创新，是对推进基础教育均衡发展、实现教育公平的一种有益尝试。

一、集团化办学的时代背景

党的十九大报告提出，要"努力让每个孩子享有公平而有质量的教育"。2019年国务院政府工作报告要求"发展更加公平更有质量的教育"。如何实现优质教育资源均衡配置？如何依托优质教育均衡配置进而促进弱校、新校的跨越式发展？上述问题既是实现"更加公平更有质量"的教育的出发点，也是践行基础教育集团化办学的着力点。

我国集团化办学的兴起与发展植根于一定的社会和时代背景，与广大群众对于子女能够"上好学"的热切呼吁密切相关，反映了党和政府致力于推动教育变革，实现公平而有质量的教育的坚定信念。主要体现在以下三个方面。

(一)百姓对接受优质教育的呼声日益凸显

在当代社会,教育尤其是基础教育的重要地位不断凸显,对于儿童一生发展的影响也日益彰显。广大人民群众对优质教育资源的需求也日趋强烈,希望自己的孩子能够"上好学",接受优质教育,以获得更高层次的发展,拥有更加美好的未来。但是,由于优质教育资源无法充分满足人们的需求,因而"择校"问题相伴而生。许多家长不惜迁户口、交赞助、租房子,就是为了自己的孩子能够读上好的学校。这对教育部门、对学校发展都形成了巨大的压力。由此可见,家长让孩子接受优质教育的需求与优质教育资源相对不足的矛盾日益突出。老百姓"上好学"的呼声日益突出,来自广大人民群众的需求加速了名校集团化的进程。

(二)人们对教育公平更加关注

教育公平关乎国计民生,是广大人民群众追求的重要目标。今天,百姓安居乐业、衣食无忧,进而日益追求教育公平,希望自己的子女能够享受教育公平,有机会接受更好、更优质的教育,教育公平已经成为社会公平的一个重要维度。"不让孩子输在起跑线上",道出了老百姓的心声,也成为政府部门致力于实现教育公平的目标。因此,从基础教育阶段开始,通过实施名校集团化战略,扩张优质教育资源,推进教育公平势在必行。

(三)学校对新的发展空间的渴求日益强烈

教育集团化是应教育资源扩张的需要而产生和发展的。名校和弱势学校同样都有自身的生存与发展问题。对名校而言,原有的校区、教育设施及师资力量等难以承载人们对于优质教育资源日益增长的需求,而要解决这一发展问题往往需要投入大量的建设精力和物力。对于弱势学校而言,也急需优秀的管理经验、优质的师资队伍。实施集团化办学,可以为名校寻求更广阔的发展空间,给了名校输出优质资源的机会与平台;名校资源和经验的校际共享,有利于集团内学校的快速成长。因此,集团化办学为名校提供了新的出路与发展通道,同时弱校也得到了发展的机会。[1]

---

① 颜嫱嫱.利益相关者视野下小学教育集团化办学的个案研究[D].金华:浙江师范大学,2017.

二、集团化办学的发展历程

我国集团化办学经历了萌芽、发展、开拓等一系列实践探索历程。严凌燕在《义务教育集团化办学研究综述》一文中对教育集团的发展历程进行了归纳，将发展历程分为酝酿初创期、蓬勃发展期和反思创新期三个阶段。[①]

(一)我国教育集团的酝酿初创期:20世纪80年代末至90年代初

党的十一届三中全会后,国内教育理论界认识到教育不仅具有经济功能,还兼有产业属性。韩宗礼指出,城乡出现大量的私人办学成为当时教育产业化的主要表现,国家和地方投资的各级普通学校则成为最大的教育产业。[②]1992年6月,《关于加快发展第三产业的决定》颁布,首次将教育纳入第三产业并作为发展重点,加快了民办教育的发展。社会力量办学热潮,使办学主体、资金投入方式趋向多样化,除国家办学外,个人、社会团体、民主党派、企事业单位等均可成为办学主体。民办教育和企业集团的实践,助推了教育集团的诞生,民众日益丰富的教育需求是教育集团广阔的市场空间。

(二)我国教育集团的蓬勃发展期:20世纪90年代中期至21世纪初

这一时期,早期成立的教育集团进一步扩大规模,建立起从学前教育到高等教育的庞大体系。上海建平教育集团以名校建平中学为依托,改革教育理念,通过兼并、合作等形式创办中小学,实现教育资源的有效扩张,在重新审视集团化办学后实现新发展。南洋发展集团建立6所K-12型学校和1所大学,集团从产业发展观点出发,构筑教育格局,培育核心竞争力。教育集团涵盖多级教育,除创办具有公益性的学校外,还提供与教育相关的其他服务。与普通教育相比,职业教育成为教育集团发展的重要领域,实现了快速发展。

(三)我国教育集团的反思创新期:21世纪初至今

进入21世纪后,教育集团在新时期由民办转向公办,义务教育阶段的名校集团化办学是教育集团的重要突破。在深化职业教育的同时,义务教育

---

① 严凌燕.义务教育集团化办学研究综述[J].江苏教育研究,2015(9):51-52.

② 韩宗礼.教育产业化,产业教育化——试论社会主义商品经济下的教育趋势[J].教育与经济,1989(1):32.

阶段的名校集团化逐渐形成。一方面,职业教育集团具有跨区域、跨行业、多元化、自愿结成、组织灵活、各取所需的特征,它的进一步发展,需要建立与市场经济相适应的运行机制。另一方面,义务教育阶段集团化办学兴起。杭州市在"名校办民校"的前期探索基础上,成立了以名校为核心的教育集团,求是教育集团正是在这一背景下产生的。名校集团化的使命在于,促进区域优质教育资源均衡,有效实现教育公平。从这一阶段的教育集团实践中可以发现,职业教育集团发展渐趋成熟,义务教育的名校集团化办学成为教育集团研究的新动向。

三、集团化办学的模式探索

随着集团化办学在全国各地如火如荼地开展,集团化办学尤其是基础教育集团化办学已然成为各地行政部门推进教育均衡与提升区域教育质量的重大举措。基础教育集团化在实践中呈现出了多种形态。张徐的《基础教育集团化办学研究回顾、反思与展望》[①]、颜嫦嫦的《利益相关者视野下小学教育集团化办学的个案研究》[②]均对集团化办学的主要模式进行了研究和概括。依据两者的研究成果,办学模式可以根据主导主体、管理体制、控制程度、成长途径、内部结构等不同维度划分为不同的类型。

(一)从主导主体进行划分

根据主导主体的不同,可以将教育集团分为由政府主导的教育集团和由学校主导的教育集团。前者是在政府的主导下,依托名校品牌,引导城区优质教育资源向郊区县转移,所涉及的优质资源兼顾软硬件建设,优势校、薄弱学校及其所在地政府之间签订三方协议。后者是政府牵线,学校之间自主建立交流协作关系,但两者之间并不存在明文的协议规定,合作仅仅表现为干部、教师和学生的互动交流。

(二)从管理体制进行划分

根据管理体制的不同,可以分为一体化紧凑型教育集团、共生式松散型

---

① 张徐.基础教育集团化办学研究回顾、反思与展望[J].教育导刊,2019(1):42-43.
② 颜嫦嫦.利益相关者视野下小学教育集团化办学的个案研究[D].金华:浙江师范大学,2017.

教育集团和混合型教育集团。一体化紧凑型教育集团可以形象地理解为"一个法人、一体化管理"，集团实行一个法人主体、一套班子，集团内人、财、事、物由总校长统筹调配、统一管理，教师干部互相流动，是一种实质型的兼并。共生式松散型教育集团是指在集团化办学过程中，以某一优质校作为龙头学校，各成员学校均为独立法人，人、财、事、物分置，校际关系平等，通过集团的调控可以实现资源的共享和互补。混合型教育集团是指不同性质学校间的合作，实行"一团两制"，在品牌、招生、管理、师资等方面采取多种合作方式。①

（三）从对成员校的控制程度进行划分

根据对成员校的控制程度不同，可以分为直营式教育集团和加盟式教育集团。前者指教育集团对属下成员校的管理决策具有绝对的控制权，包括法权控制和资本控制。后者指教育集团对属下学校的资金、资产、管理不具有控制权和支配权，各成员校共享教育品牌，形成相对自主的协作组织。②

（四）从成长途径进行划分

根据教育集团的成长途径，可分为内部成长和外部成长。内部成长主要有两种模式：积累拓展型模式和连锁投资型模式。积累拓展型模式创立的教育集团一般是通过接管薄弱的成人学校和开办短期的培训班作为原始资本与经验积累，当资金和经验积累到一定量的时候，继而开办多家不同类型、不同层次的学校。连锁投资型模式教育集团的办学基础是财团或者企业的规模性投资，以良好的办学效益，增加品牌的影响力，获得资本积累，建成系列学校连锁发展。外部成长分为兼并托管型模式和品牌复制型模式。兼并托管型模式是具有一定社会声誉，且办学水平和效益都比较好的学校去兼并或者托管经营较差的学校。品牌复制型模式是名校以优质教育资源扩张的形式，向被兼并的薄弱学校或者刚创办的新校输出人才和管理经验，旨在使薄弱学校和新校成为具有名牌学校特色的学校，从而实现品

---

① 成都市教育局.成都名校集团化实现两个"突破"[J]. 领导决策信息,2009,4(24):20-21.

② 周彬."名校集团化"办学模式初探[J]. 教育发展研究,2005,22(16):79-81.

牌复制。[①]

（五）从集团内部结构进行划分

从教育集团的内部结构来看，形成了"名校+X"的办学模式，主要分为四大类：一是"名校+新校"，即一所名校携手一所新校共同发展。二是"名校+民校"，特指公办学校以各种方式参与民办学校的管理，输出基础教育的品牌和资源，实现资源共享。三是"名校+弱校"，即名校以对口帮扶的形式，以边缘薄弱学校和农村学校为帮扶对象，发挥名校在师资、教学设备等方面的优势，帮助薄弱学校提高教学质量和管理水平。四是"名校+名企"，名企有丰厚的资金链或较好的管理模式，名校有优质的教学资源，两者的结合为名校发展的困境提供了解决思路，也满足了名企对优质教育质量的需求。[②]

四、集团化办学的成效与价值

集团化办学通过不断的探索和深入实践，取得了令人瞩目的办学成效，有力地证明了其所蕴含的教育意义和价值。

集团化办学有力地推动了教育均衡，朝着教育公平更进一步。集团化办学以学生全面发展为终极目标，通过对薄弱学校的互助式引领，帮助薄弱学校对自身现状进行理性评判，带动薄弱学校改造。此外，名校集团化可以实现不同学校的办学理念、发展目标、管理体制的统一，通过集团内教师轮岗、走教等形式盘活教师资源，实现均衡发展。因此，办学可以通过优质教育资源的扩张，满足群众对优质资源的需求，有利于破解"择校"之风，是新形势下促进教育公平和教育均衡的有效途径。[③]

在关于集团化办学的优势与成效的解读方面，柳国梁在《义务教育集团

---

① 颜嫦嫦.义务教育集团化办学的模式、困境与出路[J].现代中小学教育,2016(12):1-3.

② 颜嫦嫦.利益相关者视野下小学教育集团化办学的个案研究[D].金华:浙江师范大学,2017.

③ 严凌燕.义务教育集团化办学研究综述[J].江苏教育研究,2015(9):51-52.

化办学的应然特征、实然问题与对策建议》①中提到三个非常值得关注的点。

第一，集团化办学有效地扩大了优质教育资源的辐射范围，实现了区域教育发展的整体推进。借助优质学校核心品牌效应，通过名校办分校、托管、合作办学、教育联盟等多种模式，充分发挥集团中优质学校的示范和引领作用，逐步扩大辐射面，创生新的优质教育资源，实现从"学有所教"向"学有优教"转变。

第二，集团化办学有效地推动了校际深度融合。作为办学共同体，通过对集团总校和各成员分校教育资源的重组与优化配置，通过校际开放协同、优势互补，在促进先进办学理念辐射、科学管理制度共建、治理结构变革、骨干教师流动、教育资源共享等方面深度合作与融合，强化各校优势，发挥各自特色，激发办学机制创新活力。

第三，集团化办学缩小了义务教育城乡、区域和校际差距，缓解了"择校"矛盾。集团化办学基于教育的公益性，以满足老百姓教育需求为主要目标，扩大社会弱势群体享受优质教育的公平机会，成为破解"上好学难"和"择校"之风等难题的一条成本低而成效大的路子，让学生真正受益，家长和社会真正认可。

五、集团化办学的问题与展望

随着集团化办学实践的深入推进，集团化办学的过程中也逐渐显露出一些问题。

集团扩张与教学质量稳定之间的问题。名校主体在帮扶新校的过程中，分享有限的优质教学资源，快速地向各个校区输送优秀教师，加强新校教师能力培训。名校主体自己的优势资源也逐渐被削弱，就如同原本醇厚浓郁的牛奶被稀释。作为学校的管理者，应该尽量保持学校原有的品牌和文化内涵，在共同发展和进步的办学指导思想下，寻求办学方式和管理机制上的创新，保障教学质量持续稳定，避免与化解牛奶迅速稀释的危险境地和

---

① 柳国梁.义务教育集团化办学的应然特征、实然问题与对策建议[J].现代中小学教育,2019(6):1-2.

风险。促使各校之间形成相对稳定的合作领域和工作程序,自己又相对独立灵活的松散型管理模式,从而达到"1+1>2"的良好效果。

迅速扩张与目前管理方式之间的问题。城市化建设速度的提升和教育集团发展总是相辅相成的,校区的增多和教师队伍的扩张,管理协调的工作量也随之大幅度增加,这样,教育管理者必须面对新的挑战,对集团的管理模式和管理人员的能力提出了更高的要求与期待。从校区的角度看,管理的半径逐渐扩大,要求管理者兼顾多个校区;从人员的角度看,教师人数越来越庞大,管理难度也相应加大;从管理分工上看,总校长的精力和时间有限,必须下放一定的管理权限给各个分校;从管理理念上看,各个校区既有总体的文化内涵指导,又有各自的地域特点,需要集团进行融合与办学特色独立。

教师专业成长与人才流动之间的问题。教育成功与否的根本在于教师,教师队伍的建设关键在于人才的培养与管理。教育集团的发展离不开优质教师资源,所以,一所学校教育质量的优劣,关键在于教师素质和专业成长。教育集团每年都在扩招,师资队伍也在逐渐充实,原有的优秀师资每年都有外流现象,新招的研究生和引进的教师素质虽然很不错,但是他们都需要一个磨合与打磨的过程,因此如何缩短教师成长的周期是摆在集团发展面前的急需解决的课题。

面对问题,集团化办学如何走向更好的实践?从集团化办学的实践现状来看,集团化办学仍有巨大的空间等待教育者去探索、实践与创新。

第一,系统谋划,推动集团化办学创新发展。优质共生、和谐共进是集团化办学的核心特质,也是推动发展的根本目标。集团化办学要尽量避免"雷区",如简单拼盘、随意扩张、形式主义等。教育集团要使集团内的学校同步、均衡发展,真正实现优质共生,需要着力提升学校办学品质,不断完善集团化办学的治理方式,积极探索学校个性化发展路径,系统筹划优质学校再孵化,有效激发集团化办学的内生动力等。集团校长在推进教育集团因地制宜、个性生长,实现创新发展的过程中,要不断进行反思和审视,多多追问:是否有"承载力",能否担当起集团化办学的重大使命与责任?是否有"控制力",能否带领学校在适当的规模下实现高效发展?是否有"成长力",

如何实现集团各类资源的可持续发展？是否有"可复制力"，学校发展能否呈现在一个有质量标准的体系框架中？①

第二，协同发展，保障集团化办学持续推进。深化基础教育改革，追寻教育管理范式创新，要求实现从"管理"向"治理"转变。"治理"的突出特征是多主体的参与、多中心的治理，其发挥作用要依靠多主体间的相互影响、相互协商与合作。教育集团中管理中心、评价中心、课程研发中心、教师发展中心的设置就是一种多中心治理的形态。实践证明，加强各集团间的合作，促进协同发展是集团化办学办出成效的重要途径。通过对区域内各集团进行横向、纵向的协同发展规划，对于水平接近或各有特色的集团，推进特色群和联合体的建设，突出特点发扬优势，不失为一种有益的尝试。集团化办学要实现优质共生，需要"盘活存量，创造增量"；需要在集团层面完善制度化的组织机构、决策机制，开展针对各校的学校整体发展评估；需要营造集群性、共生性文化，要加强集团内各校的合作与交流；同时，任何组织或个人，开放水平与活力水平永远成正比，因此可组建非专职的专项工作团队，探索与高校、科研部门等的合作机制等。②

① 杨晓梦.优质共生：集团化办学再出发的价值追问与路径选择——来自"第二届全国中小学管理理论与实践融合研讨会"的声音[J].中小学管理,2019(5):28-29.
② 杨晓梦.优质共生：集团化办学再出发的价值追问与路径选择——来自"第二届全国中小学管理理论与实践融合研讨会"的声音[J].中小学管理,2019(5):28-29.

第二节　杭州市集团化办学的发展轨迹追溯

今天,发达的教育体系、丰富的教育资源、优质的教育服务,已经成为城市现代化的重要标志,而名校有着优良的办学传统、先进的教育理念、独特的办学特色,已然成为城市精神文化发展的源头和城市精神的象征。历史文化名城杭州,一直非常重视教育的振兴,走在学校发展、教育变革与创新的时代前沿。集团化办学就是杭州教育发展历程中浓墨重彩的一笔。而采荷一小的集团化办学正是其中的一个缩影。采荷一小教育集团,与其他教育集团一样,在杭州集团化办学的教育春景中拔节、茁壮、繁花似锦、果实累累,创建了属于自己的集团化办学品牌。

一、杭州集团化办学的发展阶段

杭州是浙江省政治、经济、文化中心,历史悠久,景色秀丽,是长江三角洲的重要中心城市和中国东南部的交通枢纽。近年来,随着杭州经济社会的快速发展,教育事业也得到了快速、健康、协调的发展,并取得了巨大的成就。在杭州迅速迈向城市化的今天,教育如何适应城市社会的变化——人口增加、产业结构改变、教育消费能力提高,又如何满足、引导、提升市民的教育需求,使他们更好地生存、发展,这些都提上了政府和教育行政部门的议事日程。为了使市民获得更多的优质均衡教育,满足城市发展与市民对教育的需求,教育集团化办学成为杭州发展教育事业的一个重要选择。正是在这种背景下,21世纪初,杭州开始探索实施具有杭州特色的名校集团化办学战略。

发展教育,政府是第一责任人。这个意识的确立和工作的到位是决定性因素。杭州的名校集团化办学从一项出自基层学校的探索逐渐转变为政府介入的制度创新，最终上升为一个区域内的组织行为。纵观杭州名校集团化办学的发展轨迹，大致经历了四个阶段。

（一）萌芽初探阶段（1999—2004年）

杭州名校集团化办学始于民间探索，创建于1957年的杭州求是小学是杭州市的实验学校。在近50年的办学历史中，求是小学屡获全国绿色教育先进学校、全国德育实验学校、浙江省教育科研先进集体、杭州市文明学校等国家、省、市荣誉称号。

1999年，学校接管了位于蒋村商住区竞舟路的新建公办学校，开始连锁式办学的实践；2001年，又接管了蒋村商住区另一所小区配套学校。2002年10月，在三校的基础上正式组建了我国第一个义务教育集团——杭州求是教育集团，成为全国最早的公办义务教育集团。集团下属浙江大学附属小学、求是（竞舟）小学和求是（星洲）小学。

2002年6月21日，《杭州市人民政府关于深化改革加快发展率先实现基础教育现代化的决定》出台，指出："可以优质学校为龙头，组建跨地区、跨类别学校的教育集团，通过资产和人员重组，改造薄弱学校，提高教育质量和办学效益。"杭州的名校集团化办学开始了探索。

（二）探索"名校+"的1.0模式（2004—2010年）

2004年9月2日，杭州市委、市政府召开全市基础教育工作会议，发布《中共杭州市委、杭州市人民政府关于进一步推进基础教育改革和发展的若干意见》，首次提出确立实施名校集团化战略。随后，杭州市委、市政府出台《关于进一步推进基础教育改革和发展的若干意见》，首次提出在全市实施名校集团化战略。官方又相继出台《关于进一步加快学前教育改革与发展的若干政策意见（试行）》《杭州市居住区配套设施建设管理条例》，为"十一五"期间名校集团化战略的进一步实施提供了政策保障。杭州名校集团化办学进程步入官方推动、社会响应的快速发展阶段。

2007年9月，《中共杭州市委、杭州市人民政府关于进一步推进名校集团化战略的意见》出台。10月，杭州市教育局印发了《杭州市名校集团（互助共同体）考核评价办法（试行）》和《关于开展2007年杭州市名校集团（互助共同体)考核评价工作的通知》。随后通过管理制度与运行机制、干部队伍与师资品质、教育环境与文化资源、办学水平与社会效益以及创新与特色5个一级指标、16个二级指标，对33个名校教育集团进行了考核评价。此后，杭州以市委、市政府名义每两年召开一次全市名校集团化战略总结表彰大会，总结成绩和经验，表彰奖励先进单位和个人。这些政府行为既为杭州市积极探索名校集团化办学提供了政策依据，同时也为名校集团化办学提供了政策上的保障。由此，杭州市的名校集团化办学进入了迅速发展时期，并形成了多种办学模式。

1."名校+弱校"

"名校+弱校"的办学模式是指通过名校对弱校的重组或引领，提升弱校办学质量。这一模式通过将名校先进的教育理念、管理方式、优秀文化传统等输出给弱校，从而使弱校在名校拉动下得到快速发展。杭州采荷一小教育集团就是其中之一，集团以采荷校区作为集团的母体，用最小的风险、最少的投入、最大的收益使原来的弱校——笕桥校区坐上了发展的电梯。

2."名校 + 新校"

"名校+新校"的办学模式是指通过名校输出品牌、办学理念、管理方式、干部和优秀教师、现代化教育信息技术等方式，带动新办学校共同发展，迅速提高办学水平和教育质量。杭州求是教育集团就是采用这种办学模式。通过"名校 + 新校"，杭州求是教育集团扩大了办学规模，使原有的优质教育资源得到快速扩张，同时也使杭州城西新建的小区配套小学缩短了学校成长期，在较短的时间内获得了社会与家长的认同。

3."名校 + 民校"

"名校 + 民校"的办学模式是指通过名校与民校之间联手，集聚民间资本，切实加大教育投入，促进办学体制改革。杭州学军中学教育集团就是一个成功的案例。杭州学军中学是一所全省乃至全国有名的学校，而文澜中学则是一所新办的民办学校，这样两所学校组成教育集团后，文澜中学由于得到学军中学的"管理输出"和"人才输出"，办学水平迅速提升，成为杭城一所著名初中。

4."名校＋名企"

"名校＋名企"的办学模式是指名校与名企之间通过品牌、管理、专业技术人员、实习培训资源、行业发展信息、资金等方面的优势互补，实现名校与名企的共赢，这种模式主要出现在职业教育集团中。杭州中策职业教育集团就是这种模式的一个典型。"名校＋名企"是名校集团化战略在职业教育领域中实施的一种运作模式，根据职业教育的特点，名校与名企之间进行组合，优势互补，实现名校与名企的共赢。

5."名校＋农校"

"名校＋农校"的办学模式是指以城市中的名校为龙头，与若干所农村的薄弱学校结成城乡学校互助发展共同体，通过在教育教学管理、教育资源共享、干部教师培训、贫困结对帮扶、社会实践活动等方面的交流互助，实现城市优质教育向农村辐射，提升农村教育质量，推进农村基础教育的均衡、优质发展，实现城乡教育一体化。

6."进校（进修学校）＋新校"

在名校集团化战略的推进过程中，通过不断的探索创新，拓宽了优质教育资源的集聚形式，形成了一些新的集团化办学模式，"进校（进修学校）＋新校"就是其中之一。如上城区将原复兴二小改为"上城区教师进修学校附属小学"，拱墅区于2006年7月将原小河小学改为"拱墅区教师进修学校附属学校"（进修学校小河校区），并拟将新建的田园二小作为"拱墅区教师进修学校实验小学"（进修学校田园校区），实行统一法人、统一编制。"进校（进修学校）＋新校"这种模式既为教师和科研人员提供了紧密的实践平台，又为集团内学校提供了坚实的人才支撑，让学校的办学和管理走研究型之路，提升学校的办学水平。

7."教科所＋新校"

"教科所＋新校"的办学模式是由杭州市一些教育科研单位领办某一新校或弱校，利用科研单位雄厚的专业研究力量，使新校或弱校能够在短时间内得到快速发展，缩短优质学校的成长时间。如上城区将新建的复兴一小改为"杭州市教育科学研究所附属小学"即是如此。杭州市教育科学研究所附属小学成立仅仅两年，就发生了显著的变化。有7名教师成为上城区教坛新秀、教学能手;学科论文、案例第一次有了一等奖,全校学生各科成绩平均合格率99.54%、平均优秀率50%以上,学校的教育质量开始向上城区的前列迈进。

在探索集团化办学的"名校+"1.0模式阶段,杭州市以一批成熟的中小学名校集团化与幼儿园名园集团化为一体两翼,城区教育集团的组建和城乡学校互助共同体的缔结为两轮驱动,有效地扩大了优质教育资源,促进了区域基础教育的优质均衡发展。[①]

(三)形成区域特色共同体的2.0模式(2011—2014年)

自名校集团化战略推行以来,杭州的优质教育资源得到了最大限度的共享与扩张,一大批优质学校脱颖而出。杭州不少学校积极探索县域内集团化办学的新模式,整体规划、联动考核、资源共享,提升办学实效。其中,西湖区的"紧密型教育共同体",拱墅区的"学校发展群"和江干区的教育"新共同体",都是促进区域教育优质均衡发展的有效尝试(见图1-1)。沈建平主编的《新名校集团化——市域教育供给侧结构性改革的杭州范式》[②]一书中,对以上办学模式的探索进行了介绍。

1. 西湖区:紧密型教育共同体建设

2011年8月,西湖区推出了紧密型教育共同体,以品牌化带动均衡化,强化名校辐射功能,着力突破发展瓶颈,大力缓解入学难问题。

紧密型教育共同体旨在以科学发展观为指导,统筹城乡教育资源,以品牌化带动优质化、均衡化,突破现行体制机制下学校人、财、物等资源难以跨校流动的瓶颈,实施捆绑式共同发展,加大农村学校或相对受援学校内涵建设力度,实现教育均衡发展。实际操作方面,支援学校派出管理团队6~8人到受援学校,包括校级领导、中层干部和骨干教师等多个梯队,共同体学校实施共同的绩效考核、共同的绩效奖励、共同的进退机制。为了推进紧密型教育共同体建设,西湖区提炼出了以下实施策略:(1)文化融合,促进共同体

---

① 杭州市教育局课题组.借力新名校集团化,推动优质教育资源共建共享[J].杭州(周刊),2019(2):42-43.

② 沈建平.新名校集团化——市域教育供给侧结构性改革的杭州范式[M].北京:现代出版社,2017.

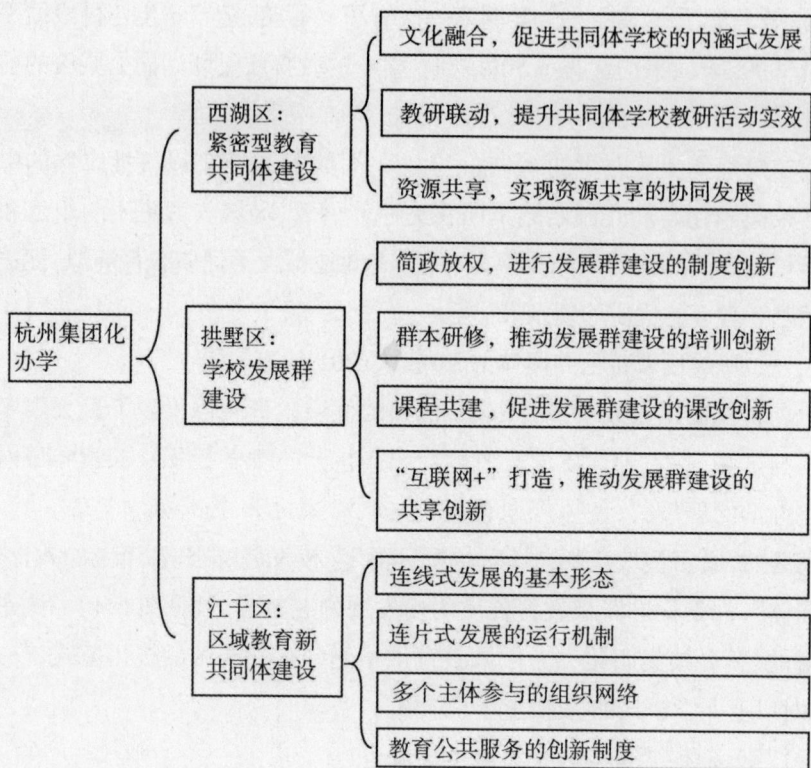

图1-1　集团化办学深化阶段的实践探索样式

学校的内涵式发展。(2)教研联动，提升共同体学校教研活动实效。(3)资源共享，实现资源共享的协同发展。

2. 拱墅区：学校发展群建设

拱墅区创新推进学校发展群，按照"地域相近、平等自愿、突出个性"的原则，以3～4所学校为一个团组，共组建了10个中小学发展群，推进学校集群式发展。

学校发展群是一项行政发起，学校（公办中小学）自主参与、自觉组团的群体组织，以分片规划、平等组合、鼓励个性、捆绑考核为基本组织原则，将若干所学校联合起来，以群的方式进行工作，做到方案共商、群资源共享、群活动共同参与，充分发挥群主学校的优势辐射作用，带动群内学校的发展。拱墅区为推进学校发展群的建设，做了大量有价值的探索：(1)简政放权，进行发展群建设的制度创新。(2)群本研修,推动发展群建设的培训创新。(3)课程共建,促进发展群建设的课改创新。(4)"互联网+"打造,推动发展群建设的共享创新。

3. 江干区:区域教育新共同体建设

江干区在实施名校集团化战略的基础上,协同多方力量,整合多种资源,创新办学机制,优化管理过程,开展了教育新共同体的实践与研究,立足每个区块发展,推动区域整体发展。江干区教育局局长徐晖主编的《新共同体——区域推进基础教育优质均衡发展的江干范式》①,副局长费蔚撰写的论文《教育新共同体:义务教育优质均衡发展的江干模式》②都对此进行了阐述。

新共同体是以主体间伙伴关系为纽带,由教育行政部门、属地政府、学校、高校、社会组织等在充分合作的基础上,所形成的相对稳定的、志同道合的新型教育组织,是基于各利益主体的多方合作并致力于教师专业发展、学校改进的责任共同体;也是一个有一致发展愿景和价值追求的命运共同体;更是一个由多元主体参与的,以共治共享、共荣共生为特色的教育治理新范式。江干区教育新共同体模式,构成了立体化、复合式的教育图景,它努力在政府、社会组织(包括高校、企业、家长和社区)、学校、个人的互动与合作中谋求教育的善治。费蔚在《教育新共同体:义务教育优质均衡发展的江干模式》一文中,对其发展过程中所获得的经验和成绩进行了如下总结③。

(1)连线式发展的基本形态。从外部形态来看,新共同体形成了名校、高校、科研院所与弱校、新校之间的连线,这是构成教育新共同体的基本形态。江干区作为一个城市化进程快速推进的新型城区,区域内具有大量新办学校以及原本底子薄弱的农校、弱校。对于这些新校、弱校和农校而言,快速提升其教学质量最有利的途径就是通过连线式的优质资源输入,可使

① 徐晖.新共同体——区域推进基础教育优质均衡发展的江干范式[M].上海:上海教育出版社,2017.

② 费蔚.教育"新共同体":义务教育优质均衡发展的江干模式[J].教学月刊·中学版,2015(10):20-21.

③ 费蔚.教育"新共同体":义务教育优质均衡发展的江干模式[J].教学月刊·中学版,2015(10):20-21.

其教学水平快速追赶、超越,甚至在较短的时间内成长为新的名校。这种连线式发展,既是江干区教育优质均衡发展的基础,也是教育新共同体的主要形态。有别于以往名校集团化过分依赖名校资源,新共同体的这种连线式发展,既有老牌名校,也有师范类高校,还有来自科研机构等的资源注入。教育资源的丰富性既解决了名校优质资源稀释的问题,也使学校多样化发展成为可能。而制度化的运作与捆绑式考核,使资源的注入成为一种可持续运作的循环系统,也更有利于新校、名校的自我成长。

(2)连片式发展的运行机制。作为一个社会学概念,"共同体"指有着共同目标和共同利害关系的人组成的社会团体。德国现代社会学大师斐迪南·滕尼斯(Ferdinand Tonnies)在其社会学经典著作《共同体与社会》中提出:"共同体"强调的是人与人之间强烈的休戚与共的关系,旨在表达人与人之间的亲密关系、共同精神以及对特定社群的归属感和认同感。教育新共同体除了形成连线式发展这一基本形态外,也形成了以合作为特征的连片式发展的运行机制。在凯旋区块推行的区域联盟共同体,在笕桥、彭埠区块推行的教师研训共同体,突破了连线式发展格局,以高校资源为辅,以共同体学校互助合作为主,建立了"六联"运行机制,即"特色联建、资源联享;教师联聘、学生联招;活动联合、中小联动",使得共同体内不同特色的学校,在彰显其学校特色的同时,将特色作为一种资源,与共同体内各校分享,为学生的发展提供更多样化的选择。共同体内打破了学校之间的藩篱,开展横向和纵向的交流,使得教师、学生可以选择跨校任教、跨学区就读,中小学得以在学校活动、课程设置上实现交流,形成了上下互动、彼此合作、相互协商、共同发展的多元关系。

(3)多个主体参与的组织网络。从内部组织而言,各类型的教育新共同体均形成了多个主体共同参与的组织网络。比如理事会,教育新共同体的理事会成员来自当地政府、教育行政部门、教师培训部门、社会组织(高校、企业、社区)、学校等,各共同体内学校实行理事会领导下的校长负责制;专业委员会,大多数教育新共同体在成立理事会之外,还设立了管理指导委员会、教学指导委员会、课程审核与评估委员会、教育教学质量评估委员会、家长委员会等,专事教学评比、科研立项、课程审核、质量评估、教育督导、学校发展建议等工作,对各校进行非行政化的管理和指导;专家智库,教育新共同体均拥有专家智库,如建立了名师工作站、专家工作坊、导师团队等,作为非行政指定的专家队伍,其在研究内容、方式等方面拥有更大的选择权和自主权……教育新共同体的网络组织结构,改变了以往以政府为中心的格局,体现了多元利益关系角色和多个主体共同参与治理的特征,强调了治理主体的多元化和权力的多中心化。

(4)教育公共服务的创新制度。由于公办教育资源紧缺,为了解决符合条件的外来务工人员子女入学问题,江干区教育局采用了政府购买策略,向新共同体内的民办学校购买学位。购买公共服务的主要项目有:民办学校校舍租金,经物价部门批准的民办学校就读学费,按公办中小学标准的生均公用经费,民办学校为提高教育质量而进行的教师专业发展培训费用等。政府购买服务这样的方式,使符合条件的外来务工人员子女均能享受到免费的义务教育。教育新共同体所实施的政府购买教育服务举措,对江干区而言是一种创举,也推动了教育公共服务政策的进步与制度的创新。经过探索与实践,目前江干区已形成多种类型的政府购买教育公共服务,如:购买高校、科研机构等社会组织的优质教育资源,委托其参与管理学校业务工作;向第三方购买教育评估服务;向有资质的社会康复机构购买义务教育段适龄重度残疾儿童的居家教育服务等;向社会机构购买后勤服务等。

立足每个区块实际,连片推进教育新共同体建设,共同体实现了外部资源的输入和内部资源的互通,提升了学校整体质量,形成高水平的错位优势。原本的名校特色和优势更加突出,新校与弱校获得了更多的成长空间和发展机遇。通过这种方式,教育新共同体的发展成为螺旋上升的态势,推动了区域教育优质均衡发展。

(四)探索从县域到市域的新名校集团化3.0模式(2014年至今)

自2014年起,杭州城市转型的发展步伐不断加快,为杭州教育带来新契机的同时,也带来了新的挑战。一方面,随着杭州主城区与萧山、余杭、富阳、临安四区的深度融合,教育面临"同城同待遇"的严峻挑战;另一方面,随着新型城镇化的快速推进,桐庐、建德和淳安三县(市)的人民群众对优质教育资源的需求日益强烈,"创建新农村教育"这一新的命题已迫在眉睫。

　　随着杭州主城区与萧山、余杭、富阳、临安四区的深度融合,杭州市进一步提出以"跨域突破、县域盘活、师资融通、技术带动、治理跟进"为主要特征的新名校集团化办学。一方面,市区两级共建优质高中,如市属首批名校集团学军中学教育集团和杭二中教育集团首次跨出主城区,在余杭、萧山分别签约设立学军中学海创园学校和杭二中钱江学校。另一方面,市属高中名校出"市"入"县"办学,如在建德、桐庐、淳安三县(市),市属高中名校与县(市)属高中组建紧密型教育集团,推动六城区优质高中教育资源向三县(市)延伸。①

二、集团化办学的实践成效

　　名校集团化办学通过整合名校优质教学资源、推进名校资源均衡发展、创新名校集团办学模式等一系列举措,取得了明显的成果,尤其是提高了全市优质教育覆盖率,大大缓解了"上好学难"的状况,使更多的人能就近享受更好的教育,推进了区域内的基础教育公平化。同时,名校集团化办学也在全国产生了较大影响,引起了社会各界及媒体的广泛关注,新华社、《人民日报》、《光明日报》、《中国教育报》等媒体做了专题报道,接待了上海、北京等全国近百个城市的考察,得到一致好评。戚小丹在所撰写的《杭州市名校集团化办学的实践与思考》②一文中,对集团化办学的实践成效做了很好的总结,特别强调了以下三个方面。

(一)集团化办学领域不断开拓,优质教育覆盖率持续提升

　　杭州市围绕"因地制宜、分类指导、量质并举、以质为本"的总体推进思路,不断拓宽集团化办学视野,名校集团的办学领域由原来的基础教育向学前教育、农村教育、弱势群体教育和职业教育不断延伸。在原有的名校+新校、名校+民校、名校+弱校、名校+农校、名校+高校、企业+学校等办学类型的基础上,杭州的集团化办学又逐步探索出了"科研院所+学校""名校+流动人口子女学校""名园+民园""名园+农园""名园+街园"以及"优质学校+特色学

---

　　① 杭州市教育局课题组.借力新名校集团化,推动优质教育资源共建共享[J].杭州(周刊),2019(2):42-43.

　　② 戚小丹.杭州市名校集团化办学的实践与思考[J].现代教育科学,2011(2):48.

校"等新型的办学类型,类型日益丰富,内涵不断创新。以特色、主题为引领或学区型"划片组团"组建教育联盟的探索令人耳目一新,如上城区的钱江教育联盟、阳光宝贝成长教育联盟、吴山生态教育研究联盟、下城区的特色教育联盟等。以杭州第四中学教育集团与杭州经济技术开发区管委会的合作为典型,"名校托管"式运作机制得以落地实践。以杭州市开元商贸职业学校的成立和杭州商贸职业教育集团的组建为标志,以校企合作、专业化发展为特点的职业教育集团化办学迈出矫健步伐。

(二)集团化办学内涵发展不断推进,集团办学品质大幅提振

相对于外延发展注重量的扩张和形式完善而言,内涵发展是指以提升办学品质为关键,通过师资培训、教学研究、优化结构和强化效益以达成数量与质量、规模与效益的有机统一。内涵发展是一种良性机制,符合教育自身的发展规律,是提升名校集团办学品质的重要途径。实践中,在一批成熟的名校集团的示范和引领下,杭州市越来越多的名校集团已成功完成了集团内部的制度建设,建立了较为合理的管理结构,设立了灵活的师资流动机制。许多名校集团的办学重点都已经在完善学校的制度建设、管理办法、运行机制等基础上,开始向学校文化建设、课程研发及师资培养等方面进军,并成绩斐然,名校集团的办学品质得到了整体提升。

(三)集团化办学师资培养不断强化,优秀骨干教师快速成长

集团化办学战略的实施盘活了原有的名师资源,为教师的专业成长提供了广阔平台。名校在实行集团化办学后,通过现代教育技术和内部轮岗、走教、优质课展示、跨校师徒结对、定期教学研讨、举办各种论坛、教学评估、专题培训等多种形式,积极发挥名校优秀教师的领衔作用,开展教师间的联合备课、教学会诊、教学研讨等,有效促进子体学校教师的快速成长。同时,名校集团也培养了一批新型管理人才,不少优秀的校长和园长已经脱颖而出。值得一提的是,农村学校教师的精神面貌也焕然一新,积极投身于教育教学改革,热衷教育科学研究,不断提升自我。

三、杭州集团化办学的问题及新发展

然而,在杭州集团化办学的深入过程中,也面临着问题与挑战。集团化

办学的实际情形日趋复杂多样。在此过程中,伴随着师资培养、优质资源的分布、管理方式应用、治理范式的设计与运行等一系列问题,都需要重新认真审视。

俞晓东和戚小丹在《美好教育视野下深化名校集团化办学的定位与举措》一文中,对深化杭州集团化办学面临的新问题进行了梳理。随着时代的变化及人民群众对教育的新需求,人民群众对美好教育的需要与教育发展不平衡、不充分之间的矛盾进一步凸显。具体表现在:一是教育资源总量充足,但优质教育资源的均衡化水平有待提升;二是"学有所教"问题已经解决,但离办好家门口每一所学校的目标还有距离;三是教育的国际化程度与城市国际化发展的定位不够匹配;四是学生课外负担重、民办学校择校招生过热等群众关切的热点、难点问题的解决尚未取得显著突破等。因此,如何在全市共建共享"美好教育"的大背景下,找准教育发展中"不美好"的难点、痛点和堵点,做到精准施策,成为深化名校集团化办学亟待破解的问题。①

因此,集团化教育管理模式必须与时俱进。在新的形势下,杭州又提出了"美好生活从美好教育开始"的新命题,为深化名校集团化办学提供了新的突破点。杭州集团化办学进行了新的目标定位。第一,坚守建设美好教育的初心。通过持续深化创新优质教育资源共建共享的机制和路径,努力提升杭州教育公共服务品质。第二,坚守教育的价值追求,积极探索市域内优质教育资源共建共享。第三,坚持推进全域教育现代化。强化市域统筹发展,以城带乡,不断谋划创新推动杭州十区教育融合发展、城乡教育一体化发展的体制机制和实现路径。②

集团化办学要实现持续、快速、稳健发展,必须以与时俱进的思维不断审视管理要素和管理机制,不断保持更新和提升,使其以更加严谨的科学性助推学校向前发展。一是要着力促进文化认同。文化是学校的灵魂,对于学校品质提升具有深远影响。集团化办学的经验证明,文化认同十分重

---

① 俞晓东,戚小丹.美好教育视野下深化名校集团化办学的定位与举措[J].上海教育科研,2019(7):40.

② 俞晓东,戚小丹.美好教育视野下深化名校集团化办学的定位与举措[J].上海教育科研,2019(7):41.

要。因此,采取"主体理念统一,办学各具特色"的思路,力求"和而不同,各美其美",以期解决学校之间文化的传承和建设、融合和发展的问题。二是着力促进项目合作。在集团化办学推进过程中,合作学校以项目推进的形式,将工作化虚为实、落到实处。建立学校管理互通平台,实现智慧共享和资源共享;建立定期交流机制,在探索学教方式上开展教育新理念的思想碰撞,激发教学创新;建立教科研联动机制,以项目合作的形式共同开展教科研活动,共同研究改进教育教学工作的策略;建立同步课堂与质量监控机制,实现教学质量监测统一、教科研活动统一、教师技能比武统一,以此加强文化互融,提高学校共同体的身份认同感和集体荣誉感。①

综上所述,在新的发展阶段、新的推进思路下,杭州的集团化办学准备从3.0版本进化到4.0版本,全力推进"美好教育"的实现。

---

① 俞晓东,戚小丹."美好教育"样本区:集团化办学再出发的杭州新行动[J].中国教师,2020(6):105-107.

第三节 采荷一小教育集团的发展历程回顾

采荷一小的发展与杭州的集团化办学大背景是密不可分的。可以说，采荷一小的集团化办学正是其中的一个缩影。杭州采荷第一小学教育集团的前身是杭州市采荷第一小学，创建于1987年。在历任校长和全体教师兢兢业业的付出与坚持下，在社会各界和政府部门源源不断的科学引领与帮助下，至今已经走过了三十三载春秋。回顾采荷一小一路的成长，其发展经历了三个重要阶段。

第一阶段是初创阶段（1987—1996年）。此时，采荷一小的生源基本由各地的插班生和转校生组成，最初只有二、三、四三个年级，每个年级一个班、14个教师这样的规模。起步之初的采荷一小，管理思路清晰，落实有效。以夯筑思想战线、完成基本工作目标为出发点，以行为规范的养成为主线，以提高教师队伍的整体素质为诉求，以打好敦实的基础和做好铺垫为第一要务，为之后的"荷文化"办学之路打下了非常扎实的基础。

第二阶段是发展阶段（1997—2006年）。2001年6月，庆春二小并入采荷一小。学校在规模和办学水平上都上了一个新台阶，声誉和口碑流传已久。此阶段，学校秉持美育化办学实践，坚持"以生为本"的办学和管理原则，以"荷文化"引领学校和师生发展，"五美"办学理念和实施路径贯穿始末，"美育化"办学渗透教学、德育各个领域，逐渐形成富有特色的采荷一小美育化管理实践。

采荷一小进入第三个发展阶段，才正式开启了集团化办学的历程。自2002年《杭州市人民政府关于深化改革加快发展率先实现基础教育现代化的决定》出台以来，采荷一小于2007年加入了集团化办学的行列，成立了杭州采荷一小教育集团。集团拥有双菱、采荷、钱江苑三个校区。其中，双菱校区为一至三年级，共18个班；采荷校区为四至六年级，共18个班；钱江苑校区为一至六年级，规划为36个班级的规模。随着办学规模的扩展，"荷文化"办学产生新的问题，带来新的挑战。前期完善的"扁平化"管理已经不能完全适应集团多校区的发展实际。管理上做出了如下变革。

一、射线型管理模式的提出

在"荷文化"教育品牌的引领下，集团领导班子再次分析研究"荷文化"内涵，从中发现荷叶的脉络为基于中心一点向四周自然生长的状势，由此受到启发，逐步形成并有效运用一种新型的管理模式——射线型管理模式。

如何理解"射线型管理模式"？我们先来理解"射线"的概念。在欧几里得几何学中，把直线上的一点和它一旁的部分所组成的图形称为射线或半直线。射线有两个特点：(1)射线只有一个端点，它从一个端点向另一边无限延长。(2)基于一点，可以画无数条射线。

集团化背景下的射线型管理模式，是指以荷文化"正直、自信"的精髓为核心，坚持多元发展途径。恰如滴翠莲叶，其脉络的中心点就是荷文化精髓，三个校区都环绕在它的周围汲取养分，共享有效资源；同时又在它的辐射和引领下，从环境、课程、活动、评价、班级等方面创生出多元、个性的文化特色。在与荷花相知相伴的过程中，各校区形成"荷风、笛韵、墨香、纸趣、诗情"等多点融合的校园文化价值追求，不断开发和打造清雅灵动、多元和谐的精致校园。我们的管理始终着眼于教师和学生的发展，无论是在制度的文体中，还是在集团的各种活动中，始终坚持对教师和学生的尊重与信任，让学生享受愉悦的学习，洋溢生命的活力，让教师享受工作的幸福，洋溢成功的喜悦。

二、"五统一"管理策略：凝聚集团力量

为了有效应对集团管理规模的不断扩大，在分线管理的基础上，加大分块管理的力度，以"五统一"管理模式，有效推进集团化办学进程(见图1-2)。

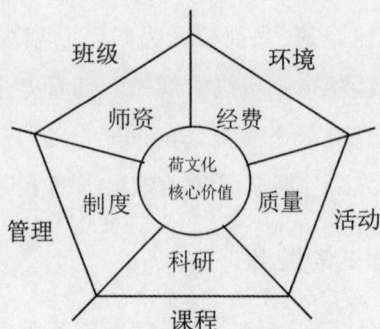

图1-2 "五统一"管理模式

（一）师资统一调配

教师的考核、评优、职务晋升、岗位变动均由集团统一进行。教师的岗位三年一轮岗。每学年有10%左右的教师进行合理流动。集团对教师进行合理调配，有力地促进了人才的流动，保证集团内各校区师资力量的均衡。

（二）经费统一管理

实行"一个口子进、一个口子出"的经费管理制度，基建、设备添置所需的经费全部由集团统一安排。经费的统一管理，保证了资金的正确投入导向，提高了有限资金的使用效率，保证各校区办学条件的均衡。

（三）制度统一规范

集团成立后，对各校区的各类制度进行了整合修订，制定了一整套统一的管理制度、工作职责，以规范各校区的各项教育活动，使各项工作和考核有章可循、有据可查，确保集团规范、有序运作。

（四）科研统一要求

集团设立了教学研发中心，成立了集团各学科的教研大组，聘请了区骨干教师担任教研组长，开展各级各类的教研活动和形式多样的师生活动。为教研活动提供了一个更大的活动平台，达到教育均衡的目的。

（五）质量统一评估

集团内实行"教育教学质量统一考核评估奖惩"制度，"每学期末分校区检测，集团内统一阅卷"制度等。平时，辅之教学调研、学科竞赛，使教师在无形中形成了较强的抓教育教学质量的氛围,使教师们牢固树立"以质量求生存、求发展"的理念。

通过"五统一"的管理方式,真正实现集团管理只有起点、没有终点,只有更好、没有最好的理想境界。

三、三项操作原则:增强管理效度

通过充分利用各校区现有的发展优势,更深入有效地强化校区管理,使管理重心下移,增强管理的效度,让个性文化更加显性,更加明朗。

(一)线块兼顾,管理项目内容顶层化设计

在每位校级领导分管一条线上工作的同时,校级领导又分布在不同校区,协调校区内的事务,兼管校区内的其他事项。做到管理工作无盲点,最大限度实现管理工作的效能化。分管工作有交叉但各有侧重,在既有分工的同时,更需要有精诚的合作。

精心准备每周一次的校务会、每月一次的行政例会和考核会,将学校的重要工作进行统筹谋划,让每个校区的工作建立在一个统一的起点上同步推进。确保三个校区的工作整体性、系统性,提升工作的专业程度与集成程度。

(二)职能下移,管理组织结构扁平化运作

集团逐步推进"年级组三权相结合的协同制管理模式"。"三权"指人事权、经费权和活动组织权;"协同制"指这些权力分布在年级组长手中,同时又与校长室的审核权相互制衡。

通过强化年级组长的管理职能,做到管理组织结构的扁平化,减少了中间层级,进一步提升管理工作的专业化水平,为学校优质发展提供保障。

(三)资源共享,管理目标定位个性化发展

以"荷文化"精髓为核心,坚持求同存异的校园文化发展思路。在共享有效资源的基础上,在环境文化、课程文化、活动文化建设等方面创生出校区的多元化、个性化文化特色。目前,采荷校区以"笛韵"为特色,双菱校区以"墨香"见长,钱江苑校区以弘扬"纸趣"为目标。三个校区逐步打造富有特色的个性文化。

四、二类机制设计：促进师生发展

在射线型管理实践中，我们着重探索基于师生持续发展的核心价值体系的建构，并逐渐形成机制化。

（一）建构促进教师专业化发展的长效研训机制

1. 实施校区教研一体化。成立校区教研联组，统一规划、统一要求，集中开展校区教师教育和教研活动，校区两周一次，使校区成为教师成长发展的学习共同体。完善网上教研平台建设，针对课堂教学开展集体备课、课堂观摩、课题研讨等活动，构建自主、高效、生命化课堂。校区之间实行教师交流、学生交流、教学交流、科研合作，将教师由"学校人"逐渐转变为"校区人"。

2. 实施校区培训一体化。定期组织校区同学科报告会、座谈会、经验交流会，一学期至少一次，教学研讨会、质量分析会每半学期一次。通过实施培训，实现校区内教师业务水平的整体提高。

3. 实施校区资源一体化。教研组长每学期均组织开展集团层面的集体备课、教学交流，通过建立"教学资料库""案例分析库""练习题库"等课堂教学电子共享资料库，充分发挥集体智慧在课堂教学中的巨大潜能，为教学质量的优质发展提供保障。微信平台成为各校区教师之间相互学习、相互交流的一个极好的平台，实现了校区之间教师同步协同发展的良好态势。

（二）建构促进学生个性化发展的多元评价标准

1. 牢记规范，全体训练。学校将《小学生日常行为规范》改编成有学校特色的《采一集团行为规范三字歌》："学荷花，懂自护，保平安，喜眉梢……"朗朗上口的行为规范歌让孩子们在日日诵读中转化为自己的自觉行为。根据中小学生的年龄特点和成长规律，有重点、有计划地加强行为规范的养成教育和一日常规训练。

2. 欣荷之光，全面宣讲。以文明班级、"欣荷之光，感动校园"人物的争创为平台，从小培养学生良好的行为习惯。每周评选一次"欣荷之光，感动校园"之星，树立优秀学生榜样，展示学生的精神风貌。通过"欣荷之光、红领巾监督岗"等学生自我管理组织，开展文明班集体评比活动。

3. 多维争章,全员参与。大队部推出别具一格的"荷香莲趣"系列校本章,兴趣章在设计时以宽大的荷叶为基本造型,配以艺术气息浓厚的竹笛、毛笔、竹竿等,寓意兴趣多多、快乐无穷。特色章中的藕香章,基本造型为微笑的藕,寓意虚怀若谷、学无止境。通过网络考章中队认定、中队考章大队认定、活动争章多维认定等多种形式,打造立体"欣荷美少年"争章体系。

五、四大实施路径:射线型管理模式显成效

实践"射线型管理模式",实行"名校+新校"的紧密型结构模式,以名校为主体,带动新校发展,实现一块牌子,一套班子,一本账户,一种理念。我们积极借鉴成功案例,努力走出自己的道路,也取得了初步成效。

(一)"同题异构"的环境文化荷趣盎然

同题:校园环境布置紧密植入荷文化元素,利用视觉表达系统,传达给全校的师生、家长,使其对学校文化产生一致的认同感。

异构:每个校区因为主题不同而创生出不同的风格。采荷校区,一幅幅大型的、白绿相间的荷花剪纸图案特别引人注目。"荷"在这里不仅是静态的外部装饰,更是学校精神和文化的象征。双菱校区,立面设计选用了东晋书法家王羲之的《兰亭序》、启蒙经典《千字文》以及经典碑文、大型墙体文化,使孩子们时时刻刻浸染在飘逸隽永的书法艺术殿堂里。钱江苑校区,入口中轴线上设计了三块以荷为主题的大型地雕——小荷才露尖尖角,江南可采莲,莲叶何田田——展示着荷花生长的过程,传承了采荷"荷文化"办学特色。大型石雕镌刻着学校"正直、自信、灵动"之校园精神,让孩子们在"谁言寸草心,报得三春晖"的环境熏陶中懂得礼孝仁义。

(二)"双性共有"的特色课程荷韵灵动

共性:三个校区以"基于传统文化丰润儿童生命底蕴的实践研究"课题研究为基础,积极倡导学科特色化工作,使4D课程文化成为学校"荷文化"的精神写意。

个性:我们主要从"典、乐、书、画"多元途径开展典雅课程建设,逐步形成了"纸趣、墨香、笛韵、诗情"4D课程体系。

（三）"固本培元"的班级文化香远益清

固本："以德养为本，促和谐发展"是集团始终坚持的德育之本。充分利用学校优良的传统、校风、学风来建设班级文化。学校校训、校风、学风、文化底蕴、办学特色等不仅可以帮助学生发展自己的个性，而且能够鼓舞学生确立精神上的自尊和自信，不断完善自己的人格。这笔宝贵的精神财富是建设有特色的班级文化的重要立足点。

培元：围绕学校"荷文化"品牌构建，倡导一、二年级围绕"莲趣"主题形成以"童趣、童乐、童真"为特色的班级文化；三、四年级围绕"藕香"主题形成以"端正、正直、正气"为特色的班级文化；五、六年级围绕"荷韵"主题形成以"自信、自律、自爱"为特色的班级文化。让孩子们在独特的班级文化熏陶下丰厚生命德养，焕发生命活力。

（四）"知识管理"的教研文化溢彩流光

1.建立个人知识库，促使显性知识系统化。要求教师经常性地对所学的理论进行系统化的整理，并采用数据库等手段对知识进行清点、评估、规划、整合和创新，以便在使用时及时搜寻、提取想要的知识，提升显性知识的价值。教师在知识积累上可采用微信平台、数据库、媒体（录像带、电子书籍、录音带）、文件、教学设计、上课资源、书籍、教后记等形式，然后利用计算机软件建置知识系统，建立个人知识库。

2.进行教学反思，促使隐性知识显性化。教师不断地进行批判性的思考，通过撰写反思性札记，在教师微平台上，把自身的个性化知识和实践性技能深刻地概括出来，并清晰地表达出来，从而使个性化知识的传播成为可能。

教师在敲击键盘的时候，其实就是梳理与反思的时候，反思性札记是指教师及时记录对自身教学行为的反思，为个人隐性知识的显性化素材。

3.开展行动研究，促使显性知识内敛化。教师个人知识中隐性知识占很大比重，而隐性知识只有在交流和实践中潜移默化获得。通过开展"盛荷杯"教学展示活动、欣荷成长共同体活动，教师省察自己学习的教育理论与自己日复一日地教育实践之间的联系，能不断地修正与更新知识，促进知识的活化。

4.利用网络平台,促使个人知识共有化。随着信息化时代的到来,要求教师把平时上课所用到的有效资源以及通过观摩实际教学、网络检索等途径获得的资源及时上传至微信群或QQ群共享,实现知识在组织内的循环流动,实现知识的创新和最大化利用,让教师的思想流动起来,从根本上提高每个教师的专业素养。

这一阶段,集团牢固确立"关注孩子一生的发展"的办学宗旨,坚持开展"向美而生 与美同行"的美育化办学实践,贯彻"让美流淌心田,让美浸润课堂,让美充盈校园,让美智慧思想,让美发展特色"的实施路径,开发和提炼出了有形的"荷文化"育人载体,不懈打造富有"清雅、清逸、清朗"韵味的校园文化,追求充满"灵活、灵气、灵动"气质的和谐课堂,培养具备"情趣、情谊、情致"品性的欣荷少年,使采一学生成为具有"正直、自信、灵动"品质的新时期少年。

集团获各级各类荣誉150余项,连续十六年被评为江干区教学质量优秀学校,先后被认定为杭州市剪纸艺术专业委员会剪纸实验基地、浙江省航模竞赛基地、浙江省书法教育研究基地、浙江省非物质文化遗产传承基地、中国竹笛特色教育学校联盟理事单位等。集团也先后被评为杭州市教科研先进集体、杭州市文明学校、杭州市首批数字校园示范学校、浙江省艺术特色学校、浙江省省级示范性教师发展学校、第二批全国中小学中华优秀文化艺术传承学校、全国特色学校、全国生命教育示范学校、全球互动教学示范学校等。

六、开启松散型集团管理的新探索

2015年6月,采荷一小教育集团筹建地处丁兰区块的丁信小学,对丁信小学实施法人独立的松散型管理。随着丁信小学投入使用,不断发展、壮大,集团的规模日益扩大,管理半径不断延伸,所面临的管理压力呈指数级增长,管理上的短板也逐渐显现。这引发了对松散型集团的管理现状的审视和思考。

首先,松散型集团多个法人的现象在一定程度上影响了名校在集团化办学中发展战略的实施和名校在集团化办学中的主导地位。松散型集团母校和子校空间往往距离较远，在教师梯队结构、文化认同、生源结构上存在差异，甚至办学文化、理念等方面也缺乏内在的有机联系。在实施过程中出现了"形散神散"的现象，在一定程度影响了集团化办学的整体推进。其中，教育行政部门有一定的政策主导和保证，如考核捆绑、评估督导、教师干部交流互动等。但在实施过程中，缺乏一定的内部治机制做保障。松散型集团的有效推进更需要采荷一小和丁信小学在校园文化、课程改革、教师研训、德育实施等诸方面探索出符合集团特点的治理新范式，以保证集团化办学的长效推进。

现下，我们必须要正视并积极应对区域优质教育发展带来的挑战。"新教育共同体"模式在江干区的不断推进，给松散型集团的发展、壮大带来了压力和挑战：在多种发展模式并存的现状下，如何探索出一种符合自身发展的规律，并能满足办学需求的松散型集团治理新范式；在采荷一小的辐射帮扶下，丁信小学如何完成从借鉴到创新的跨越，走出一条属于自己的、彰显办学特色的个性化发展之路。这些都是采荷一小松散型集团正面临的现实挑战。

再者，积极投身于松散型集团提升效率的新探索，已经刻不容缓。基于松散型集团的管理现状与面临的挑战，提升集团的整体办学效益成了发展的迫切内在需求。因此，在原来的紧密型集团"射线型模式"基础上探索新型管理模式，寻求新的突破，势在必行。基于现实诉求，集团开展"双射线模式"的探索，进行治理新范式的设计和运行，破解松散型集团治理带来的难题，切实提高各部门的履职能力，提振研究创新的精神，以最终提升松散型集团的办学效益。

这是集团提出并开展"双射线管理模式"探究的缘起。本书后面的章节将围绕这一新兴的管理实践探索展开详尽的阐述。

第二章

阐释:双射线模式的理论解读

　　2015年6月,采荷一小教育集团对丁信小学实施法人独立的松散型管理。随着集团规模的日益扩大,管理半径不断延伸,所面临的管理压力呈指数级增长,管理上的短板也逐渐显现,从而引发了我们对于松散型集团的管理思考。正是在这种背景下,我们开始了双射线模式的探索,突破原有的紧密型管理模式,另辟蹊径,探索出一种适应当下办学实际的新型治理范式,探索符合集团特点的管理,以保证集团化办学的长效推进。本章即从理论层面对双射线模式进行解读。

第一节　定位：双射线模式的价值取向

"双射线模式"的提出与实践，是我们基于集团整体的办学实际和未来的发展愿景而进行的一次对集团内部管理层面的大胆尝试与创新。而这一命题的提出，体现了我们对松散型教育集团内部治理的价值思考和取向。

一、双射线模式释义

"双射线模式"是我们对松散型教育集团提出的一种新型内部治理范式，所谓松散型是相对于紧密型教育集团的内部管理模式而言的。

（一）紧密型教育集团的管理

所谓"紧密型管理"，原是指一家企业或公司重大的问题都是由集团进行统一管理。这种模式建立在集约化、紧密化管理方式基础之上，便于集合优势人力、物力、财力、管理等生产要素，进行统一配置，以节俭、约束、高效为价值取向，达到降低成本、高效管理、可持续竞争的目的。它的重点就是强化整个集团公司对各地公司的垂直化管理，包括人力资源、资金财务、工程建设、成本控制、合同履约、项目营销等重要环节。这种管理模式是非常严谨的，集团公司的管理体系很完善，管理力度很大，可以有力地保证每个项目在环节管理过程中有的放矢、有章可循。

紧密型教育集团则是以名校为龙头，融为一体，实行名校总校长负责制，所有学校不再具备独立法人的资格而成为集团的一个部分，集团内的人、财、物、事由总校长统筹调配，名校与其他子校是"母"与"子"的关系。紧密型关系的教育集团具有以下一些特点。

1. 一个法人代表

即不论该教育集团拥有多少所学校或校区,教育集团只有一个法人代表,所属子体学校的校长仅仅承担学校具体教育教学管理的职责。

2. 一个决策中心

即教育集团只有一个决策机构,行使决策权,集团所属的各个学校、组织是具体实施者,都根据集团总的决策意见,在自己的范围内贯彻落实。

3. 一套管理体系

即教育集团有一套层级清晰、分工明确的管理体系,包括管理制度、岗位职责等,使集团的管理能够直达集团任何层级的管理体系。

4. 统一发展规划

即教育集团的发展有统一的规划,并根据集团的实际能力,对集团所属的学校、部门进行建设,使集团的发展具有同步性。

5. 资源统一调配

即教育集团对所属学校的资源拥有所有权,可以统一调配使用。

6. 统一对外

由教育集团统一对外行使权利和义务,其所属的各个学校不能独自对外。

总之,紧密型教育集团实现一体化办学,优势明显。教育资源可以在集团内部灵活配置;办学规模大,容易形成规模效益;名校的教育理念、教育方法和教科研成果能迅速贯穿整个集团,对名校品牌的支撑有力,不易造成品牌稀释,有利于集团提升办学层次。但是,在紧密型教育集团中,总校拥有较大的权威,需要管理者有较强的宏观管理能力,如果管理不及时跟上,就有可能抑制集团内部子校的积极性,内耗丛生,产生抵消规模效益的现象,导致办学水平停滞不前。2007年,杭州采荷第一小学教育集团正式成立之际,集团对双菱校区、采荷校区和钱江苑校区采取的就是紧密型管理。师资统一调配,经费统一管理,制度统一规范,科研统一要求,质量统一评估,集团内部的三个校区共享优质的教学资源和师生发展活动平台。

(二)松散型教育集团的管理

集团以名校为龙头,实行名校校长领衔制,子校校长由主管部门任命,依然具有法人资格，集团内各校的人、财、物、事独立，办学经费独立支配，集团内部各学校之间是平等合作的关系。松散型关系的教育集团的特点正好与紧密型教育集团的关系相反，如：集团内多个法人并存，分别代表各自学校；集团仅有协调机构，由所属各校校长组成，负责对集团发展的共性问题进行整体规划，并形成相应的执行、监督系统，但各个子体学校同时又拥有自己的决策结构，对自己学校的发展进行决策；集团所属各学校的办学与发展由各校自行负责；各学校的行政隶属关系不变，仍能对外行使法人的权利和义务；资源不统一管理，共享仅仅局限于各学校之间的合作，如骨干教师有偿使用、稀缺教育设备租赁、教学成果共享等；总校与各子校之间以指导与被指导关系为主，通过指导推进整个集团的发展。

与紧密型关系的教育集团相比，松散型关系的教育集团在统一协调、管理的基础上，更强调相对独立，追求各自的办学特色，实现互惠互助，共同成长；各校能在信息交流的基础上，博采众长；集团的管理责任比较轻，管理相对要容易些。但是，集团内的这种松散型关系无法形成统一的集团发展愿景，容易造成各校之间办学水平参差不齐，对进一步提升集团办学水平不利。

回到采荷一小集团办学的语境中来，2015年6月，采荷一小教育集团筹建地处丁兰区块的丁信小学。丁信小学建成并投入使用后，成为采荷一小教育集团的一员，集团对拥有独立法人的丁信小学实施的就是松散型管理。松散型管理不同于此前的紧密型管理，用严密的管控和统一的准绳从各方面将集团内的三个校区紧紧地联系在一起，而是在保证两校办学理念与价值追求一致、办学方向协同的大前提下，提倡求同存异，实现个性发展。采荷一小对丁信小学实行一种有弹性的、尊重差异的、张弛有度的管理方式，努力设计和架构有效的治理机制，建设有利于两校进行沟通、交流与协作的平台，有机促成两校办学的各个方面的交流与互补，实现文化互融、课程互享、研训互进、德育互动，追求优质均衡、持续发展、彼此成就、合作共赢。

（三）双射线模式

"双射线模式"是指基于集团松散型联结办学的实际情况下，汲取原有管理模式的经验，进一步探索、开拓、创新与完善，从而建构起的新型管理模式。这一概念中包含了集团治理过程中的采荷一小和丁信小学两个办学主体，以及延伸出的两个主体间的互相作用和影响。它们在时间和空间范围内都是指向无限延伸、浸入的，是处于不断发展、提升的进程之中。再者，所产生的作用和影响会涉及集团内部治理的多个维度。这些关系都包含在双射线模式的含义之中。在关于双射线模式概念的阐释上，需要关注如下几个关键词。

1. 双射线

双射线，顾名思义，该模式中存在着两条无形的射线。在松散型集团办学之初，一条射线代表采荷一小对丁信小学的辐射，可以理解为采荷一小对丁信小学的帮助、带领和影响；另一条射线代表丁信小学对集团的反哺，即丁信发展、成熟之后，可以反过来助力采荷一小的发展。同时，这两条射线并非平行无交集或只是在某个时间节点上相交，而是可以随时随处地进行双向互动、交流与补给，开展文化互融、课程互享、研训互进、德育互动等，不断地碰撞、发展，进行能量补给。我们期待，采荷一小与丁信小学能够一直保持着一种良性的联结、互动和彼此影响。

2. 核心特质

"双射线模式"最重要的特质是形散神聚。这里的"神"，可以理解为一种理念的投射，即该模式的设计和运行最终是为师生的发展服务，是指向最终的管理目标的；形，是指管理的形态和达成目标的策略、方式等，通常情况下是外显的、可见的，外在呈现出来的。运用该管理模式，从外在看，管理的形态、采取的举措、呈现的方式是具有较高的自由度和弹性的，是不强势、不刻板、不僵硬的，始终是与促进师生发展的目标紧密相连的。牢牢把握住这一特质，采荷一小和丁信小学之间始终是有着一种牢固而稳定的联系，是形散而神聚的。

3. 实践指向

通过两条射线的交互作用，实现采荷一小与丁信小学共同发展、彼此成就。采荷一小帮带丁信小学，依托自身的办学积淀、拥有的优势条件和资源等帮助其平稳起航，快速发展；而当丁信小学发展成熟之后，又反哺采荷一小。治理的最终旨归是两者平等互助、抱团共进、实现双赢。

二、双射线模式的价值取向

从集团化办学的特殊使命来说，双射线模式应该是同时促进集团内所有学校的发展，而不论是紧密型的还是松散型的。基于这种认识，我们在设计双射线模式的内部治理新范式时，确定了清晰的价值取向，具体来说，体现为三个方面。

（一）以人为本，成就师生优质发展：双射线模式的价值基点

经过多年的探索，采荷一小在传承和发扬"荷文化"，总结学校办学和发展历史，顺应时代发展的要求，孕育出学校"正直、自信、灵动、大气"的教育理念：以个性张扬和多元发展为核心理念，形成"博雅环境、典雅课程、儒雅教师、文雅班级"等多点融合的校园文化价值体系。而这一价值体系中，以人为本的思想清晰可见。"双射线模式"内部治理机制的设计把人本放在第一位，是其设计的价值导向。"双射线模式"内部治理机制的设计和运作力求形散神聚，以促进师生发展为出发点和聚力点。这种以人为本的价值导向也体现在以下诸多方面。

1. 凸显以人为本的师生双主体

"双射线模式"内部治理新范式中的教师和学生是作为以人为本的两大主体。人本思想认为，任何社会活动的目的都要着眼于人对于自身发展需要的满足。"双射线模式"内部治理新范式亦是如此。著名教育学家池田大作指出，人本教育的核心是"教育者自身的人格修养和成长"，"可以担任教师的人，一定是人格高尚而又知识丰富的，足以教育承担下一代重任的青少年的人"。"双射线模式"重视为教师提供和拓展培训机会与培训内容，培养教育者除具有坚定的信念和饱满的热情之外，还要有渊博的知识和全面的才能，最终达到怀着"爱"的情怀，把学生当作真正的人和生命来教导与对待。而学生作为人本的主体，我们应当树立学生为主体的教育理念，充分发挥学生的主观能动性，尊重学生之间的差异，发展学生个性，促进学生的全面发展。这些都是在大力培养学生的核心素养。而核心素养的典型特征有共同性、发展性和可塑性等，它从人本的角度清晰地描述和界定了教学的人本目标与实现目标的活动统一性。从人的角度出发，个体的发展需要适应

社会的发展,而核心素养从本质上确立了基础教育中的人本思想。

2. 指向以人为本的课程设置

"双射线模式"中人本的课程设置。集团根据自身的荷文化特色和深化教育改革、完善课程建设的背景,提出了多样化课程建设的构想。在以传统文化丰润学生生命底蕴的理念引领下,经过长期的探索和实践,建立了学生全面发展和特长发展同行、文化夯实和艺术提高并举的育人模式,在集团内引发了一场"竹笛、书法、剪纸、象棋"四大艺术特色的"蝴蝶效应"。经过几年的探索和实践,每一门艺术学科在发展过程中都找到了自己的生长点,并形成了"笛韵、墨香、纸趣、棋乐"之特色。这些多元课程在编排上注重思维的启发,相联系的学科实现交叉和通融,提供多样化课程满足学生不同智能发展的需求,打破原先语、数、外一统天下的主体格局,不仅迎合时代发展的需求,开设能够与社会接轨和满足学生未来发展需求的多样化课程,更是在课程共性的基础上发展学生的人格品性和交往技能,同时以各学科、各科目的差异性培养学生的逻辑思维、表达能力及自学能力等多元智能。

3. 意在以人为本的德育活动

"双射线模式"中人本的德育活动。集团德育工作主旨是"以德养为本,促和谐发展"。在这一人本理念的目标指引下,不断提升德育团队素养,加强行为规范养成,关注孩子个性和谐成长,始终坚持培养具有创新精神和实践能力的"欣荷五美"少年,即善美少年、慧美少年、洁美少年、谐美少年和健美少年,真正凸显采荷一小德育特色。集团每学期都会开展丰富多彩的德育活动。其多样化的场所背景和活动主题以及平民化的活动主体和对象,都使孩子们在无形之中实现了成长。这些活动的目标无不是以促进学生的自主发展为目标,学生的理智与情感才能在活动锻炼下自觉修成,教师也在被教育者成长的折射中发现自我、完善人格。师生共同成长的良性循环也是"双射线模式"内部治理新范式的一大特点。这些丰富多元的、具有激励性和肯定性的德育活动不再只是简单地对学生表现的总结,而是深刻影响着学生能力和品格等。其中,能力是某个个体从事生产生活的能耐和力量,隐含折射出的是个体生存的需要。马斯洛的需要层次理论表明,人的发展分为生理需求(physiological needs)、安全需求(safety needs)、爱和归属感

(love and belonging)、尊重(esteem)和自我实现(self-actualization)的需要。对个体能力的培养在一定程度上保证了个体的安全等最起码的生存需要。当能力实现后，个体会对自己的发展提出要求，即应当形成品格。品格的发展与形成是个体高级层次的发展需要，是自我实现的具体体现。而品格是指一个人所具备的自我发展的特质，是个体素养的最高反映。它所承担的是个体未来发展和创新的需要，对整个社会的发展起着重要的引导和指向作用。有了品格的支撑，才会有知识经济时代的大发展，才会有人类社会的快速进步。由此可见，"双射线模式"内部治理新范式下的德育活动的设计和实施实现了学生能力与品格的塑造，不仅使其核心素养得以发展，也诠释了人本思想的核心与内涵，聚焦了人本的必备素质，即社会责任、国家认同、国际理解、人文底蕴、科学精神和审美情趣。人本的精神和思想得以落实，人的素质才有可能在本质上得到提升，社会才能更进一步的发展。

(二)开放互融，激活能量生成与对流：双射线模式的价值依托

集团对丁信小学实施松散型管理，设计并运行双射线模式的治理新范式，意在打破一个封锁、高压、僵化的管理圈层，营造一个开放、有机、松紧合宜的管理环境，能最大限度地激活这个管理环境中的各种正能量，促使整个集团健康、有序、优质、高效地运作，提升办学效益。

在实施"双射线模式"的过程中，始终将实现"开放"作为一个重要的目标来追求。我们从"牧式管理"理论中找到了指导思想和策略。①牧式管理中的"牧"，本意为一种由圈养至散养的放养形式，是一种开放性的管理方式。而集团对丁信小学的管理也是呈现出一种开放、信任的，给予充分自主权的管理氛围。旨在"开放"的双射线模式管理着力于开放型动态治理模式的建构。在这种模式下，学校管理制度可以根据采荷一小和丁信小学各自的办学定位与特色，动态建构有利于学校中每一个体发展和完善的制度体系，整个集团的管理制度变成了一种"活的制度"。

决策视野的开放性是双射线模式的一个重要特征。"牧式管理"的基本宗旨是，在开放自由思维的空间里，拓宽言路，营造宽松、平等、民主的决策

---

① 孟晓东.牧式教育：指向儿童的生命自觉[J].教育研究,2017(3):62.

氛围。集团管理者具有开放的管理思维和领导视野,在管理过程中或做出重大决策时,将整个采一集团师生视为学校管理或决策的主体,激发群体的决策智慧,在广泛互动中听取多方声音,吸纳来自各个层面有益的意见与建议,以达成认知共识、心理共振、团队共愿,实现上下相向而行的自觉性和主动性,从而改变传统的由集团决策、丁信小学执行的严密管控式领导,真正提高决策的透明度和管理的开放度。

开放性也体现在机制运行带来的发展性上。双射线模式中有两条射线。回顾一下前一章中关于射线的定义:在欧几里得几何学中,把直线上的一点和它一旁的部分所组成的图形称为射线。射线有一个重要的特点,就是一条射线可以从一个端点向另一边无限延长。也就是说,一条射线是可以不断增长、无限延伸的,是没有尽头的。这也寓意着在双射线模式的治理下,无论是采一集团还是丁信小学,两者都一直处在发展、变化之中,其发展、提升和蜕变将会一直延续,同样也是没有上限、没有尽头的。我们期待通过双射线模式的运行,营造集团和丁信小学良好的发展态势,促进它们不断提高管理效率,提升办学质量。

双射线模式具有非常注重打造一个优质互动的管理氛围,让集团中的能量被有效激活,不断地进行交流与互动。通过前文的介绍,我们知道,双射线模式中的两条射线各自有着一定的代表意义。一条射线代表集团对丁信小学的辐射,即集团对丁信小学的帮助和提携;另一条射线代表丁信小学对集团的反哺,即在自身的办学成熟之后反过来助力采荷一小的发展。这两条射线会相交,进行双向互动。也就是说,采一集团和丁信小学在发展的同时,是有着积极的、紧密的联系的,两者可以随时随处地进行双向互动、交流与补给能量。在应用双射线模式进行治理时,注重与强调集团内部各主体间的交往和对话。正是在这种交往和对话中,着力构建一种多元主体、民主参与的良性互动管理机制。在这种互动机制下,学校内部的各相关主体通过合理的互动方式,凝聚能量,相互补给,形成一种真正立足于人的解放、管理目的实现、办学效益的提振的集团管理氛围。

(三)互通共生,实现两校共赢发展:双射线模式的价值彰显

"双射线模式"内部治理新范式是指集团治理过程中的采荷一小和丁信

小学这两个办学主体以及延伸互相的作用和影响。这一治理新范式正是在共生理念依托下，积极协调各部门之间的关系，设计和实施的促进松散型集团有效推进的内部各项互动机制。共生是"双射线模式"内部治理新范式的源头活水，集团内部的采荷一小与丁信小学通过依托共生互动互惠，最终实现共同繁荣的终极目标。共生这一价值依托通过以下几种路径融合在治理新范式的血液之中。

1. 致力于构建共生的集团文化环境

在共生理论整体性视角下，集团化办学模式不仅是顺应时代发展和教育深化改革的要求，更是一项系统的社会工程，需要集团内全体成员的广泛支持与参与，以培养社会认可、包容、尊重差异的共生心理意识和行为方式。具体而言，集团应营造正直、自信、灵动、大气、和谐共生的校园文化氛围，为全体师生提供统一价值追寻的校园文化支持。正如有学者所指出："学校文化是一种学校生存和发展的战略。作为一种发展战略的学校文化建设，应具有战略制高点的性质：统领学校发展各个方面，物质和精神、外在和内在、制度和组织、行为和形象等。"共生的集团文化既包括集团内的显性物质文化，也包含集团内隐性的精神文化。集团内物质文化有主题鲜明的校园建筑和文化景观，如处处洋溢"荷文化"特色的采荷校区、双菱校区的教学楼，墙壁或写意的山水荷花造型或是白绿相间的荷花剪纸造型，大方自然、清澈透明，让人踏入校园就有一种"一入校园门，荷风迎面来"的感觉，校园整体呈现出一种清雅、清逸、清朗的意境效果。丁信小学的童园校区、真园校区以大气典雅的建筑营造一派清逸的氛围。采荷一小与丁信小学在校园物质文化上既有共生，亦有侧重点，采荷一小重在打造荷香润校园的荷文化特色，丁信小学则在传承荷文化的基础上推陈出新侧重打造充满童趣、童真的风信子文化。集团内部的这些物质文化建设是学校的外包装，是学校精神理念的物化形态，是社会外界了解学校的最直观的对象，它们将学校抽象的办学理念由虚化实，无声地感染人、教育人、激励人。集团内共生的精神文化就是荷文化中的荷之品性：正直、自信、灵动。采荷一小和丁信小学一直坚守以正直、自信、灵动作为自己的育人目标，培育出新时代有担当的好少年。正是借助认可、接纳、支持的集团文化环境的渲染作用，促使集团中作为部分的各个主体从认知逐渐走向情感最终走向行动支持,深切领悟到生命形态的多样性、差异性、平等性,最终实现集团内部采荷一小与丁信小学在教育上的双向互动、共生共荣。

2. 着力于建立教师专业成长共同体

时代的发展不仅对教师个体的专业发展提出新的要求,而且更加重视教师专业共同体的价值。基于共生理论对共生系统整体性与异质性的重视,系统内各部分都是相互独立的不同存在,各部分的价值实现是在整体逐渐发展壮大的过程中体现出来的。在双射线模式中,无论是采荷一小还是丁信小学,作为个体的教师,其专业成长及价值实现只有通过教师专业学习共同体之间的协调合作才能实现。教师专业学习共同体涵盖名师送教、每月一次的骨干教师指导、课程联合研训、每学年的教师交流等不同的形式。多元的教师专业学习共同体形式在集团大环境下共同学习,分享各种学习资源,进行互相对话、交流和沟通,分享彼此的情感、体验和观念,共同完成一定的任务,通过共同活动形成相互影响、相互促进的人际联系,并对其所处的环境具有强烈的认同感和归属感。因此建立教师专业学习共同体,不仅能够突破采荷一小与丁信小学教师之间相互隔离的状态,增进双方的对话交流,更能为教师个体的专业成长提供团队支撑。通过团队合作学习,强化教师个体自身的独特优势,继而提升融合教师团队的整体水平,发挥集团内教师团队合作育人的最佳效能。

3. 倾力于开发丰富多样的课程体系

每个儿童都是独立的、具有发展潜力的个体,因此他们在身体能力和学习能力等各个方面都存在着差异。每个学生的身体能力和学习能力各不相同,这使得普通教育中的课程不能适用所有的随班就读学生,必须在接受相应教育的同时,辅之以个别化教育计划及相关服务,如此才能满足其教育需要。共生理论强调共生单元的异质共存性,就是在承认共生单元差异性与固有价值的前提下,实现彼此之间的"交融性共生"。在教育中,应正确认识每一个学生的特点和情况,在课程教学服务于大多数学生成长的前提下,根据不同学生身心发展异质性对课程教学做出适当调整。同时制订并合理使用个别化教育计划,弥补不同学生在随班就读中的弱势,强化其优势,以丰富多样的课程与教学的融合实现所有学生的共同成长。课程是学校开展教育教学活动的基本依据，课程也是实现学校教育目标的基本保证，是学校一切教学活动的中介，并为学校进行管理与评价提供标准。集团内部采荷一小的4D特色课程从动手、动脑、动口、动心四个维度来丰富学校课程资源，有力地助推了学生生命成长。而丁信小学也在采荷一小的引领下积极开展丰富多彩的拓展课程，如丁信小学精品课程有充满生活情趣的"风信沙艺"和手作类的"纸上花开"等，这些课程既能发掘孩子的观察、想象、表现及创造能力，又能丰富学生的想象力和培养学生的动手操作能力及合作意识。此外，丰富的课程体系对学生在评价标准与方式上各不相同，更注重学生的个性与发展性，注重凸显其评价的开放性与生成性，避免单一评价失误造成等级效应与标签效应，从而真正发挥评价育人的功效。集团内采荷一小和丁信小学通过开发丰富多样的适合不同学生成长需要，具有丰富性、选择性、思想性的课程体系，不断促进学生自主、全面发展，培养真正具有核心素养的新时代少年。

4. 专注于强化教育资源的合理配置与共享

所谓教育资源的合理配置，就是在教育系统内实现资源利用的最大化，以增强教育资源的可持续性，继而实现教育的可持续发展。共生理论强调共生系统内各要素、各系统之间的开放性，彼此之间通过物质与能量交换的动态平衡，实现相互间的共生共荣。双射线模式中，集团内采荷一小教育资源和优势明显大于丁信小学。集团应在继续做大做强采荷一小教育资源的同时，从宏观层面上考量到不同区域、不同校区的资源需求，优化资源配置，确保各区域、各校区都能获取充足的教育资源。同时，采荷一小和丁信小学之间应加强融合教育资源建设、利用、管理、更新的合作与交流，构建彼此之间责任共担、资源共享、共同促进、稳定发展的良性资源支持循环格局。双射线模式中，采荷一小的优势有悠久的办学历史、良好的社会声誉、强大优质的师资力量、丰富的教科研成果等，丁信小学的优势有崭新的校园、高标准的教育教学设施、充满活力与激情的新教师群体等。采荷一小与丁信小学需要在各自的优势资源上交互配置与共享，使丁信小学依托采荷一小迅速发展、壮大、成熟，并反哺母体，实现丁信小学、采荷一小发展共赢，集团抱团发展的共进优势。

三、双射线模式的特点

双射线模式是针对我们这个松散型教育集团的实际管理需要而提出来的,因此,这一模式具有以下三个特点。

(一)优化配置教育资源

教育资源拥有的数量、质量以及持有的程度不同,就容易导致效率不同、发展不均衡等问题。在有限的教育资源中,如果搞"天女散花"般的平均主义,不但不能解决问题,还可能使得局面愈演愈烈,形势朝着更加严峻的方向发展。采荷一小实施名校集团化办学,就是一个教育资源的优化配置过程。一方面,通过名校的办学扩张,进一步扩大优质教育资源;另一方面,通过名校的集团化,进一步带动新建学校、薄弱学校的快速发展,达到资源配置的最大化。集团现拥有四个校区,管理半径大、负荷重,难免有鞭长莫及之处。提升管理实效成为集团发展的内在需求。我们期望探究出松散型集团管理的新模式,尽可能控制横向管理幅度拓宽,纵向管理层级增加,为集团瘦身减负;畅通信息收集传递的渠道,让集团内的交流沟通更加直接有效;提高各部门的履职能力,提振研究创新的精神,最终提升整个集团的管理实效。

(二)创新集团办学模式

随着经济全球化,世界多极化的发展,在教育领域,教育创新已成为时代的最强音,特别是办学体制创新和办学模式创新,更是日新月异,富有成效。为了全面实现基础教育的均衡发展,现有的办学体制和办学模式就必须进行大胆的改革创新。采荷一小实施名校集团化办学,其本身就是办学体制和办学模式的一种新探索。集团一直致力于管理模式的不断创新。自2007年年底成立集团以来,立足实践,逐步总结出了适用于紧密型集团管理的"射线型管理"模式,主要厘清了各部门管理职能及管理方式,保证集团管理顺畅有序。该总结先后在区市以及长三角管理变革论坛上得到众多专家肯定并获奖。2015年丁信小学成立了,如何在原来的管理模式的基础上,寻求新的突破,破解松散型集团管理带来的难题,充分发挥多校区办学的优势，都是亟待解决的重要命题。

（三）重组集团内部组织

学校组织是教育的最基本要素，中国的教育发展史就是一部学校组织的演变史，从古代的私塾、官学、太学到近代的学堂、学校，乃至现代的教育集团、股份制学校、教育超市、远程教育等，无不反映着时代的变迁，制度的创新，人类的进步。推进集团化办学要根据实际，既可在同一办学层次的学校之间实施集团化办学，也可在不同办学层次的学校之间、不同区域的学校之间实施集团化办学。采荷一小集团根据丁信校区的实际情况采取松散型管理，丁信校区再以双射线形式反哺采荷一小，这也是学校组织重组提升的一个重要性决策。

第二节 设计:双射线模式的整体架构

双射线模式的提出,并不仅仅是单纯的松散型教育集团内部治理新范式的改革,而是力图通过这种改革,寻找集团化办学的最佳路径,提升松散型教育集团的效能,最终实现育人方式的转型。因此,我们从理论层面对松散型教育集团的治理新范式进行了顶层设计。

一、设计理念

松散型教育集团的治理新范式是一种形散而神聚的管理机制,这种松散式管理要求管理者和教师之间以及教师之间要讲究公正、公平。各位员工之间要拥有鼓励、扶持新同事的自由。每位教师都要对管理组织和教师自觉兑现承诺。教育工作者采取任何影响集团声誉的行动前,都要与管理者或者同事协商。它是以促进师生共同发展为出发点和聚力点,以双射线并行交互为特点,从治理机制互联、文化建设互融、教师成长互助、德育实施互生等几个层面着手开展实践探究。据此,我们在设计松散型教育集团的治理新范式时,强调了一核、双线、多维、全面的基本操作理念。

(一)一核发展

一核发展的内核是为师生的发展服务,以促进教师和学生的优质、长远发展为根本目标。教师是学校教育的核心力量,是提升学生核心素养的主力军,教师专业不断成长是每一位教师教学生涯中的终极目标,只有教师不断加强自我培训和管理,全面提高综合素质,才能在未来的竞争中站得高、看得远,才能由骨干到名师,继而向"教育家"的目标迈进。核心素养指向的是教育应该培养什么样的人,采荷一小特别重视以生为本,发挥学生学习主观能动性，尊重学生作为人的基本权利，帮助学生完善人格，最终实现学生自我发展，让学生攀上能力发展的高峰。

（二）双线辐射

一条射线代表集团对丁信小学的辐射，母体在做大做强的同时，继续承担输出的各项责任；另一条射线代表丁信小学对母体的反哺，即子体在做实做细后，也不忘反哺母体，为母体的进一步发展提供新鲜血液和有力支持。集团总校的优质资源时刻为丁信小学的发展服务，而丁信小学的新生力量优势也为集团发展奉献力量。集团开设"荷颂论坛"，每期都有不同的主题，或教育叙事，或经验介绍，或观点报告，骨干教师把自己的处事之道、教育之法、师爱之浓和青年教师一起分享，体现了教师职业的幸福与自豪，年轻教师有着充沛的精力和热情，他们积极主动承担上课等工作，协助学校和骨干教师完成各级教学活动，在这样的平台和机遇中，大家的视野逐渐开阔，经验共同分享，精神得到洗礼，教师们以情传情，以智慧启发智慧，在感染中共同提升。

（三）多维覆盖

松散型教育集团治理新范式覆盖多个管理维度，包括文化建设、管理目标、师资配置、质量检控和学生活动等。它们都是该模式的重要组成部分，体现着各司其职的管理职能。例如，在文化建设上，分校以采荷一小的办学理念作为丁信小学的文化源泉，确立共同的价值追求。鼓励丁信小学依据自身的办学追求和定位，结合地域资源与特色，提炼出富有个性的办学文化。同样，丁信小学的文化建设不断地丰富着集团的办学文化，让学生在和而不同的校园文化中建立文化自信。在管理机制上，实施"一校多制"。以集团章程为共同遵循的准绳，允许丁信小学以集团各项制度为模板，沿用其中的大部分制度，同时针对丁信小学自身的办学实际，设立符合其发展需求的制度。在师资建设上，采用名师带徒、挂职锻炼、教师交流等机制，均衡师资，优质发展。另外，集团还依托智慧校园的建设，充分发挥"互联网+"的功能，打造德育、教学、研训一体化空间，集团各校区同步均衡发展。

（四）全面延伸

紧扣"一核""双线""多维"不断向外辐射，延展到集团办学、师生发展的方方面面，并不断地支撑、推进集团的整体发展。学校的教育主体是学生，发展学生核心素养主要指学生应具备的,能够适应终身发展与社会发展需要的必备品格和关键能力,也是落实立德树人的根本任务。除了依靠学校对学生进行教育以外,还需要政府、社会、家庭等各方面对于学校教育的支持和帮助。比如采荷一小实行的年级组德育项目,就需要家长们和社会上的许多机构支持,每年的春秋游,学校联系杭州市区各大博物场馆、公园、图书馆、交警、汽车公司等部门,争取他们在各个环节上支持学校的活动。学校可以充分调动家长参与教育的积极性,科学指导家长教育艺术,发挥家长的育人优势,尽好家长的责任和义务,让家长成为学校教育的有效补充。在通常的教育管理过程中,教师和家长往往是政策的执行者,若他们的积极主动性大打折扣,管理的效力也会随之减弱。采荷一小集团采取多元参与权责下移、共同管理的管理机制,让决策更接地气,更符合教学实际,进而提高管理的效率。相信通过全面延伸教育的角角落落,采荷一小会有更多孩子成就梦想、更多家庭实现希望。

二、治理新范式的整体架构

治理(governance),源自古希腊语"引领导航"(steering)一词,原意是控制、引导和操纵。范式(paradigm)的概念和理论是美国著名科学哲学家托马斯·库恩提出并在《科学革命的结构》中系统阐述的。库恩指出:"按既定的用法,范式就是一种公认的模型或模式。"[①]

在本书中,"治理新范式"的内涵可以表述为:在现代教育治理理念引领下,为积极协调各部门之间的关系,集团在原有治理范式的基础上进行创新,设计和实施的促进松散型集团有效推进的新型治理范式。治理新范式具有三大特征:一是民主协商,各管理主体间民主对话,平等沟通,在一种民主、开放、包容的氛围中进行集团治理;二是项目引领,以项目为特色和载体治理,进行具体管理内容的开发、实施与评估;三是突出重点,在集团管理的众多层面与项目中,选择与突出重点项目,在本课题中选取德育实施、教学管理、教师发展和文化建设四大项目展开实践研究。治理新范式包含约束

---

① 托马斯·库恩.科学革命的结构[M].金吾伦,等译.北京:北京大学出版社,2004.

性与激励性的双重属性。约束性体现为通过系统和一定的规则,保证集团治理活动序列化、规范化、顺畅化,从而达成一种良序;激励性体现为通过新范式的设计,调动治理主体的积极性,激活他们的创造力,使各部门都在这些机制的运行下主动、活跃、高效、有创造性地工作,最终提升管理实效,推动整个集团的优质发展。

(一)设计原则

1. **全面性**

该模式覆盖多个治理新范式的维度,包括文化建设、课程研发、研训引领、德育实施等。它们是该模式的重要组成部分,体现着治理职能。

2. **互动性**

治理新范式的设计要遵循双向互动的原则,充分发挥采荷一小和丁信小学在办学过程中的主观能动性。

3. **长效性**

该模式内部治理新范式旨在促进集团化办学的长效推进。采荷一小对丁信小学的辐射引领,丁信小学对采荷一小的回馈、反哺,均需通过治理新范式的设计和运行得以长效保证。

(二)基本架构

双射线模式是集团对丁信小学实施松散型管理而设计并在实践中不断改进、完善的一种新型管理模式,如图2-1所示。

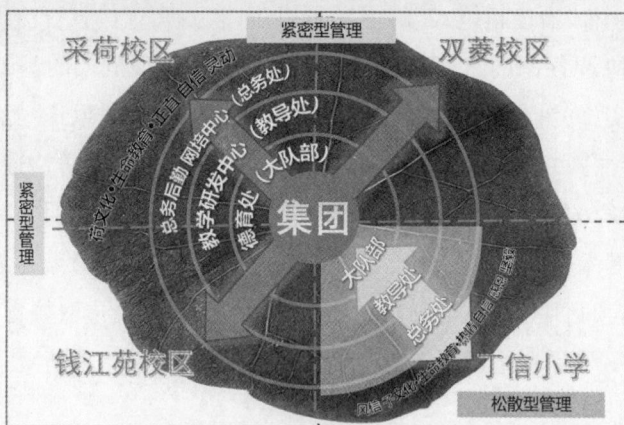

图2-1　双射线模式的建构

从图2-1可见,杭州采荷一小教育集团实际上由两个部分组成,一是由采荷校区、钱江苑校区、双菱校区三个部分组成的紧密型管理;二是由丁信小学组成的松散型管理。这两个组成部分由于有着不同的性质,其管理模式必然也有所不同,双射线模式就是针对丁信小学这个组成部分而设计的管理模式。支撑这一模式的是四大机制(见图2-2)。

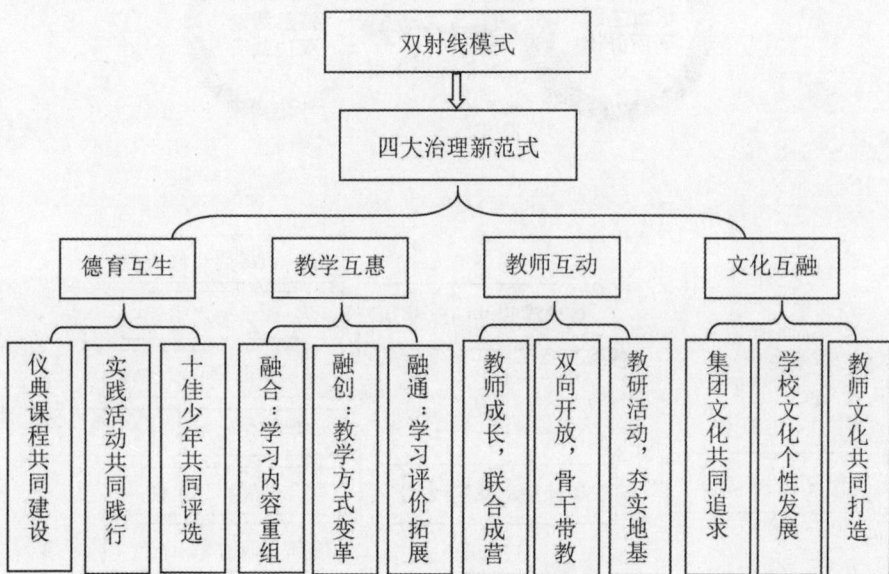

图2-2 "双射线模式"四大治理新范式

从图2-2可以看出,双射线模式通过德育互生、教学互惠、教师互动、文化互融四大治理新范式,实现了松散型集团的内部管理。

(三)机制阐释

在实践中,"双射线模式"治理新范式的设计和运作力求形散神聚,以促进师生优质发展为出发点和聚力点,以双射线并行交互为特点,下面对四大治理新范式分别予以阐释。

1. 德育互生新范式

德育互生新范式主要由三个方面构成:一是仪典课程共同建设,二是实践活动共同践行,三是十佳少年共同评选(见图2-3)。

德育课程
同心创构

联动　联动

德育主题
同质异构

特色活动
双边共有

大年级组项目

十佳少年共同评选 —— 采一丁信各有"五美"

仪典课程共同建设 —— 常规仪典启智修正

节日仪典感恩责任

成长仪典修心梦想

德育互生新范式

实践活动共同践行 —— 一至六年级组项目各不相同

融合开展彰显个性

实施过程互联互融

十佳少年共同评选 —— 采一丁信各有"五美"

民主评选公正公开

多元展示激励成长

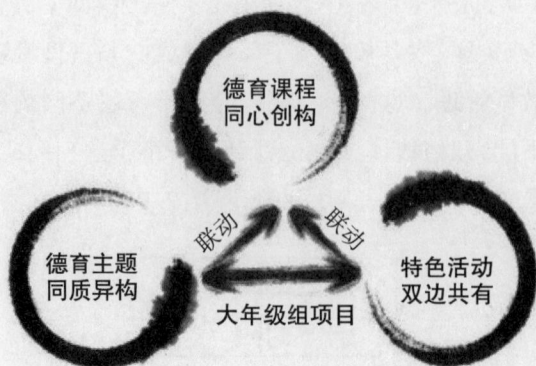

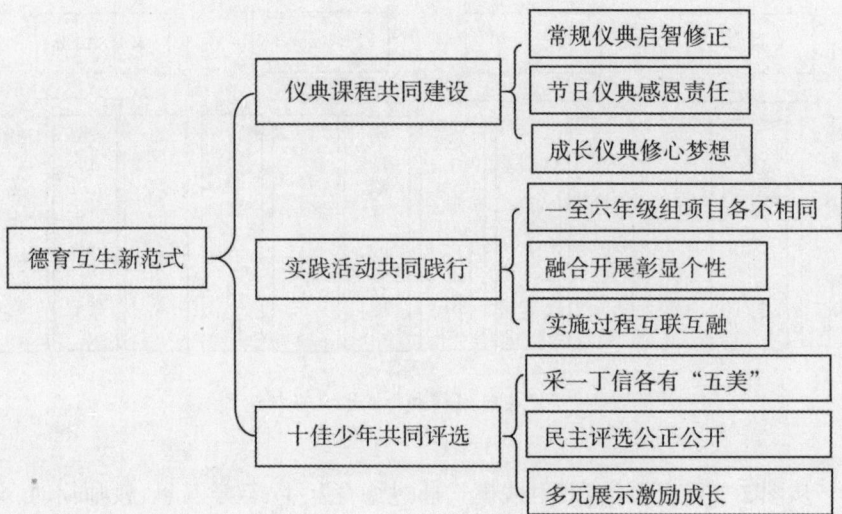

图2-3　德育互生新范式

　　在对集团的德育实施的探索上，着力画好育人同心圆，总结提炼出联动共情的设计思路，形成了德育互生新范式。丁信小学与采荷一小在德育协同发展中抱团共进，共同开展德育活动，共同架构德育项目，推动德育工作深入融通，促进学生全面、个性地发展。注重落实以下几点。

　　（1）德育课程同心创构。以立德树人为核心，采荷一小和丁信小学整合办学中的德育关切问题，形成德育研究思路。在大方向一致和达成行动共识的基础上,既可以集团的大年级组共商共举,也可以集团的年级组德育课程为蓝本,丁信小学寻找新的增长点和突破口,创新德育载体,以同质异构赢得集团德育实施的精彩绽放。

例如在仪典课程共同建设方面,采荷一小和丁信小学结合《教育部关于培育和践行社会主义核心价值观进一步加强中小学德育工作的意见》《少先队活动课程指导纲要(试行)》精神和学校的德育实践活动,从儿童的视角共同构建了仪典课程,形成了仪典课程的目标体系。课程总目标:仪典课程的核心是"成长",通过仪典课程活动,让学生寻获正直,涵育自信,触动灵动,实现集团"正直、自信、灵动"的生命追求。根据总目标,分层制定三个板块的具体目标,分别确立一个主题和仪典名称:启智修正,常规仪典共同商议;感恩责任,节日仪典智慧共享;修心梦想,成长仪典相互参与。

(2)德育主题同质异构。采荷一小和丁信小学均有各自的德育课程体系。如为更好地促进幼小衔接,均有各自的一年级新生课程,以增强新生的学校认同感和自豪感。

例如在实践活动共同践行方面,为了更好地提升德育实效、拓展德育内容,集团建立了大年级组,由两校分管校长、德育主任、年级组长组成,形成了具有大年级组特点的德育年级组项目活动制。学生实践以"大年级组"活动为主要联动载体,以项目制为途径,共同设计项目内容,融合进行项目活动,共同展演项目成果。每学期通过年级组项目计划上交、中期年级组项目自查、期末学生座谈及年级组项目汇报等多种方式相结合,对大年级组项目进行捆绑考评,开展优秀年级组项目经验分享和评优激励。采荷一小和丁信小学践行项目内容共同设计,项目过程互联互融。

(3)特色活动双边共有。传承集团的经典活动,如六心志愿服务、敲门行动等,作为丁信小学的保留项目,并依据自身的德育目标设计个性化的特色活动,在继承中发展,在共有中创新。采荷一小的特色活动可以在丁信小学承办举行,而丁信小学原创的德育特色活动也不断丰富和发展集团的德育活动体系。

例如在十佳少年共同评选方面,集团十佳少年评选旨在为学生打造更多体验成功及展示的平台,用和而不同的评选内容为全集团学生选出榜样

示范,树立正能量,推广美少年。集团十佳少年每两年评选一次,每两年的4—5月,在集团的三到六年级学生中,由学生、教师、家长共同投票产生。十佳少年,采荷一小为德美少年、智美少年、慧美少年、谐美少年、健美少年,丁信小学为仁美少年、义美少年、礼美少年、智美少年、信美少年。评选出的十佳少年在校园网公示三天,评选结束后,晨会亮相年级美丽学生:利用周一晨会时间,进行十佳少年的集中亮相与展示。视频展播校级美丽学生:依托欣欣荷电视台展播十佳学生光荣事迹。微信推送集团十佳少年:在学校的公众号上,以微信推送的形式对十佳少年开展图文并茂的宣传,扩大他们的影响力,发挥榜样的作用。

2. 教学互惠新范式

在促进集团教学管理的实践中,以彰显课程领导力为抓手,以互融共进为思路,设计并运作教学互惠新范式。从课程建设和课堂创新着手,开展项目共建,推进改革,实现资源的共享(见图2-4)。

教学互惠新范式主要由三个方面构成。一是融合:学习内容重组;二是融创:教学方式变革;三是融通:学习评价拓展。

(1)学习内容重组,不断融合。一是改编原生教材,夯实基础课程。采一集团自2007年起投入课程改革,构建了4D慧能学科拓展课程体系,已先后开出100余门课程以满足孩子的个性化学习需求。以此为积淀对原生教材进行统整、拓展,对基础课程的实施进行改革。如精心开设并实施了经典拓展300秒,结合基础课程中的语文、数学、英语、科学教材内容,课前进行经典诵读、经典练习、经典绘本、经典idea分享,多角度、多层面地让学生浸润经典、丰厚积淀。二是研发精品教材,丰厚校本课程。分学科组建校级拓展课程研发小组,在原有校本教材的基础上,投入编写“4D”拓展课程精品教材。这些原生课程教学积累的经验、取得的成效,值得在集团学校复制或推广。丁信小学借鉴采荷一小经验,从“基础课程校本化”和“拓展课程多样化”两个维度切入,统筹策划拓展课程的开发和实施。2016学年丁信小学通过“童真”拓展性课程的专家论证,成为区第二批课改试点学校。在实践中建立了课程共享机制:巧用教材,实现内容共享;多师执教,实现师资多元;校际走班,实现资源层叠;精品解读,实现成果推广。三是共建特色教材,推

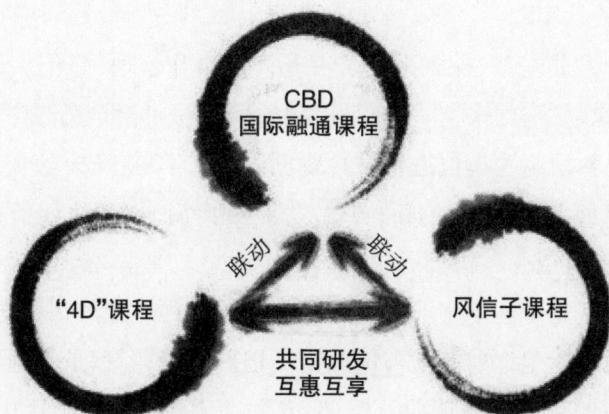

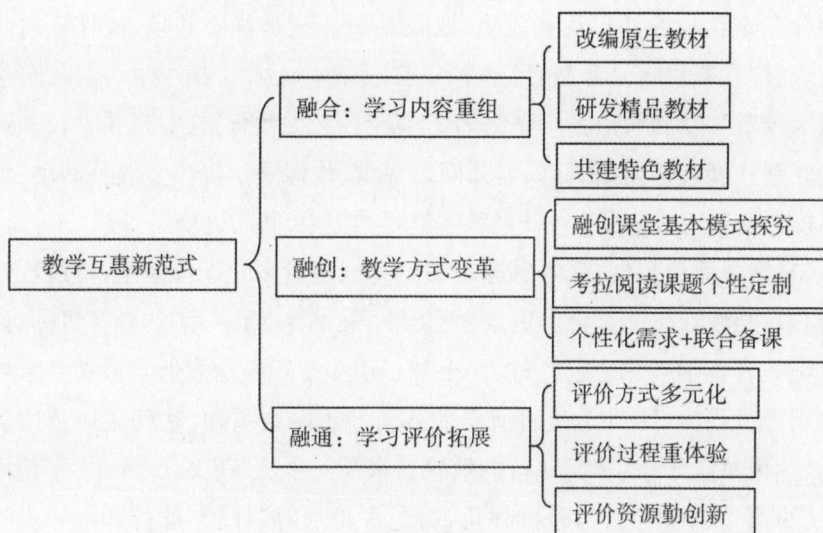

图2-4 教学互惠新范式

动新生课程。集团开展国际化示范校创建,以"撷传统、融世界、育多元"为思路,创建"CBD"国际融通课程。通过基础课程分层渗透,拓展课程多元深化,实践活动多维整合等路径开展实施。其中一年级重点研发"世界正美"和"悦享数理"两个主题的拓展课程,融合采荷一小和丁信小学两所学校低学段的骨干教师,组建课程项目团队,进行整体教学内容、教学形式、教学资源的研发并进行教学实践。

（2）教学方式变革，探索融创。一是两校合作，学科融创。以集团实施省级师干训课题"构建采荷一小学科'融创'课堂的实践与研究"实践研究为引领，两校以教研组为单位进行学科融创。语文学科：家校融合，积累创新；数学学科：点面融合，作业创新；英语学科：视野融合，表达创新；科学学科：生活融合，探究创新。二是两校协作，空中课堂。探索"学教管帮享"的空中课堂模式："学"是课前学生通过网络平台预习老师布置的相关内容；"教"是以学定教，通过学生课前的预习情况精准把握学情；"管"是教师通过学生课中答题、课后的作业数据精准分析，形成个性化评价推送个性化作业；"帮"是家长通过根据推送的个性化作业实现精准的"帮"；"享"是指学生通过班级圈分享自己学习的过程和成果，取长补短。三是优质共享，校外辐射。按省政府"互联网＋义务教育"部署要求，采荷一小和丁信小学一起与金华婺城区雅畈小学和长山乡小学结为"互联网+义务教育"结对帮扶学校。通过互联网开展教师网络研修、名师网络课堂、优课展示等线上线下活动，促进各校师生利用信息化手段开展教学教研的能力，共同进步。

（3）学习评价拓展，深入融通。集团积极建设多元评价体系，将过程性评价和总结性评价相结合。围绕"撷传统、融世界、育多元"的教育目标，设置各类教育教学趣味主题，采荷一小和丁信小学积极探索低学段综合素养评价新范式研究，引导学生将所学的各科知识融会贯通，达到学以致用的目的，达成寓教于乐、多元评价的效果。采荷一小从"荷文化"入手，丁信小学从"童真"文化着力，对基础评价、特色评价、拓展评价、德育评价等进行了系统设计，推出了"荷香莲趣""五美十会"校本评价章目，针对4D拓展课程推出了个性评价单，设计了学习过程星级评价，学习体会三维鉴定，并颁发特色章目，让孩子们通过评价单学习成果，进行自我肯定，坚定学习自信。

3. 教师互动新范式

在关于两校教师培养的新范式探索方面，确立了教师互动机制，践行了以打造成长共同体为目标，以走校共研为特色的机制设计与运作。采荷一小和丁信小学分别以欣荷历练营、欣荷成长营和新苗成长营为教师成长的重要载体,无论是走校带教还是联合研训,其核心都是指向教师的专业成长。在带教、培训、教研等方面着力打破校际壁垒,实现教师走校发展和培养;精心搭建多条跨校研训渠道,开展两校教育教学同修共研。

　　依据以上建构思路,教师互动新范式主要由三个方面构成:教师成长,联合成营;双向开放,骨干带教;教研活动,夯实地基(见图2-5)。

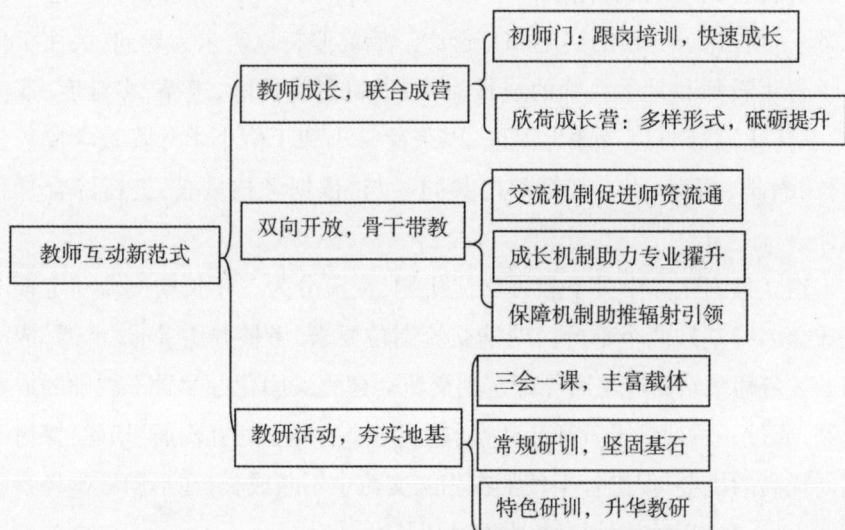

图2-5　教师互动新范式

（1）教师成长，联合成营。立足校情，以培训为途径，以提高培训质量为抓手，根据青年教师自身的成长特点，采荷一小和丁信小学一起为入职三年内的青年教师成立了欣荷成长营联合体，有计划、有组织、有步骤地开展了一系列青年教师培训工作。集团制定了"8月新教师培训教程"，从问题出发，做模拟演练，发现新教师教育教学行为优点或不足，总结操作性强的方法，进行内化后用以解决入职后遇到的问题。两校打通校际壁垒，为青年教师配备"一对一"或"二对一"的师徒结对，在日常工作中就近辅导。"师徒结对"让年轻人更快地适应从学生向教师转变，在一定程度上破解了丁信小学青年教师专业发展的困境。隔周一次的"相约周二"活动定时、定点，是采荷一小和丁信小学联合培养新人的一大举措，已坚持开展了10年。欣荷成长营和历练营为学员提供高端培训，零距离接触教育大家，全面提升素养。

（2）双向开放，骨干带教。集团以"双向开放"为理念引领，通过骨干带教，促进两校均衡发展。经过一段时间的探索，丁信小学也逐渐明确了"因需而设，精准培训；循阶而上，分级认证"的教师培训理念，并将这一理念融入"新苗成长营"的实施和打造中。始终坚持以需求为导向，关注丁信小学青年教师和骨干教师的成长需求；以机制为保障，遵循"多维度、双向性、一体化"原则；以考评为促进，以采荷一小和丁信小学分管教学校长为组长，教学、德育、团支部等部门共同参与，依据考核量表，进行综合量化考评。

建立集团化办学骨干教师交流机制，交流分为三年长期交流和定期交流成立名师基站两个部分。明确交流岗位要求、考核办法、岗位待遇，成立1+1+X名师基站促进集团导师定期交流。建立集团化办学骨干教师的成长机制，通过一系列骨干教师活动，创造了一个有利于相互沟通、切磋、探讨和共同提高的机会，促进骨干教师在相互交流中不断成长，在不同教学场景中磨砺成长，在与青年教师交往中继续成长。

（3）教研活动，夯实地基。集团坚持建设好教研组文化，为教师成长奠定基石。教研组建设的"三会一课"机制——教研组集体备课会、集团质量分析会、教研组长研训汇报会、青年教师"欣荷杯"赛。松散型集团自运行以来,这样的制度也成为丁信小学加强教研组管理的共同守则。坚持做到在集体备课会中集思广益。采荷一小和丁信小学互通资源信息,不仅达到了资源共享的目的,还可以不断积累和丰富课程资源。坚持在质量分析会中反思提升。教学管理部门对两校进行教学质量控制,依据分析结果,实施改进措施。集团始终坚持聚焦均衡。坚持在研训修炼会中总结提高。集团将每学期一次的校内教研组工作总结改为两校联合研训项目汇报。每学期期末,采荷一小和丁信小学全体教研组长济济一堂,就开展的研训项目进行汇报,在汇报中总结反思,取长补短。

坚持分学科做好各类常规研训。紧扣学科特质,抓住重点、难点工作持续发力、勇于突破。立足常态、夯实基础,培育品牌、走出特色,努力实现教学质量的优秀优质,释放品牌课程的活力魅力。同时,坚持开展特色研训。集团与江干区教育发展研究院联手积极打造"特色教研活动",不断深入新课改。立足集团课程积淀,结合两校课程特色,开办了"小学古诗组读促教学能力提升培训""书写创作和鉴赏"特色教研活动,受到了区内广大教师的喜爱和肯定。

4. 文化互融新范式

在对集团文化建设的探索方面,提炼出以彰显文化影响力为建构目标和探究思路的文化互融机制。通过理念融合、精神重构、差异认同等途径构成采荷一小和丁信小学间文化互融、协同发展的机制,采荷一小和丁信小学的文化相互融合、彼此浸润、共生共荣,既有共性的价值倡导,又有包容个性化的立体表达,形成具有高凝聚力的集团文化。

依据以上建构思路,文化互融机制主要由三个方面构成:集团文化共同追求、学校文化个性发展和教师文化共同打造(见图2-6)。

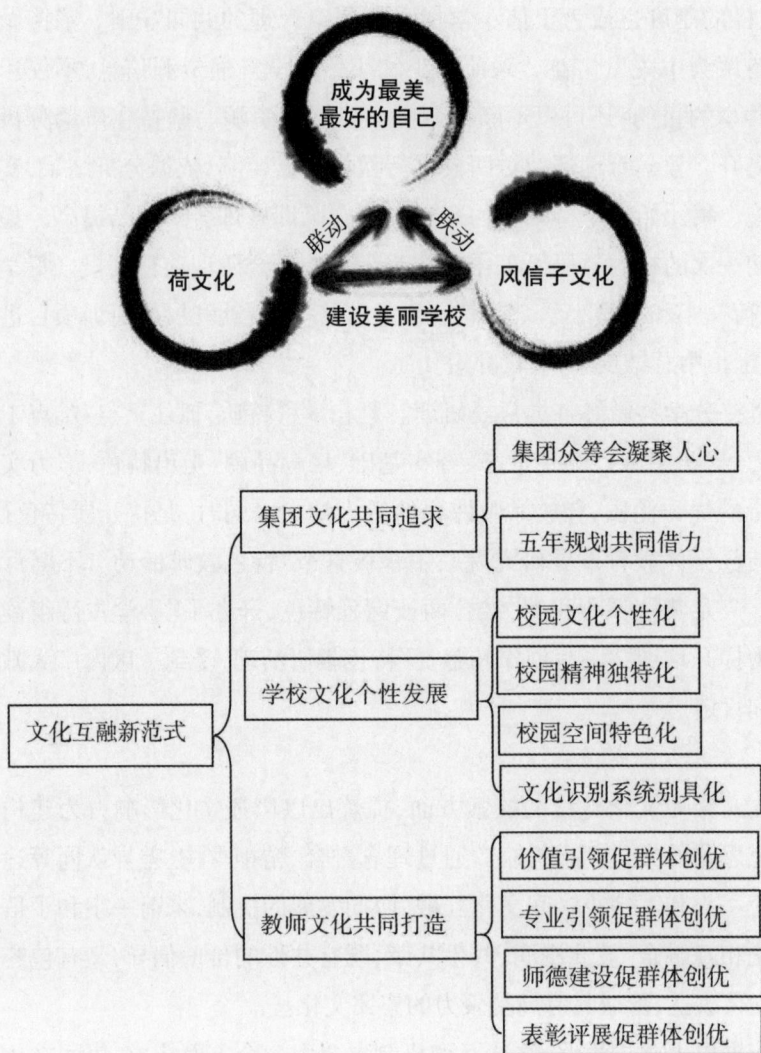

成为最美最好的自己

荷文化　联动　联动　风信子文化

建设美丽学校

集团文化共同追求
　　集团众筹会凝聚人心
　　五年规划共同借力

文化互融新范式

学校文化个性发展
　　校园文化个性化
　　校园精神独特化
　　校园空间特色化
　　文化识别系统别具化

教师文化共同打造
　　价值引领促群体创优
　　专业引领促群体创优
　　师德建设促群体创优
　　表彰评展促群体创优

图2-6　文化互融新范式

　　(1)在集团文化共同追求上,努力形成一种凝聚学校成员的核心理念,并将此体现在办学目标中,辐射到学校管理、教育教学活动和师生行为中。为了将采荷一小和丁信小学拧成一股绳,既保有原汁原味,又有共同追求,集团成立了"'众筹会'文化互融项目制"。无论是采荷一小还是丁信小学,都以"关注孩子一生的发展"为教育和办学宗旨,都认同和坚持探索美育化办学思路与实施路径,着力培养具有鲜明学校文化烙印的美丽学生,打造美丽学校,创办美好教育。丁信小学以两校文化互融为契机,确立适应于"多法人集团化"办学模式的学校治理结构,在文化追求上坚持一个"秉承"。秉承采荷一小"荷文化"的"正直、自信、灵动"的校园精神,以此作为自己文化建设的基石。采荷一小与丁信小学"亲如母子,情同手足",这种关系不仅在建校之初为丁信小学注入了原动力,更是为丁信小学今后的发展提供了更多的可能性。确立共同的文化追求,可以更有效地让采荷一小的美育化办学理念也成为丁信小学学生幸福成长的开始,让丁信小学在新区块被家长认可并赞誉,实现集团的品牌效应最大化。

坚持集团文化的多样性,这是一种聚焦集团文化共性的多元。以采荷一小的办学精神与理念作为丁信小学的文化源泉,作为共同的价值追求。采荷一小和丁信小学都在集团"荷文化"的办学理念引领下,将"正直、自信、灵动"的校园精神作为最根本的价值追求。

(2)在学校文化个性发展上,强调学校文化的个性发展既是创建特色学校的"根",又是统揽特色学校的"魂";特色成就学校,文化铸就品牌。有了这个核心的引领,就能凝聚全体教职工的力量,向着更高的目标不断前行。采一集团始终紧紧围绕"关注孩子一生的发展"的办学宗旨,积极践行"向美而生 与美同行"的美育化办学实践。而丁信小学在采荷一小荷文化的基础上既有所传承,又别开一枝,具有自身的识别度。丁信小学秉承采荷一小"荷文化"的"正直、自信、灵动"的理念,以培育出"童梦同心、自信诚信"的教育理念为指导,提出了"焕发生命热情,共筑幸福人生"的"风信子文化"。丁信小学致力于"呵护童心,欢享童年",明确目标要打造一个"环境美、校风正、队伍强、师德善;人情暖、心气顺、质量高、口碑好"——"以童为先,以真为大"的"大童世界"。将"风信子文化"确立为"热情、自信、感恩、坚毅"。

在彰显集团共性的办学理念基础上,鼓励丁信小学依据自身的办学追求和定位,结合地域资源与特色,提炼出富有个性的办学文化。丁信小学在"荷文化"的引领下提出了"风信子文化",丰富、繁荣了集团的办学文化。

(3)在教师文化共同打造上,团队精神尤为关键。集团通过建立"群体创优"考核机制,在全面评价教师德、能、勤、廉的基础上,考量工作实效,发扬团队精神。将价值引领作为群体创优的根本。制定学校管理的整套制度，编印成册，如《学校管理规程》《全体教师考核奖发放办法》《课堂教学常规》等。工会组织采荷一小和丁信小学全体教师统一学习，规范教师的教育行为。将优秀师德建设视为群体创优的关键。工会每月以年级组为单位推荐教育教学工作中的典型人物，学校考评组通过每月考核会议进行考核，将教师中形成良好师德风尚的教师评选为本月的"每月之星"，并在学校微信公众号中进行推送，将"每月之星"的优秀事迹在全校老师、学生家长的范围内进行宣传，在学期的期末颁奖大会中予以表彰、颁奖。此外，每学年开展集团"玉荷奖"的评选，激励更多的优秀教师发光发热。

三、运作策略

松散型教育集团是由两个独立法人学校组成的，从理论上说，都有自己独立决策、独立运作的权力。因此，机制建立以后，能否正常运转，是保证集团正常运作的关键所在。为此，我们通过运作策略的实施，来保证治理新范式的正常运行。

（一）契约先行策略

双射线模式本质上是一种管理模式，是管理精神与理念在具体实施方式和形态上的映射。解读这个模式的设计与运作，与治理的制度、机制层面相关。因此，我们需要关注学校的管理制度。

放眼国内外，在现代办学的时代背景下，学校的管理制度被提到了一个令人瞩目的高度。构建"现代学校管理制度"是当前教育改革的大势所趋，《国家中长期教育改革和发展规划纲要（2010—2020年）》正式提出了要建设现代学校制度，构建政府、学校、社会之间新型关系的办学理念。一套完善的管理机制也是做好学校管理的基础和前提，能有效对学校所有成员在学习、工作、生活中的行为进行规定，对师生可以起到规范、激励及约束的作用，让学生与教师在制度的约束下，克服随意性，通过自律激发内在的潜能。

什么是学校管理制度？学校管理制度是由学校管理层制定，旨在通过相应的管理机构和制度安排，实施管理职能，引导广大教职工在使用规范与既定的行为方式中完成教书育人的目标等的相关体制。制度是维系集体存在和发展的基本要素,也是学校管理的基本手段,通过制度可以管理集体、激励先进、督促后进、纠正错误、激发创意,使学校更为高效地实现办学目标,并且朝着良性方向发展,因而制度化历来是学校管理的努力方向之一。

"制度化""契约化"也是我们在解读双射线模式时要关注的一个关键词。在本书中,我们在一定程度上是从制度与规范的角度来进行探讨的。双射线模式旨在探索并设计出一套科学合理、可行性高的治理范式,通过合理化、系统化的管理体系,使得管理工作的开展和运作实现制度化、规范化、程序化,具有较好的稳定性、有序性和高效性。

在探索双射线管理模式时,我们应明确所有的契约都是集团立足于共同的价值取向和办学理念而制定的一整套旨在维持学校管理良序的规范体系,以此让学校教育在一种良序与规范中追求教育目标的实现和师生的发展。在达成这样一种目标共识的基础上,集团管理层来设计和制定规则,这种规则必须是集团每个人都认可的、带有契约性的规则,而且这种规则也是责权利对称的。每个人都自觉遵守并且按照已经确定了的规则来推动管理,从而保证管理的契约精神。当这份契约达成,那么学校的管理是从组织的内在自发秩序出发,而不是依靠管理者个人的理性与智慧,这样才能使范式发挥其应有的规范作用,而不是成为限制师生创造力、打消教师工作积极性和动力的外在约束。双射线模式的运行正是通过治理新范式的运行来体现这样一份契约性。而在集团管理的过程中,如果出现违反制度的现象,就要给予相应的惩罚,这就是制度的规范化,也是制度的刚性所在。规范化确保了管理的有效性,能够使集团实现管理效益的最大化和顺畅化。

双射线模式以契约为管理精神内核,以制度规范为基本手段协调组织集团协作运行,所实施的是一种制度化的管理。其实质在于以理性的、科学合理的制度规范为组织协作行为的基本治理机制并实行管理。我们以此为基石,根据集团管理实际设计和架构了文化互融新范式、教学互惠新范式、教师互动新范式、德育互生新范式等系列治理机制,并依托这些治理新范式的稳定、有序运行,实现集团管理的秩序化、高效化,最终提升整个集团的管理效能。

集团通过双射线模式努力地构建一种基于契约、追求人本、倡导开放的管理体系,达成在良序与规范中有效运作,实现从管控到引导的转变,激活能量的生成与对流,形成并完善一套良性循环的发展机制。期望通过双射线模式的探索和运行,让各部门能够根据学校发展的目标不断反思自身的目标任务,不断改进管理方式,提高管理效益;教师和学生能够根据学校的办学理念与管理制度,在有效完成学习和工作任务的同时,不断提高自己的生命质量,充分体现自身的社会价值与人生价值。集团有效落实内涵发展,实现美好教育。

(二)正向引导策略

双射线模式是集团对丁信小学实施松散型管理而设计并在实践中不断改进、完善的一种新型管理模式。从紧密型管理到松散型管理,不仅是管理方式和形态的改变,更是管理思路和管理理念的更新与转变。因此在解读双射线模式时,松散型管理是一个非常重要的管理背景和理论前提。

胡加海在《自议松散型教学管理模式的构建》一文中提到,随着时代的迅猛发展,教育的远程性、教育的开放性、学习的分散化、学习的多媒体化、考试的网络化越来越普遍,传统的紧密型管理的短板日益暴露,而松散型的管理模式具有独到的优势。所谓的松散型是相对于封闭式紧密型管理而言的,是对开放式管理型的进一步定性。松散型管理不是放松或放弃管理,而是按照松紧适度的原则,该松的松而该严的严,对于重要的管理环节则绝不放手不管。实施松散型管理,必须从深层次冲破旧的传统观念束缚,沿着开放教育表现出的新特点,锁定思维走势,实现保守向创新教育思想的跨越。松散型管理的灵魂是形散而神聚。

集团对丁信小学实施松散型管理,为双射线模式积极追求民主、自主的管理空间,拒绝管控、走向引导奠定了重要基础。松散型管理模式,集团放权较多,分校区的自主管理权较大。相较于严密管控管理过程中的每一个方面、每一个细节,松散型管理更在意的是管理的结果。英特尔公司创始人之一安迪·葛洛夫认为:"衡量我们工作的尺度就是我们的工作成果和实际上看得见的结果,而不是工作方式、程式、表面现象。"这段话可以印证出,松散型管理摒弃形式化、表面化的管理限制,而是注重管理方式的灵活性,倾向于在管理中给予较为充足的自主空间。

诚然，集团推进双射线模式的运行，倡导的是一种自主程度较高的引导式管理。关于这一点，"牧式管理"理论可以为我们提供思考的角度和依据。孙永明在《牧式管理：学校管理的新探索》一文中提出了牧式管理的概念：就是通过协调、引领、激发和服务等方法，强化行为主体的体验，达成思想共识，形成价值认同，最终实现自觉自治的管理目标。这与集团提出并运用双射线模式的理念有异曲同工之妙，"引导"被放到了一个概念高位上，将有力地辐射整个治理新范式的架构和运行。而牧式管理的策略也给了双射线模式一个极好的借鉴，即：在管理中强化思想引领的管理意识；建构自主自治为主的管理体系；优化开放共有的管理结构。最理想的管理是从管控走向引导，调动每个人的积极性，激活集团这个有机体的每个细胞、每个管道，走向形散而神聚的管理境界。

注重引导，提升自主，强调人本，这既是双射线模式也是创新学校管理范式的至高境界。现代学校管理的要义之一就是要建立人本特色的自主管理模式，最大限度地激发管理者（校长）、教师和学生的生命活力。在这一层面，双射线模式的理论主张与人本主义管理理论不谋而合。

双射线模式坚持通过积极的管理引导，不断地凸显人本管理思想。该模式的根本目标就是促进集团全体师生的成长，是为师生的生命成长服务的。在新范式运行过程中，强调以人为主体，重视全体师生的尊严及价值，把调动每个人的积极性、挖掘未来潜能作为管理的主要职责。特别是在教师管理中，把教师放在主导地位，各项管理活动都以调动教师的积极性和创造性为根本，重视教师的价值和尊严，充分发挥教师的聪明才智，使教师的潜能和各方面的素质得到全面而充分的发展，以最大限度地保障教师的自我实现。

采荷一小自建校以来，就一直将促进师生的成长和发展作为自身的根本价值诉求与精神方向。作为一所具有丰厚文化底蕴和自我成长能力的学校，采荷一小一直致力于准确把握教育变革的趋势，不断更新管理理念，创新治理范式。应用双射线模式，充分营造尊重、信任、理解、宽容、激励、参与、沟通、对话和支持的管理氛围与环境，让每一个个体都参与管理，不断增强管理的责任，改进管理的效益；亲自感受管理，不断提升管理的思想和理念,将管理与自身的工作、学习、成长环境融为一体,将有形的管理变为无形的自觉提高与进步。正是通过集团治理新范式的建设和发展,实现由管控向引导的转变,让学校教育的良序得以建构,从而保证了根本教育目的的顺利实现。

(三)互联互动策略

双射线模式在管理层面,主要采用"三联三动三个一"的"三位一体"策略,具体如下。

1. 理念互联,机制互动,每学期一次"研讨坊"

丁信小学与采荷一小的办学理念和管理机制是相互联通、联合互动的。每周,两校的管理干部都会聚在一起借助"研讨坊"对每学期的各项工作进行研讨交流,就工作中的问题或者亮点进行探讨,取长补短。

2. 课程互联,课堂互动,每年一次"课堂节"

除了理念互联,机制互动外,丁信小学和采荷一小在课程与课堂方面也保持着非常密切的互联互动,每年举办一次"课堂节",让课程与课堂成为双方教师磨砺成长、学校教学质量稳步提升的共同阵地。每月集中一次专门的考核会议,针对各方工作进行考核、反馈、交流。

3. 管理互联,活动互动,每年一次"才艺汇"

管理上,采荷一小一直对丁信小学的各项工作进行辐射、带动、帮扶,而丁信小学也在日臻成熟的同时反哺采荷一小。为更好地展示集团学生的综合素养,借助每年举行一次的集团学生"才艺汇"进行展示交流。

第三节　保障：双射线模式的环境建设

随着采荷一小与丁信小学双射线型治理新范式的运作，对学校管理也提出了更高的要求。除了有前述线下的各种活动与保障外，还有各类线上平台支持运作。对集团治理新范式的运作环境则主要体现了以平台支持治理范式，用硬件保障管理运作的原则。

一、硬件环境

信息技术硬件环境的建设是信息技术应用和发展的基础，它关系到教学效果、设备设施的管理和应用效益等，以便为集团的管理提供信息技术硬件环境的支持。

(一)网络环境

随着信息技术高速发展，各行各业都离不开网络。各学校也越来越重视校园网络建设，网络已经悄然无声地走进了校园。对于双射线型内部治理，由于各校区之间物理位置的距离，使得很多活动机制都依赖网络的覆盖。因此，对网络的要求也会更严格、更全面。

采荷一小与丁信小学目前共有五个校区四大网络。每个校区分别连接百兆因特网与千兆城域教育网互通。校区内部万兆到桌面；Wi-Fi全覆盖；同时配备有数字铃声系统、门禁系统、监控系统等功能上相对独立的其他系统。较多的校区互动会在质量较好的城域教育网中进行，这样既保障了速度，又提高了安全性。而采荷一小的钱江苑校区与采荷校区，丁信小学的童园校区与真园校区，直属校区间又通过裸光纤直接互联，方便校区内部平台（如校园直播系统、校园课堂）的应用。总体网络结构如图2-7所示。

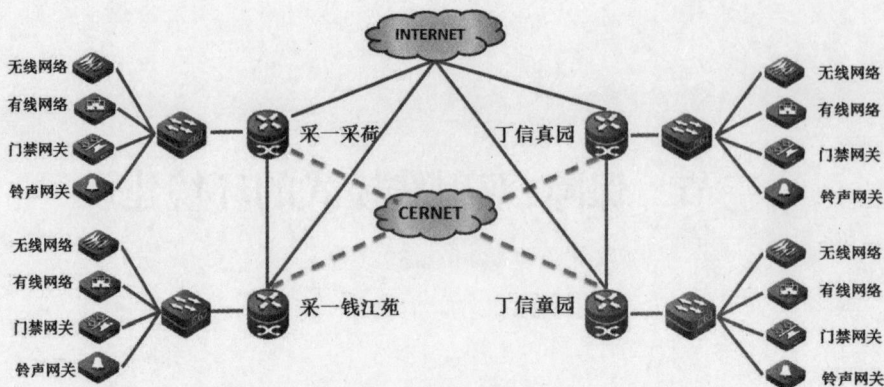

图2-7　总体网络结构

　　校园网络整体架构,各校区分开管理,子系统相对独立,各应用相互兼容,是双射线管理运作环境的网络的总体特点与设计初衷。

(二)安保环境

　　校园安全工作历来是学校工作的重中之重。近年来频频发生学校安保问题,学生的安全得不到保障,校园安保系统不完善,导致各方对学校安保问题的质疑,而学校安保问题也是各个学校首要解决的事情。

　　采荷一小与丁信小学的安保环境总体来说,可分为监控系统、用电管理、门禁管理、访客管理四大部分。这四大部分均可通过网络实施查看与监管。其中监控系统与用电管理是独立的系统。门禁管理与访客管理则通过钉钉平台整合,达成钉钉一站式管理,这将在后续平台部分详述。

(三)终端环境

　　终端环境的选择原则是以实际应用为导向,可选择的有 PC、iPad、云桌面等。

二、软件平台

(一)管理共治平台

　　时至今日,上到国家层面,下到企业组织,数字化转型已经成为全社会的共识。但数字化在教育领域的建设和普及尚且任重而道远,教育还停留在20多年前的一支粉笔、一块黑板的以经验为主的工作方式上,并没有享受到互联网技术带来的便捷。为适应双射线型管理模式，我们经过了很多尝试，目前选择了基于钉钉平台的整体管理共治平台。基于钉钉沟通与协同优势，针对校园管理、教学工作、家校沟通、记录成长等场景，让采荷一小与丁信小学的校务办公、行政事务以及家校沟通全部在线。

1. 信息收发

信息收发既是信息化管理平台的基本功能，也是学校信息窗口。学校采用钉钉平台作为信息收发的基础管理平台。双射线管理的信息化平台组织架构下设采荷一小与丁信小学两所学校。采荷一小集团下再分设采荷校区、双菱校区与钱江苑校区。这样，五个校区统一在一大门户下，同时相对又独立。消息发送及接收权限由各自部门管理员定义，信息安全得到保障。集团大校长可以向全体教师及学生家长推送。下属分支结构则各自对自己下级部门（组织、班级）负责管理。

2. 值周制度

值周制度是德育部门进行学校学生和班级管理的重要途径，通过值周班级学生及值周教师对各班级一天早自修、课堂、眼操、大课间、卫生、放学等过程的评价与监管达到对学生和班级常规管理与规范。传统值周形式是将各项检查记录在教室门口的德育值周记载卡上。集团现在通过钉钉的日志功能进行值周，教师可以在值周时实时将值周记载情况发布至教工群，实时修改。采荷一小和丁信小学采用松散型管理方式，值周的具体细则也可以根据管理方式的不同调整模板。除此之外，利用日志的最大优势是可以将值周过程中发现的好人好事或不足之处以照片或视频的形式记录下来实时发布，将校园中的学生事迹及时在采荷一小和丁信小学进行推广与表扬或及时进行纠正。对于双射线管理可以做到值周尺度一视同仁，德育管理重点自上而下行使畅通（见图2-8）。

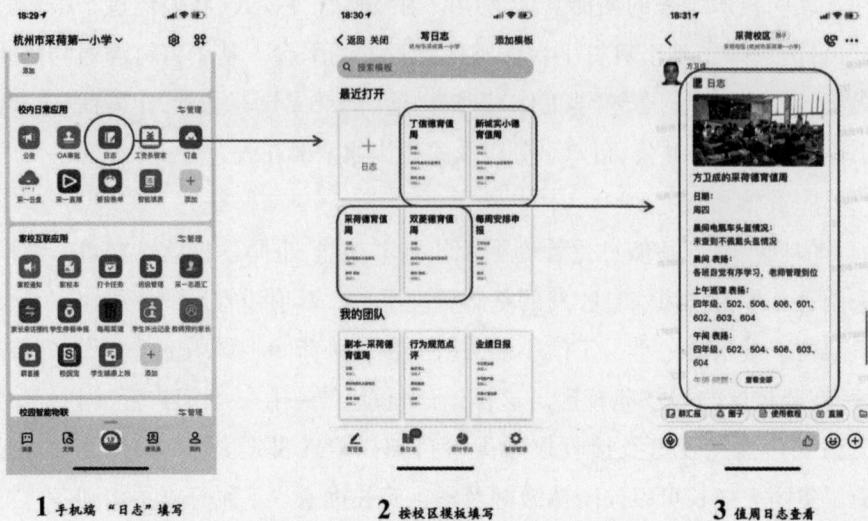

1 手机端"日志"填写 2 按校区模板填写 3 值周日志查看

图 2-8 值周制度

3. 访客登记

如今校园保安对于很多学校来说，都是一个至关重要的岗位。可以说，这个岗位的保安人员涉及了校园内大小事务，不仅需要保证学校的所有公共财产不会受到损失，更需要让师生的人身安全有着很好的保障。尤其是近年来国内发生的几次校园人身伤害事件，对校园安保尤其是校园进出人员的管控提出了更高的要求。采荷一小和丁信小学均制定了学生外出与家长出入的管理办法，在钉钉平台上自制审批流程，由采荷一小或者丁信小学的老师进行审批，审批后抄送给各校区的保安。学生外出，一般是就医或事假，由家长端提出需求，班主任或任课老师审核，审核后反馈给保安，保安核对人脸及相关信息后放行；家长出入校园，可以由家长自己提出审核，在钉钉上登记相关身份证件信息，由教师审批后，保安核对，也可由教师直接提出登记审核（见图2-9）。

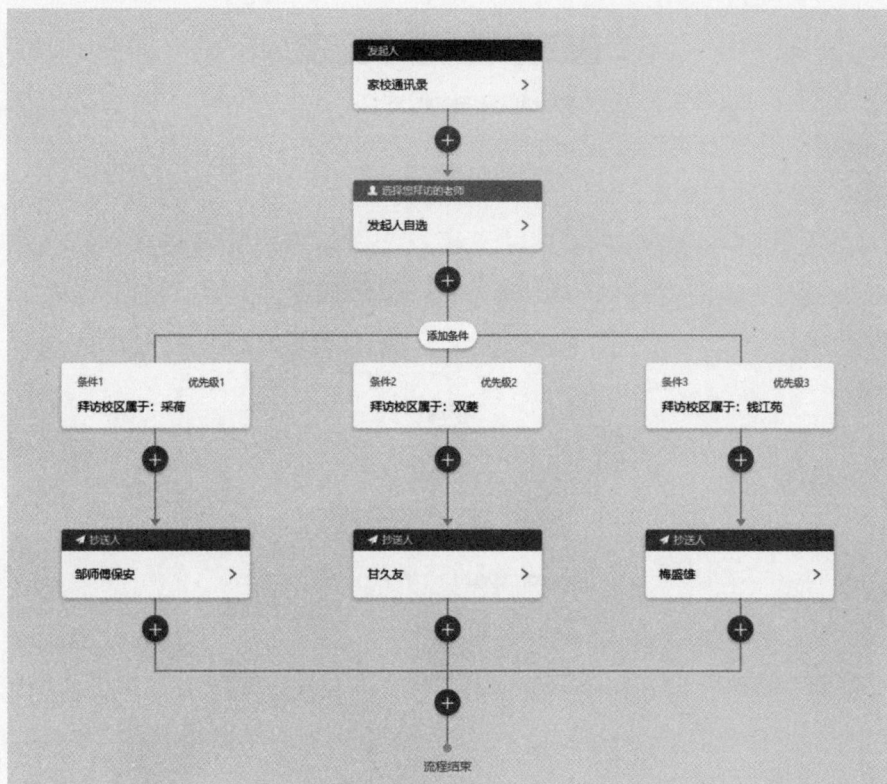

图2-9 访客登记

4. 停餐申报

集团目前有学生3412人,每天都有学生因各种各样的原因请假,请假日的午餐费用需要在期末统一结算并退还。传统的方法是天天上报并记录,一学期财务统一结算一次。这样的方法易遗漏、易错算。每学期都有家长因退费问题提出异议。现在我们采用了钉钉上家长自行申报的办法,学生有三天或以上的请假时,家长自行在钉钉上申报,班主任审核,至期末系统自动结算。这样避免了漏报,班主任也无须每天上报。系统自动结算也方便了财务部门的计算工作,大大提高了效率(见图2-10)。

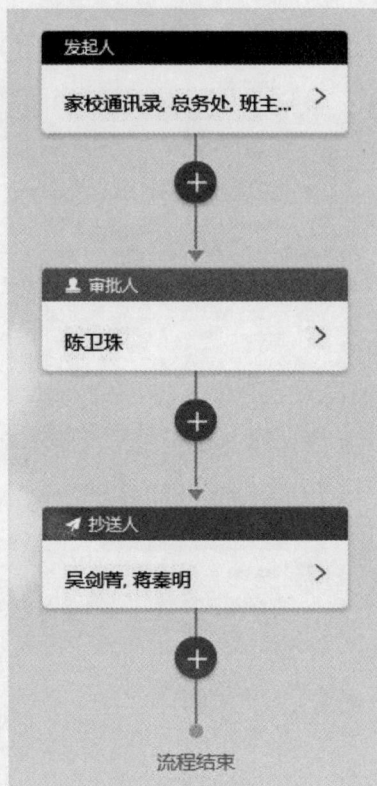

图2-10 停餐申报

5. 流程审批（荣誉、请假、报销、采购、申领、包车、资产借用）

以网上报销为例，传统的报销制度需要准备好所有相关单据后，由经手人、验收人、审核人签字，然后去财务报销。对于大集团、多校区的新型集团显然带来了巨大的麻烦：集团一把手负责人各校区跑，不好找；验收人事务多，忙晕头；经手人叫苦不迭，为了签字盖章都需要各校区找人。遇到相关人员出差或有事，经常会一拖再拖，严重影响了财务审核流程的进度。为提高工作效率，学校试行了网络签字报销制度，将传统的报销流程移到钉钉流程上，由申报人发起并电子签名，将报销需要的相关单据、通知、证明等拍照上传作为佐证材料，然后验收人审核并电子签名，最后由审核人审核并电子签名。流程结束后自动结转到财务部门。这时，报销人只需要拿着相关纸质报销凭证直接到财务处报销即可，再也不用各校区找相关人员签字盖章了。大大缩短了报销流程，提高了工作效率（见图2-11）。

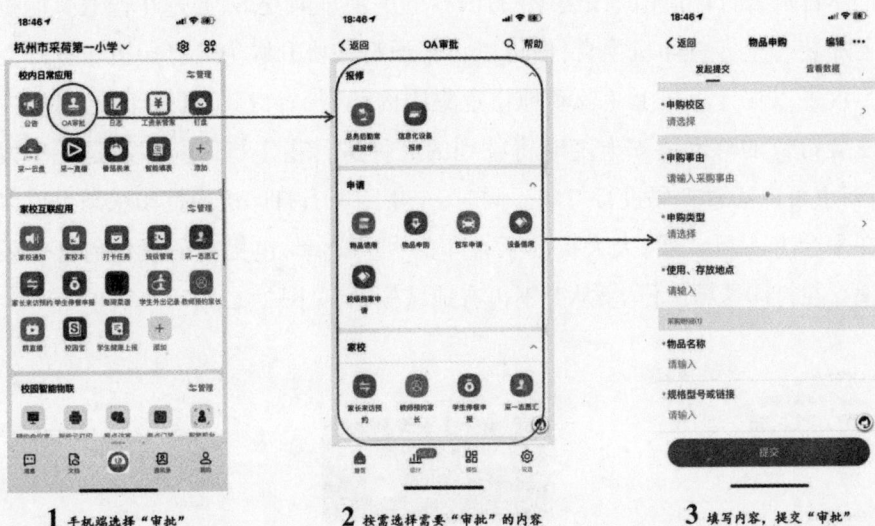

图2-11　流程审批

6. 荣誉申报

使用网络化荣誉申报制度，每位教师在自己获得荣誉时，可随时通过钉钉平台将荣誉按学校相关定级对应申报并上传相关证明材料，由采荷一小或丁信小学教学部门的相关负责人实时审核通过。此项制度取代了原先传统的学期末一次性申报及审核，减少了工作量，避免了重复申报与遗漏，最大的优势是，将教师的成长与获得过程化地进行了记录，方便学校对教师培训和养成做出决策与调整。

7. 教师请假

考核制度的不同，导致不同学校有不同请假、准假以及对应的奖惩机制。在钉钉平台上设立请假流程，将对应的事假、病假、调休设立不同的流程，不仅明晰了请假制度，而且使考勤变得更简单，请假数据一目了然。尤其是调休，以往加班产生的调休单现在以数据形式直接存储在每位教师的剩余调休天数中，每学年清空一次，调休假的管理也变得简单。

8. 云打印

钉钉云打印的引入是集团2019年的一项重大变革，通过在普通打印机上加装一个云打印机顶盒，便可以将普通打印机升级为云打印机。教师们不仅可以在计算机上免驱动地指定集团内任何一台打印机打印，还可以在安装钉钉的移动终端上随时将收到的文件进行指定打印。即使是外部设备，也可以通过扫码进行打印。同时，全集团所有打印机的打印状态也可以在平台上一目了然，大大提高了打印的办公效率，也提高了设备的管理效率。在打印这项工作上，从此不再有地域概念（见图2-12）。

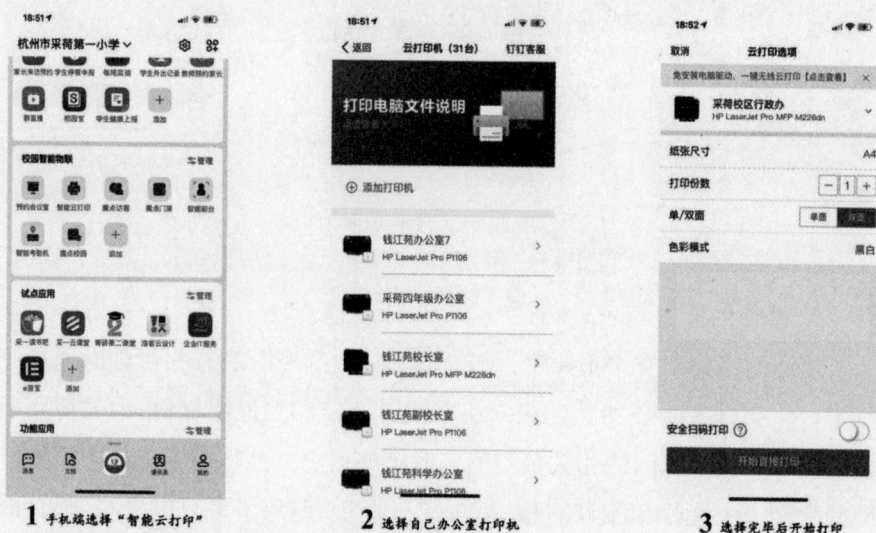

图2-12　云打印

9. 协同办公

审批流程、日志流程、申报登记等都可以自定义流程管理者与审批人，在每一个节点的管理者与审批人都可以通过转交的方式将流程移转进行协同办公；而在同一个工作组内的人员可以对组内文件进行协同编辑，省去了文件发放、填写、收集、汇总的麻烦（见图2-13）。

聊天记录分享到群中沟通更高效，分享聊天记录

项目周报.xlsx
15 KB

预览　在线编辑　权限设置　打开 ∨

2人未查收

图2-13　协同办公

10. 人脸门禁

2019年起，集团还以钱江苑校区为基础开展基于钉钉的人脸门禁使用尝试。钉钉的人脸门禁除了安全以外，对于双射线型大集团的最大优势是在信息采集上。由于管理平台均是基于钉钉，因此每个人员的信息无须再次采集、分组、定义，可以直接将权限指定到集团任何一扇门。跨校区的访问变得无比简单轻松（见图2-14）。

11. 其他

我们还在钉钉平台上尝试了新生报名与民意测评等功能。新生报名功能可以将以往传统的新生报名登记与录取查

图2-14　人脸门禁

询电子化，新生家长可以通过钉钉直接进行录取查询，免却一次次到学校咨询的麻烦。民意测评可以将学校日常的投票、测评等活动在钉钉上直接进行，老师们不用再为了一次测评而跑校区集中进行，手机打开就能完成，既保证了评测的公平公正，又较大地提升了此项工作的效率。

(二)资源共享平台

我们在实践过程中努力做到为传统的校园增添一个虚拟的补充，一个

能够集教学、管理、科研、服务于一体的新型的工作、学习和生活的虚拟环境。一旦掌握并应用它，学校的各项工作就可以在时间上更加灵活，在空间上更加开阔，活动更加便捷，效率也更高。为此，我们首先建立的是校园云盘系统。区别于传统的FTP文件系统，云盘系统最大的优势是可以实现文档的在线编辑与修改，老师们不再需要将文件下载后再查看。如有需要上交的，也可以直接在线编辑，就像在操作自己本地的文件一样，只需要双击打开，编辑完成后直接保存，文件就实现了云端保存。同一集团下，对采荷一小和丁信小学的老师进行不同的编组，对各个部门进行组别设置，不同编组设置不同权限浏览不同的内容，使不同校区不同管理模式下的协同办公成为可能。同时，如果有误，文件可以还原到任意时间点的任一版本。在这种机制下，学校文件的管理更规范、更有效，也更利于保存与查找，不再需要跟教师个人甚至历任去找电脑里的文件。另外，云盘系统还可以很方便地实现与本地文件同步。打开同步功能后，在学校修改的文件，回到家一开机，家中电脑的本地文件也同时被同步成修改后的版本。还有就是云盘中的文件可以随时随地地与同校、分校区甚至外网的用户进行分享。生成一个分享链接后，就可以邀请他人进行查看或者修改，最大限度地便捷了文件资源的共享（见图2-15）。

图2-15　资源共享

(三)教学共研平台

采荷一小和丁信小学发展至今有近300名教师,如此庞大的教师队伍自然有丰富的教学资源。随着信息技术的迅速发展,资源共享也成为学校信息化建设发展的趋势和现代化的标志。数字学习平台建设及应用已深入教学、科研、管理、服务等各个领域,日益成为学校师生获取信息、丰富知识、学习交流的重要渠道,在推动教育改革发展、促进思想文化交流、丰富师生精神生活等方面起到了积极作用。作为双射线模式的大集团学校,我们遇到的信息化建设存在的主要问题有:缺少总体、全面、系统的统一规划,各校区存在重复建设;缺乏统一的数据标准,信息孤岛现象严重;流程不够顺畅,运行效率不高,信息服务不及时;组织与体制建设力度不强,内部关系不顺。

校园视频系统:在钉钉平台上建立直播、点播平台,邀请学生来做学校的家长会、毕业典礼、运动会等活动的直播员与解说员,实现移动端直播。家长与其他用户可以在钉钉平台上使用移动端进行实时收看,在线互动,极大地拉近了家长与学校、学生之间的距离。同时,这些直播内容还将被实时保存下来,随时点播收看。

视频会议:周末例会对于学校来说是一个对工作进行总结与展望、笼络教职工人心的好时机。对普通学校来说实现起来很简单。对多校区的学校则不然,需要一半甚至更多的老师跨校区跑动,尤其是在杭州,遇到城市道路拥堵,往往教师们千辛万苦地赶到会场时,会议早已开始;庞大的教师团队导致开会环境也成了一个大问题;不同校区的停车有时也是问题。种种弊端甚至会导致教师们对教职工大会心生怨言。采荷一小和丁信小学各校区分别建立了视频会议系统,利用摄像机拍摄、计算机采集、服务器推流的方法,再借助采一钱江苑校区与采一采荷校区、丁信童园与丁信真园直属校区间的直通光纤,可以直接进行视频会议对联。周末定好时间,由其中一个校区发起为主会场,两边会场实现实时的视频与音频互通,异地开展视频会议。这样的会议节省了时间,让教师们免受奔波之苦,受到了教师的好评(见图2-16)。

校园直播:校园电视台是学校的德育阵地,采荷一小每周一晨会(雨天)、周三德育谈话课、周五校园小结都会使用到校园电视台。有时是全集团统一播，有时是分校区各有各的内容。为应对这样的需求，分校区设立了校园电视台。每个校区使用直播摄录播控台，拍摄直播推至校园电视台服务器或者是钉钉直播平台。需要时也可以用移动端（手机、iPad等）直接进行直播。直播内容可以留存，也为校园电视台做了积累。

集团期望通过双射线模式这一开放性的治理新范式，营造出一种动态开放、自由和谐、民主人文的制度环境和管理环境。在这个环境中，各种正向的能量在治理新范式的作用下能够源源不断地产生，进行对流，相互补充。这种能量补给与支持将会惠及每一个管理与被管理的对象，随着机制带来的激发和促进作用，不断开发和彰显每一个个体的潜能。学校内部的各要素各司其职、各安其分、各尽其心，共同为学校教育良序的构建做出自己的努力和贡献，而学校教育良序的构建又成为教育目的实现的重要基础和保障。

图2-16　视频会议

第三章

共情:德育互生新范式的设计与运作

习近平总书记多次强调:立德树人是教育的根本任务。作为松散型的教育集团,如何在德育活动中协同发展、抱团共进,继而推动德育工作深入进行,是我们在构建内部治理新范式时首先考虑的问题。为此,我们设计了基于共情的德育互生新范式,通过仪典课程共同建设、实践活动共同践行、十佳少年共同评选三大实践载体着力画好集团育人同心圆,形成你中有我、我中有你的德育格局。

仪典课程共同建设从采荷一小和丁信小学的德育工作重点与学生培养的目标出发,共同商议确认主题,按照德育活动仪式育人的理念,在共同的育人目标要求下,同中有异,互动相通,构建常规仪典、节日仪典、成长仪典三类活动,规范各项少先队等常规仪式,设计各具特色的节日仪典和互通互融的成长仪式。在活动中传承传统文化,全程参与,全员参与,全面参与,擦亮学生生命中每一个重要的日子。

实践活动共同践行是基于集团班级多、学生多,活动以"大年级组"为组织单位用项目制进行而提出。两校结合德育特色和学生特色,找出共同活动及特色活动,整合形成"大年级组"活动项目,它在实施形式上分散而自主,内容上整合而有特色。既能兼顾共同要求,也能彰显各自特色,丰富活动内容,提升活动广度,增强两校间活动互联、学生互通、活动互助的集团办学优势。

十佳少年共同评选皆从学校"向美而生 与美同行"的理念中而来,采一五美——德美、智美、慧美、谐美、健美;丁信五美——仁美、义美、礼美、智美、信美。两者既从学校文化出发,又有各自不同的落点与要求,让学生看到更多身边同龄人优秀的榜样,拓宽榜样学习的范围,培养"各美其美、美美与共"的新时代少年。

第一节 共建：集团仪典课程的开发与实施

作为教育重要载体的仪典课程，承载着集团立德树人的重要任务。如何在松散型集团治理过程中做好做实仪典课程，为提升集团学生的素养服务？集团做了深入的实践和探索。

一、仪典课程的架构

仪典是人们表达信仰、传递思想情感、传递社会价值观的工具。仪典作为一种文化象征，具有特别重要的作用，它可以使一些我们所经历的看似普通的事件被赋予一种特别的甚至是无法言说的意义，触及人的心灵。从这个意义上说，仪典课程在学校德育中无疑具有十分重要的意义。

(一)仪典课程的意义

从仪典和课程的概念分析，我们认为学校仪典课程不仅有明确的课程体系，并依据课程体系有计划地实施仪典活动的教育活动，通过仪典课程，传统文化传承，实现立德树人的教育目的。

仪典作为学校师生社会化进程中的重要环节，在儿童的教育过程中发挥着潜移默化的作用。朱永新教授在主题报告《校园，为文化立魂》中提出："学校文化一旦走向成熟完善，都会拥有美妙优雅的仪典、节日和庆典。它们是学校文化传统的活标本，也是学校生命中最值得关注的重要时刻。"可见，仪典教育应该成为中小学生活不可或缺的一部分，成为学校文化的重要组成部分。

(二)仪典课程目标

集团结合《教育部关于培育和践行社会主义核心价值观进一步加强中

小学德育工作的意见》《少先队活动课程指导纲要（试行）》精神和集团的德育实践活动，从儿童的视角构建了仪典课程目标，形成了集团仪典课程的目标体系。

课程总目标：仪典课程的核心是"成长"，通过仪典课程活动，让学生寻获正直，让学生涵育自信，让学生触动灵动，实现采一"正直、自信、灵动"的生命追求。

根据总目标，分层制定了三个板块的具体目标，确立一个主题和仪典名称：一是启智修正，常规仪典共同商议；二是感恩责任，节日仪典智慧共享；三是修心梦想，成长仪典相互参与。

(三)仪典课程的设置

经过不断的摸索与研究，集团根据学生身心发展特点和德育工作重点以及采荷一小与丁信小学学生培养的目标，构建了一套既有两校自身特色又能为两校共用的仪典课程，包括开学典礼、毕业典礼、入队仪典、10岁成长典礼等。这些看似是最常规、最普通的活动，基本上每个学校都会有。但是常规活动加上学校特色就是刻骨铭心，就是不普通的经历。集团特色就是仪典课程必须保证学生的全程参与、全员参与、全面参与，充分发挥学生的主体作用，从而照亮学生生命中每一个重要的日子。

二、仪典课程的实施

任何课程都需要付诸教学实施，才会对学生成长产生作用。从一定意义上说，设计得再好的课程，如果没有付诸实施，仍然没有意义，德育课程同样如此。为此，我们把仪典课程的实施作为德育互生新范式的重点，在实践中不断完善课程，实现课程育人的目标。

(一)启智修正，常规仪典共同商议

说起集团的仪典教育，我们会第一时间想起开学典礼、入队仪典和修业典礼等。这些最普通和最常见的活动是每个学校必然要开展的仪典活动。这些仪典体验在一个孩子成长的生命中不可或缺。我们需要通过活动建立起孩子和岁月更替间的联系，让孩子有意识地去感觉生命中的特殊时刻，珍惜成长过程中当下的幸福，从而获得导向，为生命注入能量和灵性。

采荷一小和丁信小学一直共同商议，致力于校园仪典教育研究，精心设计、实施入学课程、入队课程和修业课程，在小学入学、入队和修业三个成长节点上，营造温馨的环境氛围，组织开展精彩的系列活动，为学生量身定做套餐课程。让学生从一年级开始就爱上小学生活，从戴上红领巾时即了解少先队的光荣与自豪，让每个学期即将休业的学生享受成长与进步，感恩母校、社会和家庭。增强学校仪典教育的系统性、整体性、科学性、实效性，发挥仪典教育的育人功能，促进学生养成良好的行为、品格和道德情感。

1. 开学典礼，新学期总动员

学期开始，通过开学第一课课程的建设与实施，缓解陌生感带来的焦虑，建立归属感和信任感，初步形成学生集体意识，为尽快适应新的学习环境，融入新的集体，促进个人、班级和学校的和谐发展奠定基础。

例如，采荷一小和丁信小学共同商量，以献礼中华人民共和国成立70周年为主题，确立两校2018学年第二学期开学典礼活动，两校主题相同，形式各异，各有特色。采荷一小紧跟时代脉搏，确定"小猪佩奇同迎己亥新春，文明礼仪献礼七十华诞"为主题的开学典礼，采用学生喜闻乐见的小猪佩奇为每个学生送上新学期的祝福，还展示了学生寻找身边美的行为并用微视频的形式展现了"文明礼仪在家庭"的好风尚，用美的言行迎接祖国妈妈七十华诞。他们中有用实际行动给长辈做早餐的；有践行家庭就餐礼仪的；有热情接待文明问候的；还有身体力行坚持垃圾分类的……用实际行动践行美丽行为。与此同时，丁信小学迎来了以"我与父母比童年，感恩幸福新时代"为主题的献礼新中国七十华诞的开学典礼活动。同学们收集了父母的童年照片和自己的童年照片，仔细做对比，同样的百日照，泛黄的老照片诉说着过去，崭新的照片彰显着幸福的今天。这些对比，让学生感恩新时代的幸福生活，树立远大理想，下决心今天要做祖国的好儿童，明天要做祖国的建设者。

2. 集结星星旗帜，铭记建队节

近年来的一些教育政策中，明确要求通过仪典加强学生的思想品德教育。要组织丰富多彩的主题班、队会、团会，举行各种庆祝、纪念活动和必要的仪典，引导未成年人弘扬民族精神，增进爱国情感，提高道德素养。

1949年10月13日是中国少年先锋队建队日,是中国少年先锋队成立的日子,是值得每一个少先队员永远铭记的日子。集团内两所学校教育处经过商议,确立了主题。同时邀请双方的队员、辅导员参与对方的建队节活动,感受建队节氛围。

【案例3-1】 2019年10月13日建队节活动

(1)"五小"少年来献词

采荷一小与丁信小学学子齐亮相。

(2)辅导员登台做汇报

两校大队辅导员围绕上一年工作做汇报。

(3)书记答复新提案

两校少代会收到124份提案,采荷一小党总支钟蓓蓓书记答复提案。

(4)新老大队委员交替

上届大队委员卸任;新的大队委员上任。

(5)红船精神要弘扬

老红军给两校少先队员代表讲述红船故事。

(6)动感中队齐展示

两校动感中队代表进行创建汇报,互相学习,展示特色。

(7)认真选举少工委

经全体少先队员统一投票,采荷一小及丁信小学少工委在少代会上正式成立啦!陶焦芳总辅导员和王红书记共同为少工委揭牌。

3. 迎接休业式,收获满满假期

休业式是一学期或者一学年结束之前老师和同学们一起开的一种会议。休业式上,老师一般会做一下简单的学期总结,交代假期的相关内容和注意事项,同时布置各类社会实践活动。

两校休业式的一大主题都会围绕江干区少工委布置的寒暑假任务单,根据年级的特点,进行针对性的布置。两所学校的大队辅导员根据区少工委暑期活动意见，共同商议同中存异，以体验教育为基本途径，通过丰富多彩的暑期体验活动，培养少年儿童对党、对社会主义祖国的朴素感情。以安全、健康、有益、愉快、充实为活动准则，依托学校、家庭、社会三位一体的教育网络，精心组织安排，让同学们在活动中学习，在活动中长知识，在活动中增长才干，让全体队员度过了一个安全、健康、和谐、快乐而且有收获的假期（见表3-1）。

表3-1　两校寒假实践活动单

级别	活动主题	具体内容	
		采荷一小	丁信小学
区级	寻访红色文化	走访红色研学基地，了解红色故事，整理成一篇简单通讯，简要记录走访过程，Word形式，图文并茂，字数不超过200字	
	主题征文	1.我的春节——"寻根，我的祖国"主题征文 2."书写中国"主题征文	
校级	文明礼仪	"文明礼仪在家庭"微视频大赛，用短视频的形式记录家庭中的文明行为，寻找文明礼仪标兵	"文明礼仪童谣创编"，用短小的诗歌形式，把文明行为编写成童谣，可以唱一唱、写一写，也可以画成四格漫画
	志愿活动	主题："暖心欣荷"，根据学校"六心志愿服务"具体内容进社区等进行志愿服务	主题："风信子在行动"，志愿服务在社区，以拍照+写感受的形式填写志愿服务活动表，评选班级和校级"小小志愿星"

（二）感恩责任，节日仪典智慧共享

节日承载着丰厚的历史文化内涵，集中展示了中国民众的精神信仰和审美情趣，节日生动的形式、丰富的内容对于提高青少年学生的人文素养、培养他们的文化底蕴、增强民族认同感和归属感发挥着重要作用。提高感恩素养，就要重视节日仪典，让学生明确什么是感恩，为什么要感恩，如何感恩。从而促进校园和谐，融洽师生关系，促进校园平安；促进家庭和睦，完善

人际关系,构建和谐社会;促进学校实施素质教育,提高教育教学质量,把他们培养成有理想、有道德、有文化、有纪律的一代新人。

感恩课程渗透于母亲节、父亲节、教师节、重阳节等活动,感恩的主题为"感恩于心,报恩于行"。课程分为三个阶段。

1. 激发感恩之情

每个学年,教育处根据重大的节日设计感恩专题宣传活动。各班以感恩为主题办一期黑板报和手抄报,大队委评选后进行集中展示。一个学年的各个感恩节日,每个班级根据要求设计各自的标题。设计时让学生回忆曾经帮助过自己的人,写一段祝福语,粘贴到爱心板上,并举行签名活动。

丁信小学和采荷一小设计了一些主题,采荷一小按照低、中、高三个学段进行设计,丁信小学刚刚建校四年,按照低、中两个学段进行设计(见表3-2)。

表3-2 黑板报主题

2018学年第一学期黑板报主题					
9月	采荷一小	一、二年级新学期,新开始 三、四年级消防安全 五、六年级难忘师恩	10月	采荷一小	一、二年级喜迎国庆 三、四年级珍惜粮食 五、六年级重阳节
	丁信小学	低年级:新学期,新气象 中年级:开学安全		丁信小学	低年级:我爱我的祖国 中年级:诚信主题
11月	采荷一小	一、二年级保护环境 三、四年级预防流感 五、六年级美丽生态	12月	采荷一小	一、二年级向队旗敬礼 三、四年级垃圾分类 五、六年级校园安全
	丁信小学	低年级:预防冬季传染病 中年级:保护环境		丁信小学	低年级:传统节日 中年级:网络安全

2. 传播感恩之心

感恩课程成为贯穿学期始终的课程,无论是父亲节、母亲节还是教师节,还可设计感恩周的感恩活动,都是在引导学生懂得感恩、学会感恩。拥有感恩之心,就像拥有了打开幸福之门的金钥匙,就会发现许多美好的情感,体味到不同的幸福和味道。小学生以形象思维为主,要注重课程活动中的童趣化,让他们从生动活泼、喜闻乐见的活动中理解深刻的道理和获得难忘的体验。采荷一小和丁信小学教育处经过商讨,抓住三个节日——清明节、母亲节、父亲节,共同商议确立主题。清明节采荷一小的主题是"踏着烈士的足迹前行",丁信小学的主题是"亲近传统——清明节",让学生继承这一文化习俗,缅怀先辈,了解对国家和民族所负有的历史责任感与使命感,弘扬爱国主义精神;母亲节,采荷一小的主题是"母爱无疆",丁信小学的主题是"我爱母亲",通过孩子对母亲回馈的爱心,感恩母亲的无私奉献,感恩母亲的陪伴,感恩母亲的养育之恩;父亲节,采荷一小的主题是"父爱无言,细水长流",丁信小学的主题是"我爱父亲",明白父爱如山,父爱是世界上最伟大而深沉的爱,引导学生关爱他人、尊敬长辈,培养他们对亲人要热爱、有责任、愿奉献的良好情感,增强道德规范素质。

3. 真情落实于行

中国的传统节日,历史悠远,形式多样,是历史文化长期积淀凝聚的过程。在学校教育中,让学生积极参与传统节日的各种活动,把握节日内涵,认同文化精髓,提高人文素养,继承并发扬优良传统。丁信小学和采荷一小纷纷利用国旗下讲话的平台,充分利用节日文化,向全校同学发出倡议,让同学们用自己的行动来表达对亲人、老师、同学、朋友甚至是那些默默奉献的陌生人的感激之情,如门卫、清洁工、生活老师等。可以是实实在在地帮这些人做一件事,送给对方一个微笑,也可以写一封感谢信、设计一张感恩卡、说一句贴心的话、表一个决心……

【案例3-2】 教师节特色活动——非凡搭档和老师在一起

一、活动目的

9月10日是我国的教师节,为发扬光大尊师重教传统,进一步推进师德建设,弘扬尊师重教的良好风尚,两校开展主题为"非凡搭档和老师在一起"的活动。同时通过这次活动加强两校的师生交流,增进师生感情,拉近师生关系。

二、活动时间

活动启动一个月内。

三、活动对象

采荷一小和丁信小学的全体学生。

四、活动形式

校内传递、跨校区传递。

五、活动步骤

1.学生填写"搭档邀请卡",在邀请卡上写上想和老师搭档完成的事:"我想和两个校区的校长合影""我想和老师一起管理早读""我想和老师一起批口算""我想和老师一起管理课间餐""我想和老师一起领唱今天学的歌""我想和老师一起准备实验器具"等。

2.学生将"搭档邀请卡"交给自己选择搭档的老师。

3.老师收到"搭档邀请卡",在一个月内师生共同完成邀请卡填写并签名,归还邀请卡。

4.老师选择最有意义的搭档形式,留下照片。

5.学校制作"非凡搭档和老师在一起"专题海报对外展示。

(三)修心梦想,成长仪典相互参与

仪典直观生动、情感鲜活,重视学生的个体体验,是一种具体化、情境性的教育过程。在成长的路上,让每个孩子都参与到活动中,获得独特的生命体验,修心正身,严于律己,拥有塑造梦想的激情,缔造追求梦想的勇气。

1. 光荣入队,激发使命感——入队礼

入队仪式让新队员体验第一次戴红领巾、第一次敬队礼、第一次在队旗下庄严宣誓,也让老队员重温入队誓言,从而反思自己平时的学习和生活表现。入队仪式培养了新老队员的荣誉感和使命感,激励他们从小树立远大理想,努力完善自我,做共产主义事业的合格接班人。

2018学年第二学期少先队活动,集团的大主题是"星星火炬,梦想来起航"。在这样的大主题背景下,采荷一小的入队主题定为"星星火炬,筑梦未来";丁信小学的主题是"红领巾添彩中国梦"。两校围绕少先队流程,带领

新队员宣誓光荣入队。采荷一小的入队亮点是在少先队员们最幸福的日子里，邀请八种不同职业的家长，有医生、护士、律师、法官、消防员、交通警察、环卫工人、教师，从自己的职业特点出发对新队员们提出要求和憧憬，希望队员们好好学习，树立远大的理想，长大后报效祖国。丁信小学的入队亮点在于放飞梦想活动，新队员们在梦想卡上写下自己的梦想，然后把卡片放进梦想球里，老师期待队员们今天放飞梦想，六年后的今天再打开自己的梦想，展示自己为梦想努力的小学的六年阶段，继续谨记梦想，扬帆起航。

2. 融入情感，感恩父母——10岁成长礼

我国历来重视仪典的教化功能，"成童礼"是中华传统仪典教育的精华内容，它们根据学生每一个发展阶段的特殊性，融进了特定的精神文化内容，承载传递着不同年龄段的价值观念，产生使命感和自豪感，促使其形成良好的思想品德和行为规范。

丁信小学邀请采荷一小的老师及部分学生观摩了四年级"10岁成长礼"。第一个主题活动是文艺展示，邀请家长观看表演，创设家长和孩子交流的平台，让学生向家长表达内心的情感，感谢父母的辛勤，感谢父母的关爱，在活动中共同经历深刻的情感交流，创造共同成长的机会。第二个主题活动是校园露营，采荷一小的学生和丁信小学的学生一起合作，搭起了自己的"专属小窝"，利用多彩的气球、漂亮的贴纸和五彩的画笔……巧手装扮，将一顶顶原本单调的帐篷变得五彩斑斓、富有童趣。随后开始的篝火表演，更是将整场露营的气氛推至最高点，戴着荧光手环的孩子们与穿着火柴人荧光舞服的老师们一起翩翩起舞，歌唱灿烂的童年，歌唱美好的未来。校园露营活动是为学生创造一个自我探索的机会，培养独立自主、相互合作的能力，学会应对突发事件，学习一些基本生存技能。

3. 铭记情谊，逐梦未来——毕业典礼

毕业典礼是对学生六年学习生活的一个总结，给六年的成长画上一个圆满的句号，预示着学生将走进一个新的学习阶段。它是学生成长的重要时刻，是生命成长的重要历程之一，同学情谊和师生恩情值得纪念与珍藏，更重要的是利用毕业典礼开展一次感恩教育和责任心教育，帮助孩子树立远大的理想。

采荷一小的毕业典礼修身课程已成为学校"仪典"课程中的精品课程，时间固定在每年的6月30日，把小学生活定格在这一刻，陪伴学生度过最美丽、最难忘的毕业时光。每年的毕业典礼的主题各有侧重，如2017年的主题为"学会感恩，放飞梦想"，2018年的主题为"青春做伴，欣荷绽放"，2019年的主题为"清荷育莲，逐梦未来"。每年的毕业典礼不仅邀请学生家长参加，也会邀请丁信小学的老师和学生代表共同参与。丁信小学为新办学校，还没有毕业生，但是每年参与采荷一小的毕业典礼，激起了学子们对毕业成长的憧憬，也增强了孩子们的责任感和使命感。

采荷一小的毕业典礼以班级为单位，每个班都有节目上台展示。毕业典礼中的老师和学生告别是一个很大的感动点，当看到学生与老师拥抱泪流满面的场景时，当看到学生向老师鞠躬致谢时，当看到学生与家长致谢时，无论是老师还是学生，都沉浸在浓浓的情谊表达之中，我们都被流露出来的真情所震撼。这样的典礼摒弃了以往对学生进行简单说教的思想动员会的形式，通过隆重的仪典活动，给学生以情境沐浴和熏陶，让他们的心灵之花得以绽放，受到思想触动、道德启迪，引领学生逐步树立正确的人生观和价值观。

总而言之，不管是何种形式的仪典课程，都鲜活而灵动，由一个个美妙的撼动心灵的活动汇聚而成，编织着学生美好的生活。仪典课程符合学生的身心发展特点，学生在仪典课程的浸润中自主、快乐、健康地成长，体验成长的滋味，有利于丰富学校的文化建设，增强学校德育工作的实效性，推动学校的素质教育。

第二节　共行：基于集团大年级组的
项目制实践活动的实施

项目制德育实践活动是基于集团校区多、班级多的实际状况而提出的。为了更好地提升德育实效、扩大德育途径、拓展德育内容，我们将德育活动分解成项目制，以区德育三原色活动为主线，以学生为主体，以年级为单位，针对年级实际，整合多项内容，教师、学生、家长、社区共同参与，形成具有集团大年级组特点的德育年级组项目活动制。

一、项目制德育实践活动的基本含义

项目制德育实践活动以集团"大年级组"为主要联动载体，以项目制为途径，共同设计项目内容，融合进行项目活动，共同展演项目成果，推进德育特色活动的互融互动，拓宽德育途径，提升德育效能。

它在实施形式上是分散而自主的，内容上是整合而有特色的。整体规划、主题由学校做好顶层设计，具体操作及实施由年级组根据要求自行开展。教育处把德育方方面面的要求和区德育三原色活动内容重新进行梳理整合，找出重点核心，研究学生的年龄特点，设计了适合一至六年级的项目内容。在具体实施过程中，除规定内容外，年级组长还会根据本年级的特点和学生实际、教师实际以及社会热点设计特色活动。项目制德育实践活动的基本流程包括六个步骤。

一是学期初由两校年级组长在学校年级组项目总要求下，共同商量制订年级组活动方案，根据实际情况，至少安排1~2个相同内容的活动。

二是年级组相同内容活动的成果可以视频或展板的形式进行互联互动，并进行大集团评比制。

三是在春秋游研学实践活动中，每学期做到有一个年级组在相同地点，共同进行实践活动。

四是每年建队节时召开少代会，由两校代表共同出席，联合进行。

五是队前教育由采荷一小高年段大队委员录制微课，给丁信小学一年级小朋友进行学习。

六是双方学校有大型学生活动时，可邀请对方学校师生代表参与。

二、项目制德育实践活动的设计

采荷一小教育集团中的两所主体学校既同属于一个集团，又是两个法人学校，因此在项目制德育实践活动的设计中，就要既有共性，也有个性。

(一)主体内容共同设计

鉴于集团学校活动安排的实际情况、个性特点和学校德育计划，每学期初两校进行年级组长碰头会，产生智慧碰撞，按照学校顶层设计的主要内容，确认本学期年级组项目主题和主要内容。以第一学期为例(见表3-3)。

表3-3　年级组项目主题和主要内容

年级	主题	主要内容	形式
一年级	领巾飘扬伴我先行(采荷一小) 团结友爱共进步(丁信小学)	幼小衔接、队前教育、常规教育等	年级组、联合中队、春秋游、小队活动、第二课堂实践等
二年级	美丽行为我践行(采荷一小) 大手拉小手，共圆家乡梦(丁信小学)	行为规范、家乡文化、文明礼仪、家风建设等	
三年级	传统文化我力行(采荷一小) 走进中国传统节日(丁信小学)	传统节日、民俗风情、传承传统、平安自护等	
四年级	劳动实践我能行(采荷一小) 健康成长，勇于担当(丁信小学)	环保教育、劳动实践、生态文明等	
五年级	祖国发展我同行(采荷一小)	学军学农、爱国主义、青春期教育等	
六年级	梦想起航我远行(采荷一小)	法治教育、禁毒反邪、自我保护、感恩母校等	

（二）具体方案彰显个性

在碰头会上确立主题之后，年级组长根据要求进行年级组方案的制订与撰写，并与本年级组老师及年级家委会商定具体内容。具体内容既要完成学校的规定活动，又要彰显本年级组的个性特点和特色活动安排以及评价的要求与方式。

以两校三年级安全主题活动为例。

【案例3-3】 采荷一小三年级活动方案

平安行动 护航健康

一、活动目标

1.通过活动，让孩子们懂得珍惜生命，热爱生活。

2.通过活动，让孩子们学习日常生活中的安全常识。

3.通过活动，让孩子们具有安全意识和基本自护自救的能力。

二、活动实施

第一阶段：启动仪式

第二阶段：系列活动

（一）活动系列一：交通安全

1.交通安全日主题教育（9月、11月）

2."彩虹课堂"进校园，荷娃杭杭话安全（12月）

3.交通安全小达人（10—12月）

4.地铁小使者，荷娃在行动（12月）

（二）活动系列二：食品安全

1.学会购物（10月）

2.制作营养食谱（10月）

（三）活动系列三：校园安全

1.文明行走（9月底）

2.我有一双"火眼金睛"（11月）

（四）活动系列四：消防安全

1."消防安全"黑板报（9月）

2.消防安全主题教育（9月）

三、活动评价表

平安行动　护航健康——活动评价表			
姓名	活动	完成情况	得分
交通安全	交通安全日主题教育(5)		
	安全交通小达人(10)	日常(家长评价)	
		秋游(教师、学生评价)	
	彩虹课堂(10)		
	地铁小使者(5分)		
食品安全	秋游购物(5)		
	制作食谱(10)		
校园安全	火眼金睛(10)		
	文明课间(10)		
消防安全	119消防安全主题教育(5)		
	消防演练(10)		
假期安全	我是当家小主人(家长评价15分)		
平安救护	户外安全大讲堂(5分)		
活动感想			
总分			

【案例3-4】　丁信小学三年级活动方案

敬畏自然　珍爱生命

一、活动目标

1.通过学习让学生认识自然灾害这个基本常识。

2.通过丰富多彩的活动帮助同学在队集体中能够辨别一些简单的灾难，面临困难时会基本应对。

二、活动实施

(一)每月争章

9月:敬畏台风,珍惜生命,争得健康章。

10月:地震的自救漫画大赛,争得绘画章。

11月:我是小小消防员,争得五星红旗章。

12月:自然灾害自救知识竞赛,争得接力章。

(二)年级组项目活动启动

(三)每月活动安排

9月活动——敬畏台风,珍惜生命(安全教育主题班会)

10月活动——敬畏地震,珍爱生命(地震自救漫画大赛)

11月活动——敬畏火灾,珍爱生命(火灾自救主题演练)

12月活动——敬畏自然,珍爱生命(自然灾害知识竞赛)

(四)期末年级组各班班主任撰写总结

(五)联合中队展示

三、活动评价

1.主题月表现:通过主题活动考查孩子行为落实。

2.社会实践表现:考查孩子在知识迁移运用、执行等活动中表现出来的能力。

3.评价方式:首先,每个月让孩子根据自己的学习和实践应用情况完成,结合自评、互评分数获得健康章、接力章和五星红旗章;其次,结合联合中队活动,根据综合学科老师的记录颁发校兴趣章;最后,根据获得章数量最终评定,授予"五美十会好少年"称号。

从上面两个案例中可以看出,两所学校根据统一的主题要求,设计相应的实践活动;但同时又从自己学校的学生实际出发,制定具体的活动内容,从而体现出学校的个性。

三、项目实施过程互联互融

项目制德育实践活动在具体的实施过程中,我们十分强调双方的互联互融,体现出集团的特点,让德育实践活动发挥最大的效益。

(一)师生互访互动

两所学校学生构成不同,教师体量以及配给不同,因此,大年级组活动中两校师生的互访互动,就会拥有更多元的师资平台、交流空间及展示机会。

集团在设计活动中,即考虑了大年级互动内容。比如,丁信小学建校晚,需要采荷一小在德育活动中给予规范性的指导,因此建队节,采荷一小即邀请丁信小学辅导员及少先队代表参加采荷一小少代会,与采荷一小少先队员共同行使少先队员权利,听取集团少先队工作,提出对工作的意见和建议,观摩少代会规范流程,学习如何建设动感中队,规范的会议程序和内容给予丁信小学最直观的指导。又如,六一活动,双方学生代表相互到对方学校参加活动,拓宽活动场所,看到更多活动内容。再如,丁信小学进行四年级成长典礼活动,采荷一小的老师及学生代表即前往观看并送上祝贺,表达集团对孩子们的关心和祝福。

春秋游活动也是大年级组项目活动一个很好的途径,因丁信小学只到四年级,因此,秋游手拉手借助采荷一小的高年级力量,就可以进行一、六年级的同伴活动。六年级学生在与一年级学生手拉手活动中能培养责任感、组织能力和感恩之情,而一年级学生可以从高年级的哥哥姐姐身上学到知识,学生们更愿意听取年龄相仿,知识背景、兴趣爱好相近的同伴、朋友的意见和建议。好的同伴教育比老师的教育更接近学生本身,同时,现在的孩子独生子女居多,缺少哥哥姐姐的关爱,因此对于高年级的哥哥姐姐有一种自然的喜爱与崇拜,"亲其师,信其道",在这样的氛围下,孩子们的春秋游活动就有了意义和收获。

【案例3-5】 秋游活动一、六年级手拉手活动方案

秋游活动一、六年级手拉手活动方案

一、活动目的

通过活动,培养六年级学生责任感、组织能力和对老师、家长的感恩之情。同时通过活动,让一年级学生对老师、同学、学校更进一步产生喜爱之情,更好地融入小学生活。

二、活动时间

秋季。

三、活动地点

植物园。

四、活动安排

1. 准备工作

(1)双方年级组长进行沟通,人数协调。(按照对应班级,采荷一小采荷校区六年级学生每人带一位双菱校区一年级和丁信小学一年级学生)

(2)采荷校区六年级班主任将结对的学生名单告诉本班学生。

(3)六年级学生按照班级要求进行小队分组。

(4)每个小队商量好给结对学生一样的身份识别标志。

(5)每个小队根据学校秋游任务单做好攻略,安排好具体活动。

(6)六年级学生代表至双菱校区及丁信小学进行秋游安全要求及活动要求。

(7)班主任事先定好碰头地点。

2.活动当天

(1)丁信小学一年级学生与采荷一小一年级、六年级学生各自乘车出发至目的地。

(2)至事先约好的地点碰头。

(3)六年级学生认领一年级学生。

(4)六年级学生负责以小队为单位分头活动。

(5)在规定时间内六年级学生将一年级学生送回集合地点。

五、活动内容

1.一年级

你们一定听过很多童话,看过很多动画片、绘本,很多故事情节都在森林中发生,请队员们以小组为单位,一起编一个小童话故事,如"森林运动会""森林中的小精灵""小动物联欢会"等,要求内容积极向上、完整有趣,说给结对的六年级大哥哥大姐姐听。

2.六年级

(1)事先收集常见植物的资料,和结对的一年级新生同行,向他们介绍植物园里常见的植物。

(2)组织一年级小朋友进行故事会。

(3)进行美食分享活动。

(4)以小队为单位,与一年级小朋友一起画一画景区中一处标志性景物或建筑,A5大小。作品交辅导员评定是否挑战成功。

3.拓展延伸

（1）一年级：说一说自己与大哥哥大姐姐相处印象最深的一件事。把想对哥哥姐姐说的话写在卡片上，并将卡片全部交给六年级学生。

（2）六年级：写一写自己带小同学的感受。

（二）线上互联互融

因两校相距较远，师生频繁来往确有不便，因此，除大型活动外，经常采用的是互联网空中连线的方式进行活动的互联互融。信息时代，依据互联网让距离不再是问题。

采荷一小欣欣荷电视台及直播系统已非常成熟，因此，集团大年级组可以进行跨校空中连线活动。大年级组项目活动中相同内容的可以通过直播完成大年级组全体参与，也能起到资源共享、减轻老师负担的作用。如三年级组项目活动中"平安自护技能"讲座，即是由钱江苑校区发起，讲座主会场设立在钱江苑校区，然后通过互联网直播，丁信小学三年级学生通过直播，也进行了平安自护能力的学习。

同时也可以通过录播的形式，将年级组项目特色活动进行跨校展演。每学期学校都有优秀年级组项目进行汇报，通过欣欣荷电视台，将汇报的节目进行录像，然后将录像视频传送给双方学校，两校即可收看到优秀的年级组节目，以此学习和借鉴，也给展演的学生以更多的平台进行展示，增加学生的成功感。

【案例3-6】 实践活动线上互动新范式

1.学期初两校年级组长通过设计大年级项目确定线上活动内容。每学期至少一次。

2.做好线上互动活动方案，至少提前两周向学校教育处进行申报。

3.教育处进行审核，并联系信息组确认时间、设备，做好准备工作。

4.活动后进行汇报、总结，做好报道。

大年级项目的实施让教育更具针对性。年级项目活动开展能充分依据学生年龄特点设计,能充分依据年级内学生发展的现状开展,教育更具针对性。使内容更具系统性。年级项目内容安排以三原色内容为主线,把省、市、区、校多级活动的方方面面内容进行整合,分成12项重点内容,减轻师生负担,减少德育重叠和德育盲区的出现,同时可以分校区、有重点地进行各个子项目,同时大年级也能更好地进行资源分享、合作共赢,从顶层设计到服务跟进、资源开发,规范并保障了德育活动的时效性。让形式更具灵动性。年级项目由年级组根据主题自主设计实施,各年级组根据自身(教师、家长、学生等)资源优势,设计时代性、操作性更强的活动形式,学校制定了三权协同制规范年级组建设,年级组长具有人事权、经费权、组织权,保障了项目的顺利实施。

第三节 共评：集团十佳美少年的评选

集团十佳美少年的评选旨在为学生打造更多体验成功及展示的平台，用和而不同的评选内容为全集团学生选出榜样示范，树立正能量，推广美少年。

一、标准

十佳美少年的评选标准由"五美"组成，涵盖德、智、体、美、劳五个方面，体现了集团五育并重、五育融合的办学指导思想。具体的评选标准根据学校的实际情况而定。

（一）采荷一小"五美"

采荷一小的"五美"以德美、智美、慧美、谐美、健美五个方面命名，对应这五个方面制定了标准的具体内容。

1. 德美少年

热爱祖国，热爱家乡，热爱人民，热爱中国共产党，品德良好，自觉践行社会主义核心价值观，了解国家历史和家乡发展，了解中华传统优秀文化和党的光荣革命传统；行为文明，诚实守信，在老师和同学中有一定的影响力与公认度。

2. 智美少年

学习勤奋，各门功课成绩优秀；学习目标明确，态度端正，计划性强；有刻苦钻研和不断进取的精神；能够独立思考，善于提问；爱好广泛，乐于科学探索，积极发表见解。

3. 慧美少年

积极参加研究性学习、科技、劳技、文艺等活动,并在某一方面取得比较突出的成绩(至少在区级以上竞赛中获奖),具有较强的学习能力、独立思考能力、创新实践能力。

4. 谐美少年

热爱集体,热爱劳动,关心他人,爱护公物;积极参加校外第二课堂、社会实践、志愿者服务以及各种公益性活动,表现优秀;热心公益,初步具有担当意识和劳动能力;积极参与孝亲、尊师、敬老、爱幼、助残等志愿服务,乐于承担班级、校园、家庭、社区义务劳动任务;积极承担家务劳动,珍惜劳动成果;自觉节约资源,能够积极践行垃圾分类,倡导绿色健康生活,热爱和尊重大自然;积极参与学校六心志愿服务,组织并开始志愿实践活动。

5. 健美少年

具有良好的体育锻炼习惯,坚持每天至少锻炼一小时,达到《学生体质健康标准》良好以上,生理和心理健康;珍爱生命,正确面对困难和挫折,保持积极、乐观、稳定的情绪;具有一定的自护、自救能力;注重个人和公共卫生,不近视;积极参加体育锻炼,至少有一项运动特长。

(二)丁信小学"五美"

丁信小学"五美"以中国传统文化中的仁、义、礼、智、信命名,内容则包括了德、智、体、美、劳五个方面,具体标准如下。

1. 仁美少年

认识大自然,培养劳动素养,体验收获快乐,分享劳动成果;增强环保意识,学习更多环保知识,并能在生活中加以应用;能客观评价自己的行为和约束自己的行为,尊重并理解他人的观点与处境;能融入集体,与老师和同学建立良好的关系,能运用恰当的方法进行交流和沟通,能与他人一起确定目标并努力去实现目标,能采取恰当的方法与他人进行合作。

2. 义美少年

掌握适合自身的运动方法和技能,养成健康文明的行为习惯和生活方式;认真完成安全教育平台要求的课时,修完学校安全教育相关课程(防溺水、地震逃生、电梯逃生、心肺复苏救护、消防逃生等);完成每日强身健体训练任务;按要求完成细则中的每学期自理能力训练。

3. 礼美少年

能遵守和履行小学生道德准则与行为规范;养成礼仪好习惯;做到保持个人卫生;做到文明课间,两操认真;尊敬师长,友爱伙伴,纪律严明,遵守校规;爱护公物,尊重国旗。

4. 智美少年

有独立思考能力,进行逻辑推理及信息加工能力,会学习,语言表达和文字写作素养较高,有终身学习的意识和能力;完成学校根据学科特点组织的各级各类学科竞赛和综合实践活动;按要求完成各学科课程体系中的每学期核心素养养成训练。

5. 信美少年

会自我管理,能与他人合作,会过集体生活,较好地处理个人与社会的关系;诚信待人,诚恳友善,积极参与第二课堂、志愿者活动、社会实践活动,有相关部门的相关凭证。

二、方式

集团十佳美少年的评选活动每两年举行一次;评选范围为集团在校三至六年级学生。由学生、教师、家长共同投票产生。

(一)方法

集团十佳美少年的名额分配:采荷一小五名,丁信小学五名;单数学年第二学期的4—5月进行评选;评选出的十佳美少年在校园网公示三天,无异议后正式通过;6月1日左右进行表彰与展示。

(二)过程

集团十佳美少年的评选活动分阶段进行,一般分为六个阶段。

第一阶段

4月1—10日发动阶段。向集团所有学生进行评选的宣传、发动。

第二阶段

4月10—20日申报推荐。由班级和个人根据条件自主申报与推荐(见表3-4)。

表3-4　集团十佳少年申报与推荐表

班级		姓名		性别		照片
推荐方式				申报类别		
主要事迹						
材料照片 （佐证材料）						
年级组 意见				年级组长：		
学校意见				盖　章：		

第三阶段

4月20—30日初评筛选。由年级组根据学生申报与推荐的情况先进行年级筛选推荐，然后推荐1名候选人至学校大队部。

第四阶段

5月1—20日复评展示。根据年级组初评后推荐的候选人进行复评材料准备，海报在校区展示。

第五阶段

5月20—25日终评阶段。全校学生、老师进行投票，选出集团十佳美少年。

投票方式：海报展示期结束后，由大队部组织，利用德育阵地课进行统一投票，投完之后统一回收选票，由监督小组成员进行计票。根据票数，由大队部在校园网进行公示，最终选出十佳美少年。

第六阶段

5月底—6月初表彰阶段。利用六一活动的契机，在欣欣荷电视台进行十佳美少年事迹的展播，并进行微信推送，传播正能量。

【案例3-7】 集团十佳美少年自述简介

德美少年张芸嘉：每当响起《高山流水》四声部合唱的旋律，我的内心都无比激动，在G20峰会《最忆是杭州》的舞台上，我演唱了这首歌，我唱歌的画面被定格在镜头上，从此，我有了一个新名字：小苹果。在G20峰会的那一刻，我的家乡成为世界的焦点，唱歌，让我为家乡的发展贡献力量。

健美少年解子萱：第18届亚运会在雅加达闭幕那晚，我和马云叔叔、孙杨哥哥一起，向全亚洲发出诚挚邀请！我问孙杨哥哥：你成功的秘诀是什么？他说，不停地失败、失败、再失败。

那一刻，我明白了，成长不是一直赢，而是失败之后的继续坚持。

2022年，亚运会在杭州召开，同学们，我们要把身体练得棒棒的，用实际行动迎接盛会的到来！

慧美少年杨纪逸：改革开放40年，杭州已是"智慧"的代名词。在杭州这个充满创新因子的城市里，我也耳濡目染。我最喜欢学校"4D"课程中的智动课程，在老师的指导下，我设计了我们未来的家，未来的家智能、低碳、绿色，还能像小鸟一样飞翔！这个作品在全国电脑编程大赛上还获了奖呢！科技为我们的未来提供了无限可能，创意创造让生活更便捷，让世界更美好！我已经准备好了。

智美少年汪睿童：我爱好阅读，9月，我代表江干区参加了杭州市争章技能大赛，是阅读的积累让我胸有成竹、自信阳光。书是打开心灵的钥匙，是我们了解世界的窗口。我和小伙伴们常常带着书本相约，去西湖寻找春天的气息，去西溪感受深秋的唯美，去运河丈量城市的历史，去第二课堂场馆学习课外知识。同学们，让我们用阅读点亮心灯，照亮自己的成长之路。

谐美少年徐楚瑶：我是一名红领巾环保志愿者。每到周末或假期，我的身份就是"河小二"，和同伴们一起去巡河。去年夏天我检查到了新开河河道污水管破裂，报告治水办之后，及时阻止了河水被污染。今年我和小伙伴们进行了垃圾分类的调查，我将调查结果写信告知市长伯伯，没想到工作繁忙的市长伯伯竟然给我回信了，还让人专门来学校对我的问题进行答复和听取我们的调查意见,我感受到了我是城市小主人的责任。

仁美少年胡鑫羽:我是个热爱集体、团结同学、乐于助人的学生。我积极参加学校和班级组织的各种活动,能够利用自己的课余时间走出学校,走进社区,作为一名小小的志愿者,为社会贡献自己的一份力量。2019年1月28日,我参加了杭州市丁信小学党支部联合东林桥社区党总支举办的"党员志愿行 送福进社区"活动,走进社区为社区里的爷爷奶奶们送上自己亲手写的福字。除此之外,为了响应垃圾分类这一活动的号召,我利用放假时间自发地当起了垃圾分类督导员,挨家挨户地向居民们宣传介绍垃圾分类的意义以及分类的方法,并且将感受写成了一篇征文,在2018年江干区中小学"拥抱绿色生活,守护美好家园"节能小使者征文比赛中获得了三等奖。

义美少年沈祎珉:我热爱生活,兴趣广泛。我喜欢音乐和画画,并能严格要求自己,在学习之余认真练习,积极参与学校和社区的兴趣小组、文艺会演等活动。我热心参与实践活动,积极参与了"红领巾走杭州"寻访杭州红色文化、温暖志愿队党建同心圆送福进社区、"红船领航"走红色路、环境保护先锋、"沿着习爷爷的足迹寻找美丽杭州"等实践活动、区学生实践评比活动。我还热爱体育运动,积极锻炼,在学校的运动会上多次取得突出成绩。我还是校田径队员、体训队员,代表学校参加了江干区中小学生运动会、区中小学生羽毛球赛。

礼美少年张曼:我为人诚实,信守承诺,遵纪守法,恪守公德,举止得当,文明礼貌。作为403班班长,我严格遵守校纪校规,能够有礼貌地对待每一位同学,"对不起""谢谢您""您好"是我的口头禅,看到老师和长辈,总是微笑打招呼。我不但自己讲诚信、懂礼貌,还用自己的一言一行感染着周围的每一位同学,受到同学们的一致好评。我常常被评为"风信好少年""班级美丽学生""校级美丽学生"等。同时,我懂得回报社会,暑期志愿者活动、义工活动都能积极参加,将乐于助人切切实实地贯彻到底,将风信娃的优秀形象展现给大家。

智美少年熊夏宇:我从三年级开始,每天早上坚持7点半到校,在教室外面的走廊上,带领指导我的结对同学早读,风雨无阻,整整坚持了一年半。上个月一天,我的右手拇指不小心划伤了,缝了7针,困难面前我没有低头,忍着伤口的剧痛，没有一天迟到早退，没有一天把作业落下。每天早上依旧及时到校，带领结对同学认真早读，我所结对的同学在近期的语文测试中进步显著，基础分第一次拿到了高分。

信美少年姚陈韵：我利用假期时间，团结其他同学，组织成立爱心小队，走进社区敬老院，为老人们表演了精心准备的歌舞节目，希望给老人们带去快乐。节目表演结束后，我们为老人们打扫卫生，陪老人谈心，为他们捶肩揉背……我们用爱心换来了老人的快乐与欢笑，活动现场其乐融融、温馨融洽。整个活动场景十分动人，敬老院里到处是欢声笑语，呈现着一张张幸福开心的笑脸，老人们对于我们的到来也感到十分开心。这不仅是一份爱心，更是一份责任。为尊老爱老助老贡献一份力量。在帮助老人的同时，我也体会到帮助他人的快乐。

三、展示

（一）晨会亮相"年级美丽学生"

晨会是学校常规德育教育的重要渠道。利用晨会，用孩子们喜闻乐见的方式，以小见大，如润物细无声的春雨不经意地滋润学生的心灵，启迪他们的情操，开拓通向心灵之路。每一次"年级美丽学生"的展示主题都根据大队部每月评选主题而定。

（二）视频展播"校级美丽学生"

欣欣荷电视台是连接三个校区的纽带，是校园文化建设的重头戏。它直观、形象、娱乐性强大。它实时展播校园文化精彩的时光，是学生自我表现、自我展示的舞台。以下是"校级美丽学生"推荐到区美德少年解子萱同学的视频展播文字内容。

【案例3-8】 区美德少年解子萱视频展播内容

江南忆，最忆是杭州；杭州美，最美风景是文明。

大家好，我是采荷一小钱江苑校区512班的解子萱。我乐观向上，热心公益、关爱他人、言行文明。我愿做一名传递爱、传递正能量的小使者。

去年暑假，经过层层选拔和艰苦训练，我在雅加达亚运会闭幕式接旗仪式和"杭州时间"中，作为杭州市民代表，和马云叔叔、孙杨哥哥一起，向世界发出2022年杭州亚运会的邀请。亚运会的到来对每一位杭州人提出了更高的文明要求。为此，我参加了"文明地铁迎亚运"的志愿活动，倡导大家一起遵守地铁文明公约，获得了"亚运宣传小使者·文明乘车小站长"的荣誉称号。我向地铁站的叔叔阿姨们学习，在人流密集的上车口引导乘客文明乘车，先下后上、黄线外排队候车。

我想，一个人除了实实在在做公益，更重要的是把公益的理念传导出去，让更多的人一起参与。为了让更多的人了解文明乘车，我参加了杭州电视台《我们圆桌会》访谈节目，与叔叔阿姨们一起讨论如何文明乘坐地铁，倡导大家把杭州变得更美丽、更文明、更和谐，在节目的最后，我还宣读了《杭州市民文明公约》。

去年，我作为唯一的学生代表，被聘为"健康江干形象大使"，和其他形象大使一起，倡导大家守护洁美的生活环境，养成健康的生活习惯，弘扬良好的文明风尚。

无论是平时还是寒暑假，我都坚持参加各项志愿者活动，如参加"垃圾分类小达人"敲门行动志愿服务，连续获得嘉奖；在"红领巾助力五水共治"主题实践活动中，我和我的小伙伴们争做"河小二"，冒着酷暑巡河护河，我们制作的"护水手册"荣获了区二等奖。从二年级开始，我就担任学校的小导游，向各界来宾宣传校园文化，还数次参加了新华书店义务导购的志愿者活动。

在去年的钱塘论潮——国际拥江发展城市大会上，我主持的全世界20座城市的儿童现场展示了主题河流绘画，共同发出"同一条河流·同一个梦想"的美好祝愿。

在去年的杭州市团代会上，我有幸作为红领巾小健将参加了"少先队献词展示"。我铭记革命历史、传承红色基因，在"红领巾走杭州"社会实践活动中，作为队长带领同学们寻访和传承红色文化。

我曾担任大队长，多次获校"欣荷美少年"和"美丽学生"称号，还是江干区的银奖少年。2016年G20杭州峰会上,我在楼外楼为参会的各国元首夫人表演了《说唱脸谱》,展示了中华传统文化和杭州形象。

独木难成林,我的每一份成绩,都是在老师的教导、同学的帮助下取得的。一花独放不是春,我会继续以实际行动,带动更多的同学关爱他人、热心公益、保护环境,大家一起争做新时代热心公益的美少年。

孩子的成长离不开家庭和学校的共同努力,我们来听听子萱的爸爸妈妈和老师们对她的希望。

子萱爸爸的寄语:当绝大多数人把目光停留在万人体育场你那自信、甜美笑容上的时候,我的目光却看向了你一路走来的汗水和辛苦付出。希望你能好好珍藏这份难得的人生际遇,在更多人的喜欢、关爱和鼓励下,安安静静回到课堂,好好学习,天天向上。期待着你茁壮成长,厚积薄发。谨借此感谢所有关心、帮助和支持解子萱小朋友的老师、长辈、导演、工作人员以及大小朋友们。

老师的寄语:透过舞台的光鲜,看到的却是你的努力学习,刻苦排练,坚持不懈! 平时你脚踏实地,一点一滴的努力和积累,一次又一次地锻炼自己,挑战自己,最终在舞台上完美诠释了采一学子的品质——正直、自信、灵动的欣荷美少年,也期望采一有更多的少年们"发光发热"——做最好的自己!

(三)微信推送集团十佳少年

采荷一小的微信公众号叫"杭州采荷一小",学校运用微信推送,方便家长快速地了解孩子在校情况和孩子的学习信息,也能和老师在不见面的情况下,对孩子的教育进行交流。对于孩子最近的学习动态、活动、比赛都能清楚地了解。在学校的微信公众号上,以微信推送的形式对集团十佳少年进行宣传,让文字、图片、链接、图文结合等,扩大他们的影响力,发挥正能量的榜样作用。

【案例3-9】 集团十佳少年宣传资料

体操小精灵，阳光向未来

十年磨一剑，初露锋芒

32个月的时候，朱佳悦开始学习基本体操，一年后被杭州市少儿艺术团体操队录取，因表现出色，还被推选为体操队队长。

八九岁时幼儿体操队结业后顺利考入杭州市艺术团舞蹈队。参加全国"小舞蹈家"比赛，获得金奖第一名的好成绩。

10岁的她又对自己发起新挑战，被杭州市健美操队录取。自强不息、勇于拼搏的她于2018年11月在杭州市健美操公开赛中获得女子竞技单人操第一名。

斐人成绩的背后都是伤痕累累的付出

面对高强度的训练，摔伤、扭伤、磨破皮、划条口子都是家常便饭，在她看来只要骨头没断，就不影响训练。每次看见腿上又多了个乌青，她总是乐呵呵地说："我的乌青家族又添了新成员乌青小妹，这回乌青大哥哥有人陪了……"她就是这样，永远保持着积极乐观的态度。

如今我们的体操小精灵已经是国家注册运动员。希望你保持自强不息、勇于拼搏的精神，期待有朝一日代表中国站在世界的舞台上，绽放出最耀眼的光芒。

公益在心间，传递温暖

小精灵还十分热心公益，她是"志愿汇"的注册小志愿者。她带领同学们参加"大篷车"助力希望小学困难学生活动，结对建德希望小学的同龄小朋友，帮助她完成学业；她每学期都会带礼物去卧床老人的家中看望；她还经常去看望助残服务社的"蜗牛"们……用自己的爱心温暖很多人。

品学兼优，全面发展

除了体操，她还能歌善舞。学校、班级要表演，她总是那个小小"领头羊"，主持、朗诵、指挥、体育、舞蹈、表演统统不在话下。在家里，她是孝顺懂事的好孩子。姥爷生病了，她形影不离地照看姥爷，一篇《我的春节在担忧中度过》，表达出了她对姥爷深深的爱。

生活多美好，珍惜感恩

生活中，朱佳悦是一个古灵精怪的小姑娘，总是露着灿烂笑容；她热爱生活。暑假期间，她带领班里的同学们参加了"寻访红色印记"主题实践活动，荣获了江干区一等奖，通过走访革命老红军、参观抗战纪念馆、瞻仰烈士纪念碑、聆听老红军讲述那峥嵘岁月，深切感受和体会到了今天美好生活的来之不易，必须好好珍惜，感恩革命先辈们的舍生取义。

"一花独放不是春，百花齐放春满园"。相信朱佳悦同学一定会以她的自强自立、勇于拼搏、吃苦耐劳、乐观向上、热爱生活影响和带动更多的同龄人，争做新时代钱江好少年。

德育新范式的运行，提升了采一教育集团的德育实效性，找准了松散型教育集团落实立德树人根本任务的实践方向。在仪典课程的共同开发与实施中，通过一个个具有教育价值的场景，促进了学生自主、快乐、健康地成长。在项目制德育综合实践活动中，通过共性与个性的结合，让学生知行结合，不断地完善自我，实现核心素养的养成，理想情操的培育。在十佳美少年的评选中，通过五育并重，关注学生的综合素质与全面发展，为学生的自我发展指明方向，从而让评价更有效果。

无论是世界各国的教育，还是中华民族千百年的漫长历史，无不展现着对"人"的深切关怀，我们的德育互生新范式也同样如此。努力从学生的立场对德育教育进行统筹，致力于实现每一个学生的道德情操都得到优良发展。

第四章

共进：教学互惠新范式的设计与运作

互惠是指各方在交换过程中一系列被大家所认可的准则，即一方为另一方提供帮助或给予某种资源时，后者有义务回报给予自己帮助的人。教学互惠使各项资源不再是一所学校独享，而是集团内所有学校共有的资源。教学互惠有力推进了教师队伍整体水平的提升，促进了优秀经验的分享，达成了教育资源的互补，而且为两校教师搭建了相互学习、相互交流、相互借鉴、共同提高的平台，促进教师的专业成长。教学互惠使两所学校在教育教学发展的道路上双赢互惠、均衡发展。

第一节　融合：学习内容的重组

目前中小学课程教学内容要以统整与跨界的眼光构建。如果没有站在人的完整发展的视角审视，内容设置就很容易彼此割裂、重复交叉、重知识轻能力，与立德树人的根本目标不相匹配。因此，各学段、各学科再也不能各自为政，教师再也不能孤军作战，而是要上下贯通、相互衔接、密切配合、彼此协调。学校在构建课程学习体系时，必须结合学校实际情况，统筹考虑国家基础课程、地方课程、拓展性校本课程之间的关系，还有实施的比重、资源、策略等方方面面，用统整与跨界的眼光来重设课程、创生课程、实施课程。

一、原生教材改编新范式

采荷一小自2007年开始投入课程改革，专著《4D拓展性课程十年探索》详细记录了学校致力于课程建设取得的成果，阐释了学校的教育理念及拓展性课程的改革实践，其中基础课程采用1+1模式，对原生教材进行统整、拓展，对基础课程的实施进行改革。在认真按照国家基础课程标准开齐开好各门课程的基础上，根据学生的年段特点和心智发展水平对课程内容进行校本化衍生架构，并不断使之序列化、结构化、精致化。

（一）经典拓展300秒

结合国家基础课程中的语文、数学、英语、科学教材内容，课前进行经典诵读、经典练习、经典绘本、经典idea分享。语文课读《三字经》、《弟子规》、唐诗宋词等国学经典；数学课讲、练一道与教材内容相匹配的思维挑战题，拓宽解题思路，积累解题技巧；英语课增加一段原版绘本故事欣赏，让学生不断有机会接触纯正的语言素材,提升语感;科学课进行奇思妙想分享,让学生收集来自书籍、网络、自我设计的科学现象和原理,不断拓宽知识面。

以语文学科为例,我们精选古今中外的名篇名著,按各个年级学生的阅读特点和需求编排课程内容,开发了"经典诵读"系列拓展教材,极大地丰富了学生的学习内容。每个年级精心汇编的教材体例包括诗歌、小说、散文、戏剧等。期望学生通过阅读来丰富学养、增加情趣,让生活更加多姿多彩,让学生个性更灵动,气质更出众。

又如,英语教师们积极开展有关语用理论的学习,了解相关的学习平台寻找合适的绘本资源,逐步建立和完善校本网络绘本资源库,并做好绘本资源充实课堂教学、提升学生语用能力的课堂教学的课例研究,从不同的侧重点研究如何有效利用网络绘本资源提升学生语用能力。

(二)定期定量重积淀

音乐学科在一、二年级每周融入一节竹笛教学,在教材内容不变的前提下改换教学的形式,让学生扎实乐理基础的同时又积淀了器乐基础,三至六年级则采用每节课前10分钟巩固竹笛演奏技巧的方式,以短时性、经常化练习达到艺术教育效果。

竹笛音色优美,携带方便,入门快捷,提高有法,可以有效地激发学生的学习兴趣,因此适合学生学习,有利于开展教学。我们开设笛韵课程,希望学生通过竹笛的学习享受音乐带来的快乐童年,感受竹笛带给他们的成就感,为他们一生的发展奠定基础。

笛韵课程的内容主要包含三个板块:第一板块主要介绍笛子的来源及演奏姿势等基础内容。第二板块着重基本功练习,学习乐理小知识,了解笛子名人名家、名曲荟萃、中国各种民乐,通过训练,达到笛子初级水平(一至三级)。通过演奏充满童趣的儿童歌曲,提高对笛子的学习兴趣。第三板块主要学习单吐、双吐、三吐等一些技巧性的演奏方式。通过部分内容的学习,能达到竹笛中高级水平。课程内容由浅入深、层层递进、科学合理。

按照学生的能力发展要求,学习内容呈现阶梯式的递进性。由低到高分别是:(1)认识了解竹笛,掌握正确持笛方法,学会吹奏低音5—中音6的各音及涉及的相关乐曲。(2)学会吹奏中音7—高音4中各音,掌握熟练的高低音转换方法,吹奏2~3首简单歌曲。(3)自然地运用气息控制吹奏乐器。掌握3~5首乐曲。(4)掌握一定的演奏技巧,双吐、三吐、颤音、倚音、打音,掌握5~7首乐曲。(5)学会筒音2的指法,进行多声部合奏。举办班级或年级器乐进课堂独奏音乐会。

(三)集中分散巧结合

小学阶段是儿童身心发展的关键期,此时的儿童想象力和创造力丰富,有充分运用感官的需要和特点。他们热爱美、追求美的愿望尤为突出,而萌发儿童的审美情趣正是需要儿童运用各种感官,通过观察、倾听、想象、体验、操作等来深化内心对美的一种感悟。剪纸是一项富有审美性的艺术活动,不仅能使儿童的情感世界变得丰富,同时也能增强儿童的独创性,发展创造美的能力。

我们选择剪纸作为艺术教学的突破口,主要原因有二:一是剪纸材料简单,方法易学,不受场地束缚,适合小学生的年龄特点,能满足孩子学习艺术的愿望。二是剪纸集审美与创造于一身,充分体现了孩子对美好生活的祝福和向往。挖掘剪纸这一民间艺术蕴含的丰富资源,不仅能丰富补充艺术教学内容,激发学生学习艺术的兴趣,更能促进学生艺术能力与人文素养的整合发展。

美术学科,每个学期集中安排一个月的剪纸课,通过8课时的时间,要求孩子完成四幅主题性剪纸作品,以传统民间剪纸艺术与生活体验的整合为切入点,拓宽传统剪纸审美文化和表现内容,以一课一主题的方式组织,以活动课程理论指导开展小学生活剪纸创作活动。它以学生生活体验和学习兴趣为基础,强调剪纸教学过程中学生自主参与,以主动探索、变革为特征,以实现学生审美能力综合发展为目的的主体实践活动。同时在其他教学时间里根据教材渗透剪纸设计,逐步引导学生结合教材,以自己的生活和学习为题材进行创作,用自己喜欢的形式表现出来。

(四)听说玩演二维度

英语学科2+1巧整合,推出全新RAP课程。每周2课时由中教老师负责完成PEP教材中Let's learn 和Let's talk的内容,注重听说习惯的养成。1课时由外教老师负责完成教材中Story time的教学,同时整合同级别语音绘本和文化拓展,注重学生英语思维、演绎能力的培养。

《义务教育英语课程标准(2011年版)》中提到三、四年级应完成一级目标:能进行简单的角色扮演。能唱简单的英文歌曲,说简单的英语歌谣。能在图片的帮助下听懂和读懂简单的小故事。对英语学习中接触的外国文化习俗感兴趣。RAP课程与课内英语融合,能够让这个阶段的孩子拥有更多的机会在课堂情境中接触纯正的英语,多角度感受异域文化。

就课程标准所涉及的五项基础而言,中国教师的"语言知识、情感态度、学习策略"更加扎实,Let's learn和Let's talk两个板块由中教老师执教,能够使学生在学习起始阶段养成良好的英语学习习惯。而教材内的 Story time角色扮演更贴近外教老师的个性特点,幽默、风趣、表现欲强,用词符合语境,他们可以引领学生融入情境,喜欢表演;RAP课程增加的语音教材充分发挥外教老师发音纯正,语言表达地道、自然,口语流利的特点,由他们渗透文化差异,开阔国际视野更为地道,学生容易接受和理解。

目前RAP课程实施的年段是三年级。国家基础课程规定小学三年级每周开设3课时英语课,每个学期按照18个教学周计算,共54课时,RAP课程分配给中教老师36课时,外教老师18课时,基础总课时量完全得到保证。

(五)品德项目联动化

以《义务教育品德与社会课程标准(2011年版)》为指导,以《品德与社会》教材为线索,对地方课程"人 自然 社会""我与杭州"以及学校的12个年级组项目活动等课程资源进行整合,推进"五步十环"年级德育项目制。

德育课程围绕"构建荷品班级,培育荷美少年"的目标,立足四维度,即学生主体发展,学校主导服务,社会实践检验,家长参与配合;借助四平台,即学科育人、社团陶冶、阵仪洗礼、项目体验。

主题联动结合采荷一小德育现状,紧紧围绕校园文化中提出的"正直、自信、灵动"培养目标,分解出一至六年级"生活常识、文明礼仪、学习习惯、健康卫生、法制教育"等十二大主题德育拓展课程。

教材联动结合低段品德与生活、中高段品德与社会、少先队活动、心理辅导等课程内容组织开展活动,涵盖班主任日常教育工作,探索学生养成教育的方法,提高学生文明素养,养成良好行为习惯。

课时联动采用对国家基础课程中的品德与生活、品德与社会课程，每学期保留教材内24课时的学习内容，提取每月2课时用于学校年级项目活动的实施。各年级、各班根据项目活动的时间节点，调整品德课的学习内容，保证在规定课时内既完成品德课程的学科要求，又达到年级项目活动的总体目标。以四年级活动安排为例（见表4-1）。

表4-1　四年级活动安排

年级	单元主题	教学内容	年级项目	实践活动形式	活动评价
四年级下	第4单元温馨一家人	孝心献老人 谢谢你们 我的父母 家庭收支知多少 我也会当家	感恩孝顺	开展"家务劳动我能行"主题活动：洗衣，清洁厨房、卫生间；进行拖地，收拾房间，洗碗筷，钉纽扣，摘菜、洗菜、切菜、炒菜、做饭等实践	美德章美丽学生
				利用谈话课交流家务劳动的体会	
				设计一期以感恩孝顺为主题的黑板报	

这些基础课程的实施方法经过10年的探索和积淀，给丁信小学的课程实施提供了有效的思路，提炼总结出三种基础课程校本化的学习方式。

1.短课+长课：语文课每节课前5分钟开展"经典诵读"，数学课每节课讲解一道与教材内容相匹配的"经典练习"，英语课每节课增加一段绘本故事欣赏。

2.定期+定量：一、二年级音乐学科中融入每周一节古筝、竹笛教学，在教材内容不变的前提下改换教学的形式，让学生扎实乐理基础的同时又积淀了器乐基础，三至六年级则采用每节课前10分钟巩固古筝、竹笛演奏技巧的方式，以短时性、经常化练习达到艺术教育效果。

3.集中+分散：每个学期集中安排一个月的剪纸课，通过8课时的时间，要求孩子完成四幅主题性剪纸作品，同时在其他教学时间里根据教材渗透剪纸设计，逐步引导学生结合教材，以自己的生活和学习为题材进行创作，用自己喜欢的形式表现出来。

二、个性教材推动新范式

(一)教材精品化

采荷一小分学科组建校级拓展课程研发小组,老师们根据自身的专长和优势研发课程,在原有校本教材的基础上投入编写"4D"拓展课程精品教材。针对拓展课程受众的需要,先后编写《童谣书法》《笛韵》《纸趣》《机智》《模兴》升级2.0版本,如《纸趣》2.0版本收纳了全国剪纸名家作品及技法指导,又选用了学校连续三年参加"张小泉杯"剪纸大赛中荣获"金剪子"奖的作品,对参与校级拓展课程的学生提出了更高的发展目标,为他们进行高阶学习提供学习材料,也为各级各类精品课程申报积累素材。

在课程实施中,教师注重统筹规划、系统推进。每一门课程都认真制定课程纲要和教学计划,根据学生的年段特点和心智发展水平,分阶段、按层次、有计划、有方法地进行整体架构。例如,笛韵拓展课程对不同的年段提出不同的学习要求。在一、二年级基础课程渗透的基础上,三、四年级学生可以选择参加校级笛韵课程学习,通过每周定时训练,逐步达成自然地运用气息控制竹笛,掌握5~7首课内外名曲;而这些学生中的佼佼者,有机会进一步参加高级课程培训,提高合奏水平,丰富表演形式,以参加各级各类比赛或演出为目标,培养尖子人才。

课程推动还重在形式的变化和丰富,如墨香拓展课程实施主要采用"1+1+1"模式:第一个"1"是指每周一次书法拓展课程。让寄情墨香、热衷传承书法艺术的学生定时开展练习,为他们定制一个适合的书法教学体系。第二个"1"是指每学期进行一期学生个人书画展。为学生搭建一个展示学习成果的平台。参与展出的孩子们脸上无不洋溢着灿烂自信的笑容。第三个"1"是指每学年举办一期三校学生书法联赛。三校论剑,各展所长,切磋技艺,共同发展。

丁信小学在采荷一小经验的基础上注重课程积累,学校从"基础课程校本化"和"拓展课程多样化"两个维度切入,统筹策划拓展课程的开发和实施。2016学年学校通过"童真"拓展性课程的专家论证,成为区第二批课改试点学校。学校从硬件保障、师资培训、课程引进等几个方面组织课程实施,保障课程开设。

2017学年学校拓展开设"筝笛和鸣、风信棋遇"等40余门拓展型课程,通过校园展板宣传,微信平台自主选课保障课程开设,同时积极探索拓展性课程的评价方式,开展了以"最美的课程,最好的我们"为主题的评价活动。

(二)需求升级制

除了校级精品课程,各年级老师立足学生需求,结合自身教学能力与特长,研发了众多的特色课程,每学年老师们自主申报并顺利通过学校审核的课程都有近百门,其中涵盖人文·慧动类、艺术·韵动类、科技·智动类、健美·律动类四大门类。老师们精心规划一整年的授课内容,给孩子们带去多元的学习内容、丰富的学科体验,还有优雅的艺术熏陶和无尽的想象空间。如:衍纸课程和中国结课程中,课程的开发和教授者是我们的语文、数学骨干教师,可以说是出色的跨界范式;DI课程的孩子们自编剧本、自制道具、自行导演的创意演出,获亚太地区DI大赛第一名;还有魔方秀、电子积木、小牛顿实验、孔明锁等益智课程都深受孩子们的喜爱。

两校还将年级拓展课程中开设的品质高、受学生欢迎多的课程升级为校级课程,给予教师班额申报、材料配备、人员选择等方面的特权。

(三)实施联动式

采荷一小"4D慧能"体艺课程遵循"学生自选、教师走教、动态分类"的原则,以学生为主体,以课外活动为主要内容,以"动脑、动口、动手、动心"为目标,凸显四类、四节、四程联动模式(见表4-2)。

表4-2　4D慧能学科拓展课程

课程分类	4D慧能学科拓展课程			
主题 (四类)	人文·慧动类	科技·智动类	艺术·韵动类	健美·律动类
实施时间	周五下午	周五下午	周五下午	周五下午
具体内容	诗情画意、童趣绘本、故事乐园	七巧板进阶、奥数农场、DIY乐高、神奇模力	墨香、纸趣、笛韵、鼓乐	棋乐、竹舞、球艺、田径

课程分类	4D慧能学科拓展课程			
评价载体 （四节）	双语节	智慧节	艺术节	体育节
评价时间	10月	4月	6月	5月
四程进度	个体：入门—基础—提高—精英 团队：全员项目—班级PK—年级推优—成果汇报			

丁信小学借鉴采荷一小模式，联动实施课程，尤其重视规范学科节活动，实施校级精品学科活动。在教研组的精心组织下，开展了"疯狂吧，语文"和"奔跑吧，数学"两大学科节活动，活动目标明确，内容有趣，吸引了全校学生积极参与，学生、家长反响都比较好。在两大学科节的引领下，学校总结经验，陆续推出全脑游戏节、艺术节、体育节等活动，并形成一定的序列。以一、二年级课程安排为例（见表4-3）。

表4-3　丁信小学拓展课程

课程分类	拓展课程（2016学年丁信一、二年级）				
实施时间	周五下午				
主题	实践活动类		体艺特长类		
具体内容	童·真阅读 （文学、数学绘本教学）	学能优化 科技创新 （感统训练、机器人操控）	筝笛古韵 童画飘香 （古筝、陶笛、儿童画教学）	棋球共乐 （围棋、篮球教学）	
评价载体	"疯狂吧，语文"节	"奔跑吧，数学"节	全脑游戏节	艺术节	体育节
评价时间	11月	5月	1月	6月	4月
评价方式	语文学科展示	数学学科展示	趣味游戏展示	音乐美术学科展示	体育健康主题展示
进度预设	个体：入门—基础—提高—精英 团队：全员参与—高手PK—年级推优—成果汇报				

三、精品课程共享新范式

(一)巧用教材,实现内容共享

短短四年时间,采荷一小的各级精品课程顺利移植到丁信小学,如经典诵读、墨香、模兴,这些课程已经形成完整的教材、教学设计、评价体系,具备平移和复制的要求,丁信小学教师借用课程素材,投入教学实践,让更多的学生受益。

丁信小学还立足自身发展,借助社区有效的社会资源,引入其他丰富的课程内容,借用采荷一小课程研究推进模式迅速编写出自己的课程教材。如数学绘本、奇迹积木、风信沙艺等,逐步形成新的共创、分享课程。

(二)多师执教,实现师资多元

集合两校的教师资源,探索多种渠道的执教模式。"小小联动模式"互相聘请有专长的课程教师;"校内外联动模式"共享少年宫、科技馆、植物研究所、中医药研究院等校外优质资源提供优秀的师资;"家校联动模式"挖掘两校家长中的专业人才并聘为兼职课程教师。

(三)校际走班,实现资源层叠

"走班"慢慢成为课程实施的常态,打破班级界限,学生根据自己的兴趣爱好选择班级,形成新的学习共同体;而"走校"因为两校距离相对较远,采用了网络选择,虚拟组班的形式。借助现代网络同步设备,让同一个课程,同一时间,不同的学校空间,不同的学生共同学习成为可能;借助两校信息部门的力量,进行一些静态课程的双向同步学习尝试,如魔术、相声、棋类、书法、国画等,使之成为课程改革的新尝试。这种模式关注了学生的发展趋向、在线上线下扩大交往范围,增强了异校、异质同伴的影响力。

(四)精品解读,实现成果推广

每学年组织一次"精品课程"成果申报及经验分享会议,围绕学校4D课程的理念,鼓励两校的老师结合自己所任学科及特长,自主申报,积极开发和实施。

每年召开精品课程分享会,旨在发现和培育典型,展示和交流两校有特色、有亮点、有趣味的拓展课程,起到示范和引领的作用。

【案例4-1】 精品课程成果分享案例

采荷一小"律动竹竿舞"课程

一、4D拓展课程体系的重要模块

"律动竹竿舞"作为4D课程群"律动健美"这一板块进入校园生活,学生通过学习享受竹竿舞传统文化所带来的乐趣,提升综合素养,达到了动口、动脑、动手、动心的效果,创建了学校独特的艺术学习氛围,培养了学生爱国情感和增强了对传统文化的热爱。"律动竹竿舞"旨在让学生"走进大自然、走到阳光下",达到让学生"在运动中参与、在运动中快乐"的宗旨;培养学生主动锻炼身体的意识,真正做到"我运动、我快乐、我健康"。 采用的黎族竹竿舞发掘了课程资源的优势,在教学中以民族体育为主要内容,让学生了解、学习并参与民族体育运动,大大激发了学生的兴趣,既让学生在快乐的体育活动中得到锻炼,又加深了学生对祖国民族体育运动的深刻内涵的认识了解,陶冶了学生良好的情操。

二、学校体育基础课程的有益补充

竹竿舞作为民间体育进入课堂,能发展学生的跳跃、速度、灵敏、协调能力。因此,它可以安排在许多教学单元中穿插教学。采取灵活多样的方法进入课堂教学。如在发展学生的跳跃能力时,穿插竹竿舞教学,可在发展学生跳跃能力的同时增加课堂娱乐性,配上动感的竹竿舞音乐,学生在寓教于乐的实践中陶冶情操。在教学改革深入发展的今天,竹竿舞作为民间体育活动走进体育课堂教学,它的开发和实践给学校校本资源的开发注入了新鲜血液,也给学校体育课堂带来了勃勃生机。

三、促进学生综合素养提升的重要载体

孩子们在学习竹竿舞的过程中得到了锻炼提高的机会与展示的舞台,获得快乐与自信。"律动竹竿舞"校本课程在学校里可谓是最火的一门拓展课程之一,它不仅成就了老师,更成就了学生。竹竿舞运动的集体性,需要团队精神,很多人共同配合才能发挥出很好的水平,跳出优美的舞蹈。个体性,需要参与者具备一定节律训练和对身体协调平衡的把握。健身性,是一

项比较好的民族体育运动项目,有利于青少年身心健康发育。娱乐性,运动与乐感的结合使人精神奋发,心情愉悦。潜意识性,改变其打击节奏和开合形式,给人以无限的潜意识的创造力。"竹竿舞"校本课程的有效实施,为学校的体育教育教学特色建设、学校文化品位的提升做出了重大贡献,是学校体育教育中一朵灵动的花。

【案例4-2】 精品课程成果分享案例

丁信小学"风信沙艺"课程

儿童沙画在继承传统意义绘画的精华之外还有很多新的突破。首先,在作画的原料上,国画、水彩、油画采用的都是需要用水或者油来稀释的液体颜料,作画方法比较复杂,限制条件多,而沙画用的是固体颜料——沙子,随处可见,应用起来也比较方便;其次,沙画的颜色掌握与调色过度方面比国画、水彩、油画更容易掌握,小学生学习起来入门很快;最后,从研究的经济成本上来说,沙画的教学成本相对于其他美术学科来说比较低。

课程研究目标

①通过课程研究,探索儿童沙画教学的基本方法、途径、教学模式,重点是师生活动方式,如何发挥教师的指导作用,如何控制学生自由的度,让风信沙艺社团有更强的生命力,为学生核心素养的培养落地提供借鉴。

②让学生动起脑来、动起手来,从临摹到创作,从而提高学生综合实践能力,培养学生的创新精神,培养学生团结协作的精神。

③通过课程研究,总结出多个儿童沙画教学的案例。

课程研究内容

①如何设置课程内容,既做到循序渐进,又符合学生个性发展。

②如何达成学习目标,一是学生了解沙画的基本特征以及绘画方法并能进行创作;二是学会用简单的填色来概括表现简笔画的特点;三是提升绘画表现能力,提高审美创造力。

③如何使儿童沙画教学拓展性课程更具有趣味性、时代性、创造性、人文性、拓展性。

④如何评价学生的学习情况。

课程成效

学校将把风信沙艺社团打造成精品社团,作为对外宣传的一个窗口。更新沙画实验室设备已经纳入学校的本年度计划,经费有保障,为拓展性课程的开展提供了坚实的保障。

在专家的指引和学校领导的关心下,风信沙艺社团经过两年的摸索、努力,取得了一定的成绩。曾在江干区第十四届(2017年)"钱江少年"社团节展示活动中获得"最喜爱的社团"称号,曾参加杭州市拓展课程改革交流会展示活动,获得一致好评。

四、特色教材共建新范式

采荷一小在坚持原有4D课程的基础上,致力于开发和融合符合时代需求、彰显国际理解教育内涵的系列课程。学校通过基础课程分层渗透,拓展课程多元深化,实践活动多维整合等实施路径促进学生尊崇本国传统文化,同时悦纳多彩世界文化,按年段基础课程主要分为"经典诵读""英语RAP""Intel互联",拓展课程包括"荷娃民俗通""潮玩国际范""荷娃In研学"三大板块。

(一)教材共建制——"世界正美"

两校一年级重点研发"世界正美"和"悦享数理"两个主题的拓展课程,"世界正美"国际理解课程,融合中国传统文化和世界民俗文化,意在了解世界,具有国际视野,并热爱祖国,产生民族自豪感。"悦享数理"国际数学绘本教学,利用汉声经典数学绘本,启蒙数学知识,了解世界上有趣的数学问题以及知名的数学家,产生学数学、爱数学的探索精神。

其中"世界正美"课程的开发融合两所学校低段的骨干教师,组建课程项目团队,进行整体教学内容、教学形式、教学资源的研发并进行教学实践。

1. 项目设计有规划

建立学校课程建设领导小组:以两校分管校长为组长的学校课程建设领导小组负责对一年级两项国际理解教育拓展课程的有效实施、教材的修订和使用进行指导,负责审核每学期实施情况,并对教师的活动科目的设计提出改进意见。

确保校本课程核心理念的渗透：全体项目组成员明确国际理解教育课程的定位和功能，在开发和实施课程的过程中强化"撷传统、融世界、育多元"核心理念的落实。

形成教材、教学体系，并精磨课堂，在国际化教育推广活动中，进行数学绘本和"世界正美"的中外同课异构等形式的展示课，让课程影响更深远。同时两校教师建立拓展型课程实施的档案夹，包括活动科目设计、教案、图片、影像等资料，期末根据要求进行上传归档。

2. 项目推进分层次

课程项目团队是由两校一线教师自主选择，让有兴趣致力于这项课程实施的教师对项目做统筹安排，在决策中学会决策、在建设中学会建设、在管理中学会管理，为教师的自主发展提供了组织管理保障，强烈激发了教师发展的内在动力。

课程研发项目遵循项目课题化—课题方案化—方案实践化—实践反思化—反思提升化的规律和路径。每一个项目按照既定目标，确定组员、明确规划、分工到位、厘清步骤、不断反思提炼，充分发挥教师的主观能动性、积极性和创造性。

在实施过程中，培养的是教师顶层设计和分部实施的能力，如"世界正美"课程，组内老师按不同的国家分工，寻找教学资源，设计教材，从第一次会议明确目标和方向，第二次集中确定分课时目标和内容选择、活动设置，第三次讨论教学内容的适切性、趣味性，不难看出两所学校的老师们逐步从课程高度看整体，慢慢学会有效分解目标，厘清自己板块的体系，这就是课程设计力和执行力的积淀。

【案例4-3】 "世界正美"项目组第三次集中讨论及修订内容

"世界正美"课程教案及活动设计建议

整体要求

1.教案模板要统一（表格式或文稿式），教案字体、字号、行间距也要统一，便于后期申报区精品课程；学情分析每课一样没有必要，保留一课，其他删除。

2. 课时安排建议：第一课时，走进国家，普及常识+视频欣赏；第二课时，活动拓展+小测试（提早一周布置活动材料准备）；综合评价课时全年级统一。

3. 开课人员及评价建议：（每两周一次课，每次两课时，共12次）

采荷校区：班主任（备4个国家、1次综合测试评价）+年级内走教（每个老师固定上一个国家，巡回到各个班级上）。

钱江苑校区：班主任（备2个国家、1次综合测试评价）+年级内走教（每个老师固定上一个国家，巡回到各个班级上），丁信小学开课模式确定。

4. 拓展活动：类似的国家建议分到不同学期，如巴西、阿根廷；印度、泰国，重新排定课时顺序。

5. 很多国家的第二课时拓展活动缺少PPT，教案与PPT要一致，有些教案中有提到欣赏视频，了解故事，但是缺少相关资源包，建议一个国家一个资源包供选用（以美国、俄罗斯为模板）。

(二)选题"众筹"制——"中国理解"

围绕"中国理解"主题，两校统一组织四年级学生以小队为单位参与综合实践成果设计和竞赛，尝试在综合实践活动中寻求推广中华传统文化的契机，有意识在高段的国际交往中主动承担传播中华文明的责任。

这一活动极大地激发了孩子的想象力和创造力，从选题入手，鼓励学生多角度尝试，多方面切入，提出各种研究设想；在实施过程中，进行针对性指导，注重挖掘研究的深度和广度；以"众筹"的选题作为契机，给两校的孩子一个研究性学习的蓝本，为他们今后的统整学习奠定基础。

1. 人员架构优化

采荷一小钱江苑校区、采荷校区及丁信小学四年级每班由班主任挑选综合素质最高、家长配合度也高的4~6名学生组成一个小队，两校三校区共18支小队。两校三校区共确定6位资深指导教师，每位教师指导2支小队。

2. 实施进程有序

(1)召开筹备会,讨论方案雏形,落实分工安排。

(2)指导教师建群讨论确定学生研究性学习主题。

(3)挑选每班综合素质高、家长配合度好的4～6名学生组成小队,并移交指导教师。

(4)以分校区视频授课形式给小队进行"如何开展综合实践活动"培训,队员和指导教师均参与。

(5)针对主题开展实践活动,指导教师每周检查一次小队活动进展。

(6)各小队制作、完成活动手册,进行汇报准备。

(7)各小队进行活动成果展示,邀请专家莅临指导,进行校级评比。

(8)各小队修改手册。

(9)各小队上交手册,送区里参评。

3. 合作成果斐然

采荷一小411班的5名学生经过长达一个月的调查研究,做了一张手绘地图。孩子们几乎把西湖边的景点纳入其中,而且,这份地图还跟诗歌有关。之所以做这样一份古诗词地图,是因为市面上各种形式的旅游路线图很多,但以古诗连接这些景点的几乎没有,因此地图在杭州很特别。

"九溪十八涧,山中最胜处。昔久闻其名,今始穷其趣。"在制作地图的过程中,5名学生不知不觉间已经掌握了很多首跟杭州有关的古诗。5名同学花一周时间总结了杭州的100多个景点,收集了300多首古诗词,然后按照知名度排序,最终选出了22首古诗,对应22个景点,这个过程中,特别是主要负责收集古诗的孩子已经成为古诗小达人。

绘制地图也花了大家不少工夫,大家在杭州地图上描出主要线路,复印成简易版,并将事先整理的景点名称标注在简易版地图上,观察每个景点的实景照片,翻阅文字资料,归纳出最突出的景点特色,画出景点代表性图案,再进一步在地图上将西湖、钱塘江描绘上去。

丁信小学四年级学生在参与综合实践活动时,深入生活,观察到一个现象,如果一个人到医院挂盐水,用普通的输液架,不管是上厕所还是叫护士都很不方便,特别是不好放手机。于是他们改进了传统输液架:配置呼叫按钮,保障病护及时沟通,增加了托盘设计,可放iPad等电子产品,也可放输液泵等治疗用品,还脑洞大开地加上了360度旋转手机支架,可以给病人自拍。

将拓展课程的开发与社会实践活动、研究性学习的实施三者紧密结合起来,三位一体,有效地实现学生学习方式的转变。增强教育与现实生活的联系,发展学生终身学习的愿望,培养学生的创造精神和实践能力,学生的综合素质得到了提高。学生学习不再局限于一本书,而是拓展、延伸到生活世界、科学世界、文体世界和网络世界的各个角落,学生也不再只是听讲与做习题,他们学会了剪报贴画,收集各种资料,关心身边的事,寻找一切可以利用的学习资源。学生交流和表达能力提高了。课堂上,学生们经常交流各自的学习心得,交流彼此的看法,交流思想情感体验。学生质疑创新能力提高了。学习过程更多地成为学生思考、质疑、批判、发现、求证的过程,学生的能动性、创造性得到了发挥,批判意识和质疑精神得到了培养。

第二节　融创：教学方式的变革

目前,集团正在实施省级师干训课题"构建采荷一小学科'融创'课堂的实践与研究"实践研究。采荷一小对智慧教育的校本化实施一直进行着深度的理解和分析,也从学校层面进行了架构和思考,提出了融创课堂的概念。融即技术辅导融合;创即信息触发创新。我们的实践始终坚持技术为教学服务、技术为学生服务、技术为学校服务三个原则,深入思索技术、工具和学科间的关系,根据各门学科的特点和个性,配以不同的工具和技术,研究由此产生的新的学习方式,探究该学习方式的特点、内涵、操作方式和应用策略。

一、以教研组为单位进行学科融创的基本模式

教研组研训项目结合学科特色,围绕融创课堂,开发个性化的融创研训项目。同时,各教研组教师通过组内培训,实践操作,熟练掌握融创课堂教学模式。每月至少一次融创相关活动。教研组每一位教师围绕教研组研训项目上一节示范课,并进行教学反思,开展"讲述我的融创故事"的案例撰写。完成"融创三单"中的教学单和反思单、评价单,老师们不断探索和完善融创课堂教学模式,形成较成熟的采一特色的融创教学模式。

(一)语文学科:家校融合,积累创新

在语文学科方面,我们主要聚焦二年级绘本教学和朗读教学,立足学生课外拓展和课外积累的现状,根据学科特点,采用全景课堂这一技术平台,探索新型的展评学习方式,以期激发学生的语文学习兴趣,提升水平和能力。

除了在课堂上以学习包的形式开展全景互动个性化教学外,还计划将家校界限打通,实现推荐、互评、交流的线上线下联动。目前,孩子能够通过

荔枝fm等语音直播平台,做一名朗读者,向大家推荐绘本,朗读App线上绘本,学生可以对自己的阅读所得进行评价,同学、家长、老师也可以进行点评。不同的评价主体还可以进行有效互动,交流看法和建议,互相学习优秀的学习方式,如配音、表演、续写等,大大提升了课外积累的广度和深度。实施全景云档案,及时留存,让学生的朗读轨迹能永久保存(见图4-1)。

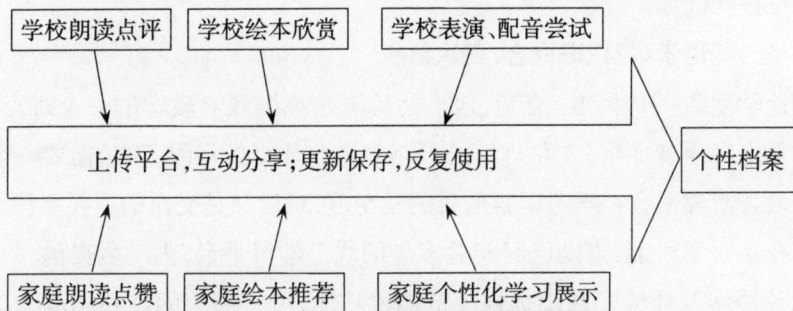

图4-1　绘本、朗读教学新型学习方式

(二)数学学科:点面融合,作业创新

在数学学科方面,采荷一小数学组依托信息技术,收集整理学生的错题数据库。目前在实践的是针对学生课堂上的共性错误,进行全面错题统计,整体教学强化;针对个性化错误,进行同类题推送,达到点对点强化练习。这样点面结合的教学方式取得了很好的成绩提升效果(见图4-2)。

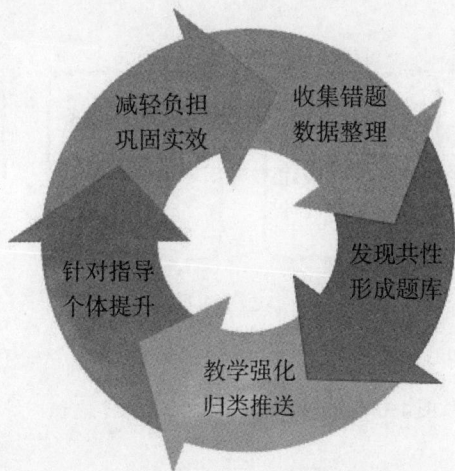

图4-2　数学练习巩固操作流程

学校和平台公司合作,研发基于我们的错题库而设计的自主同类题生成系统,希望达到个性化教学目的,也减轻教师负担,提升学生日常巩固的实效性。空间观念的培养依赖于学生多种感官的参与,依赖于空间想象能力的发展。在课堂中,利用白板和App等现有功能,我们已经有效开展了数学几何、角度等实验课的研究,实现平面展示和单纯讲解无法达到的推演过程这一技术优势。

(三)英语学科:视野融合,表达创新

让学生说一口标准、流畅、地道的英语是英语课堂教学的一个难点,受到中教老师语音面貌、文化理解的限制和语言环境的局限,孩子需要一个很好的语言听说平台。学习语言的目的是交流,对话又是交流的重要手段。

在英语学科上,借助已经实验多年的线上学习平台,为学生提供一个互动的英语学习环境。系统提供模范朗读功能,可将模范朗读和示范朗读的语调与节奏曲线进行对比,帮助教师通过部分同学的模仿为所有学生讲解,提升课堂教学效率,激发学生练习标准流畅地道英语发音的动力。同时英文绘本和原音朗读的推送,打开了学生的英语学习视野,在家也能享受到纯正的语音熏陶,自信地展示自己。英语节中的趣配音比拼和平台互评,都将推动大胆表达这一目的有效达成(见图4-3)。

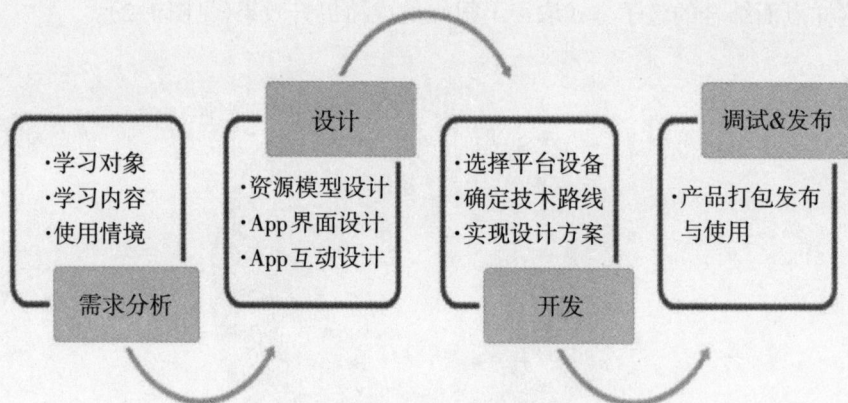

图4-3 英语听说学习平台操作流程

(四)科学学科：生活融合，探究创新

科学课的许多内容都要在实验过程中完成。通过动手实践，亲历学习过程，形成知识概念。除了课内实验，生活更是一个大实验室，要求学生将所学的知识与生活相联系，做到学以致用。根据科学学科的特点和要求，我们应用全景平台：通过平台作用，实现更为便捷充分的"师生"对话。它能够面向全体学生的技术平台提供即时、动态的学习行为数据反馈，教师能够即时把握真实学情，准确把握学生的学习行为，及时调整教学策略。

借助Pad的拍摄功能，通过动态的视频展示实验过程，多角度、多维度地吸引学生，在实验课堂教学中展现出很大优势。我们还借助全景平台对学生知识掌握的情况进行当堂检测，并根据电脑的即时反馈对学生的学习情况进行反思（见图4-4）。

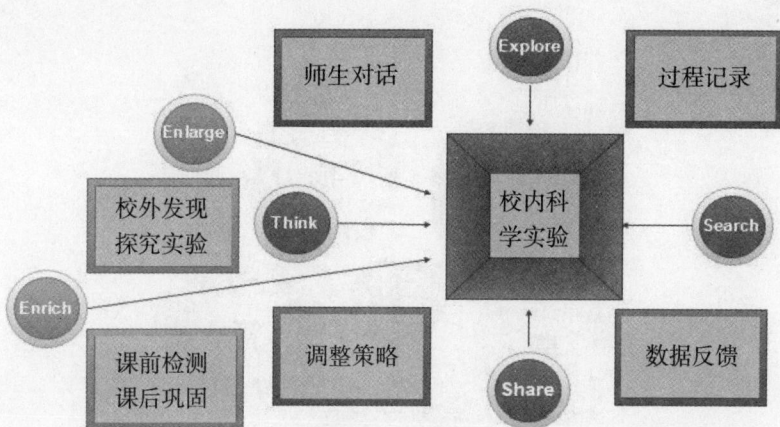

图4-4 科学实验课全景教学实施流程

二、"学教管帮享"空中课堂模式

受2020年疫情影响，集团开展了"互联网+空中课堂"。如何构建优质的"空中课堂"的教学资源，促进学生主动学习？有哪些方式可以促进"空中课堂"的互动？怎样布置作业，布置怎样的作业，作业如何反馈？等等是我们需要思考的方向。疫情结束后，又如何用好我们的"空中课堂"？学校探索

"空中课堂"新型的学教模式"学教管帮享"，改变学生的原有学习方式，促进学生更有效地学习。

(一)"学教管帮享"空中课堂模式的架构

"学教管帮享"空中课堂的"学"是课前学生通过网络平台先预习或自学老师布置的相关内容，课中积极参与课堂讨论，提出困惑，课后通过学生课堂的答题数据分析推送相关微课精准的"学"。"教"是以学定教，通过学生课前的预习情况精准把握学情，打造高效课堂。"管"是教师通过学生课中答题、课后的作业数据精准分析，形成个性化评价推送个性化作业，实现精准的"管"。"帮"是家长通过教师给予孩子的个性化评价，实时了解孩子的薄弱点，根据推送的个性化作业实现精准"帮"。"享"是指学生通过班级圈分享自己学习的过程和成果，实现班级里的同学互相学习、取长补短(见图4-5)。

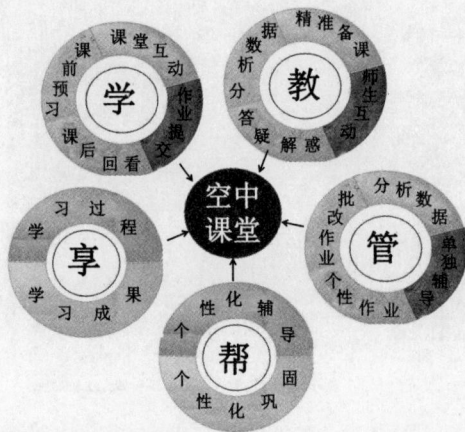

图4-5 "空中课堂"模式架构

(二)"学教管帮享"空中课堂的基本框架

在"互联网+"背景下提出"空中课堂"的构建，离不开信息技术的支持。"互联网+"时代，"空中课堂"构建的关键是利用大数据、云计算、物联网和移动互联网等新一代信息技术去打造信息化、智能化、精准化的课堂，实现课前、课中、课后全过程的高效课堂(见图4-6)。

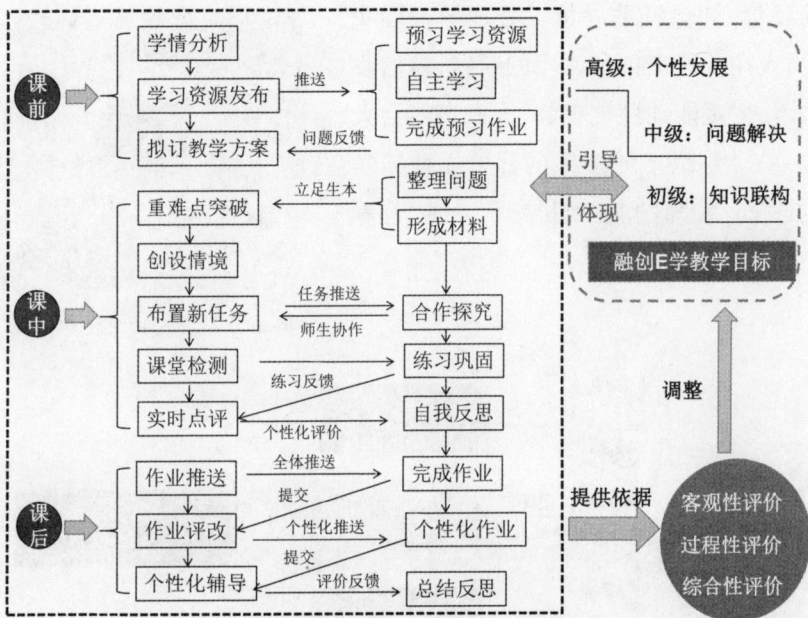

图4-6 "空中课堂"教学框架

对于新课教学,我们建议采用图4-6的课堂框架来进行直播。直播互动可以在教学活动过程中更好地采用启发式、探究式、体验式等方式,同时也能及时发现学生在学习中的问题并予以解决。

(三)"小组合作"的互助模式

集团特别注意学生的作业和成果展示。探索在网络上采取多种形式,开展学生间的线上学习成果、优秀作业等展示,发挥学生集体教育功能。集团会安排固定的时间对学生进行一对一或一对多的个性化指导,采用文字、语音、图文说明、直播或视频的方式帮助学生解答疑惑。同时我们也采用小组制,每一个组选一个组长负责组内作业的收集和简单的答疑。

(四)四位一体,构建"融创E学"的交互式评价

构建多元评价方式,建立教师、学生、家长的多维评价模式,并成立空中课堂的学习小组,调动家长参与学生的学习评价,再通过云计算、大数据,最后形成个性化的智能评价,在学习中获得发展(见图4-7、图4-8)。从图4-7中获知:"四位一体"的多元评价,分别是学生自我评价、教师赏识评价、家长鼓励评价、同伴互助评价。心理学告诉我们，当人在获得表扬和认可的时候，自信心会大增，主观能动性被唤起，人的潜能会大大提高。因此，多元多维的评价无疑给学生的学习、教师的教学注入了一剂"营养液"，促进师生共同成长。

图4-7 "融创E学"评价模式

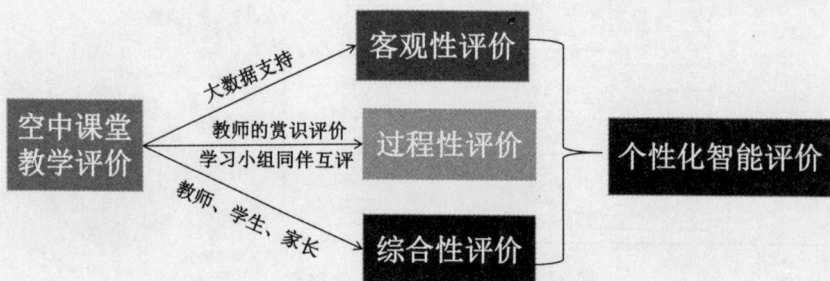

图4-8 "空中课堂"评价流程

疫情期间的居家学习"学教管帮享"空中课堂，教师、家长、学生三者建立了学习共同体，相互协调并通力合作，改变了学生的学习方式，不断提升学生自治管理的能力。

（五）构建"点—线—面"三位一体的"隔空教研"新模式

疫情停课期间，为了提高"空中课堂"的教学效率，实现真正意义上的"师师互动"，促进普通教师与优秀教师的广泛交流，同时也为了使教学资源的使用更加灵活，集团构建"点—线—面"三位一体的教研模式。"点"就是教研组内备课组教师间的隔空教研（利用微信视频、钉钉视频、腾讯会议等），"线"就是教研组内围绕某一主题的教研，"面"就是跨校内间的备课组围绕某一节课进行教研，最后达成共识，形成资源共享。这样的"隔空教研"新模式既能体现学科团队的优势，又能最大限度地提高教学效益，还可以作为复课后多校区学校教师研训的补充形式（见图4-9）。

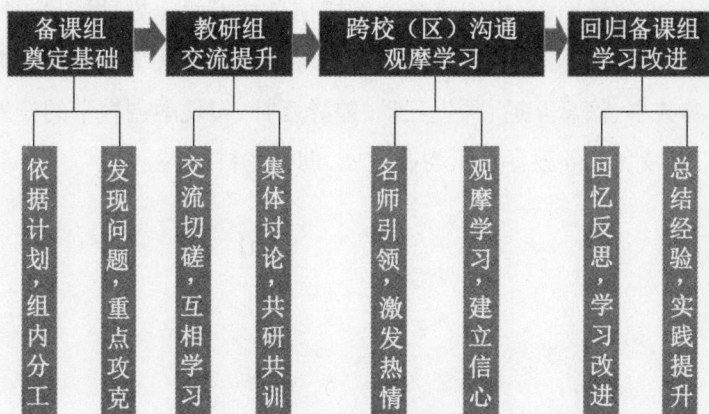

图4-9 "点—线—面"新教研模式

三、"优质共享"——融创课堂的校外辐射

按照浙江省政府"互联网＋义务教育"部署要求,集团与金华婺城区雅畈小学和长山乡小学结为"互联网+义务教育"结对帮扶学校。自2019年4月结对以来,我们与结对学校间已开展多次交流活动,通过互联网开展教师网络研修、名师网络课堂、优课展示、网上课堂互评等线上线下活动,促进各校师生利用信息化手段开展教学教研的能力,相互促进,共同进步。

2019年4月25日,雅畈镇中心小学教师代表在集团考察,参与智慧课堂研讨,并与集团书法老师进行了学术上的交流;2019年5月8日,集团通过直播通道和钉钉直播的方式开展结对活动,让结对学校的老师既可以通过钉钉直播观看名师课堂展示、名师讲座,聆听教授讲座,又可以用手机扫二维码的方式观看青年教师的"融创课堂"展示,既有集中学习,又能根据自己的学科有针对地选择个性化学习,在学习中还能进行现场互动。2019年11月20日、21日在杭州采荷第一小学教育集团采荷校区,与部分结对学校语文、英语学科骨干教师代表进行为期两天的以"融创智学"为主题的课堂教学展示,丁信小学也派优秀教师参加了展示。此次活动以同步实时展播的形式,将现场课堂教学画面传送至各相关学校会场。一系列的活动促进优质教育资源共建共享,扩大了优质教育资源辐射面。

在接下来的活动中，集团将继续发挥信息技术的优势，根据结对学校的需求安排更丰富的结对互助形式，以实现城乡结对帮扶学校管理共进、教学共研、资源共享、信息互通、师生互动、差异互补，实现融创教学的校外辐射，推动浙江省城乡义务教育优质均衡发展，助推乡村振兴。

第三节　融通:学习评价的拓展

随着学生多元评价体制改革的深入开展,教师、家长、学生越来越达成一个共识:在传授学生知识的同时关注培养学生的综合素质,塑造他们的健康心理和独立人格,促进主动学习和终身发展,为他们的未来生活奠定基础。围绕"撷传统、融世界、育多元"的教育目标,结合文化、时事等趣味主题,采荷一小和丁信小学在一年级试行低段综合素养评价新范式研究,旨在引导学生综合、灵活地使用课内各学科所学的知识点,考察他们交往、沟通、写作的能力,形成自理自律的意识,达成寓教于乐、多元评价的效果。

一、评价缘起

(一)基于生本,减轻负担

现在的孩子通过各种渠道接触的事物要比过去复杂得多,波及心理层面的影响更加深刻,巨大的压力和关注缺位,非常不利于孩子健康成长。负担过重,不仅让处在发育期的孩子身体劳累,还会引发一些心理问题。从调查问卷数据反馈不难看出(见图4-10),考试已成为造成孩子心理负担的主要因素之一。因此通过改革考试形式,引导综合测评,从源头上减轻孩子的心理负担,刻不容缓。

第11题 如果你觉得上学累，原因主要是（ ） [多选题]

选项	小计	比例
作业多	257	6.62%
学不会	403	10.37%
家长和老师期望太高	759	19.54%
公布成绩和考试名次	435	11.2%
课外学习太多	228	5.87%

图4-10 调查问卷

（二）源于规定，变革考试

2013年8月，教育部发布了《小学生减负十条规定》，其中包括全面取消百分制，实行"等级加评语"的评价方式；一至三年级不举行任何统一考试等举措。该规定和省市出台相关减负的文件都有其严肃性，也是从上位层面真正为孩子的身心健康考虑，作为学校，需要具化规定，积极作为，为孩子们营造宽松、寓教于乐的学习氛围。

（三）始于传承，整合评价

采荷一小从"荷文化"入手，丁信小学从"童真"文化着力，对基础评价、特色评价、拓展评价、德育评价进行了系统设计，推出了"荷香莲趣""五美十会"校本评价章目，还针对4D拓展课程推出个性评价单，其中设计了学习过程星级评价，学习体会三维鉴定，还有特色章目颁发，让孩子们在小小的评价单中总结一个学年的学习成果。

二、评价特点

（一）评价方式呈多元

将传统的试卷测查、分数评价的形式改变为场景体验、任务测查、团队展示等不同形式的活动。如语文学科，组织学生进行个体故事讲演、同伴新闻播报、团队合作表演等，每一种方式都能测试不同孩子的生字掌握、语言表达、文本理解等情况；数学学科也不再仅仅局限于计算、解题，而是让孩子们运用学过的数理知识去解决现实生活中的数学问题,如购买物品,计算总价、合理支出。这样的评价方式不再像原有的试卷考查那么呆板、无趣,而是在丰富的活动中检测学生学用结合的能力。

(二)评价过程重体验

在评价过程中,注重过程记录和情感体验,充分利用校外活动机构的资源。特定场地具备真实、童趣、素材丰富的优势。如杭州市青少年活动中心"Do都城"这样的体验类教育平台就像一个小社会,设置了银行、法院、医院、警署、邮局、照相馆、餐馆等五花八门的场所,本身对学生就具有很大的吸引力。学校每年根据不同的主题,都能在这里找到合适的场景,能够让孩子们在如此真实的环境、轻松的氛围中灵活使用一个学期课内所学的知识点,体验成功、体验快乐,同时学会与人分享,也学会感恩他人的付出。

(三)评价资源勤创新

在整体架构每个学期的评价活动方案时,评价资源的选择是我们想得最多的。既要符合孩子的年龄特点,让他们觉得有趣味;又要跟学习的内容相合,有助于老师们了解孩子们的学习状况。因此,我们往往会围绕一个主题评测学生综合素养,比如,围绕传统文化主题,创设节日平台,让学生在轻松的氛围中了解传统节日蕴含的意义,感受祖国博大精深的文化。又如,结合社会热点、国家大事,引导学生关注大事件,感受大氛围,了解国家大事,体会到一个小公民的职责。

三、具体实施

(一)笔试大变脸

一年级语文、数学教师根据教材梳理测查知识点,结合Do都城场馆特点设计测试题题库。

语文学科主题是aoe大闯关。各小队根据任务单的场馆指示找到相应的考核馆,在老师的指导下读懂、读通用拼音表示的几句话或一段文字,用特殊的形式考查学生对拼音的掌握情况以及朗读的能力。

数学学科定位123向前冲。五个考核馆:医院、财税局、餐厅、通信营业厅、银行。设计题型,如画了一只时钟来显示银行开门的时间,要求孩子认出来；情境化题目，如你到银行排队，拿到的号码由10个2和1个9组成，这个数是多少，和它相邻的两个数分别是多少……数学题目对孩子来说还是比较容易的，一般5分钟就能做完，正确率也比较高。

结合学科将一个学期的教学重点、难点进行梳理，选取其中易混淆、需强调、重运用的知识内容，融入评价，比纸笔测试更灵活，且有实效和价值。

（二）关注大事件

针对第一年的活动成效，我们做了思考和小结，对后续活动进行了整体框架调整。扩展学科种类，注重场馆结合，还特别融合了当年的国内外大事件作为评测的主题，给学生创设更多元、丰富的体验。尤其是德育内容的整合更注重评价的整体性，在活动中考验学生各方面的综合素养，达成品质的提升。

如"喜迎G20，荷娃齐献技"素养评价活动。红色活力——荷娃夸家乡，着眼于了解峰会信息，让学生借助不同的媒介，在各种渠道宣传G20，宣传杭州；黄色联动——荷娃亮财商，考验学生团队协作的能力，以任务链的形式引导学生完成数据分析和运算，搜寻和G20相关线索的图片或标志物；蓝色包容——荷娃迎贵客，着重体现对学生国际礼仪、行为规范、物品保管、服务能力的考核，渗透环境保护，遵守交规的教育，让学生在不同的场馆体验服务的乐趣；绿色创新——荷娃乐分享，围绕G20主题完成作品系列创作，与伙伴分享。

（三）文化妙渗透

除了巧妙利用校外基地资源外，我们还自立更生创设校内检测环境，基本形成第一学期校外检测，第二学期结合六一活动进行校内测评的模式。从2016学年开始，我们结合国际理解课程的体系设计，把六一期间的素养检测主题定位为"荷娃民俗通"，以此达成的目的，不仅是考查一学期的学习成效，还普及传统民俗文化，在学生了解自己民族和国家悠久历史的同时，进一步激发热爱国家、崇尚和平的世界情怀。我们的活动形式越来越多样，活动内涵越来越丰富。

如"荷娃闹端午，期末'粽'是情"主题评测，让学生在轻松的氛围中了解传统节日蕴含的意义，感受祖国博大精深的文化。墨香文情包括听写达人棒棒棒、端午知识多多多、趣味故事说说说三项内容;乐享妙算涵盖小荷包超市、神算小当家两个项目;音乐测评笛韵悠悠,美术测评彩粽飘香,自我服务评价巧手扎艾,体育测评龙舟竞渡;还专门设置了端午寄爱板块作为德育感恩教育的抓手。

(四)时事巧结合

随着评价研究的深入,评价团队的老师迸发更多的灵感,也体会到身边的评价主题千变万化,要具备举一反三的能力,努力为学生设计更加有趣、更具内涵、更有意义的测评活动。

如2018年"荷娃喜乐会,浓浓丝路情"选取了时事热点"一带一路",以丝路六国为主线,让一年级的孩子们在感受异国丰富的文化、了解丝路成员国的同时,融入了书写、计算、诵读、表演、科学、体育、绘画等学科素养评价。一年级每个班级都选取了一个丝路国作为测评主题,精心设计综合素养测评项目。例如,土耳其"放飞热气球"项目,分为"读""写""系"三个环节:"读"即小朋友们要正确、流利地朗读一份注音材料,包括土耳其的介绍和名胜景点名称;"写"是指在热气球卡片上认真、端正地书写祝世界永远和平的心愿;"系"就是把热气球绑在"天空之绳"上,寓意美好的愿望升空实现。

埃及的项目是"探秘古文明",孩子们需要闯过两关:第一关穿越金字塔,孩子们须拍球穿越金字塔迷阵;第二关漫游尼罗河,小队成员都拍球抵达尼罗河畔,驾着"龙舟"穿越尼罗河。顺利闯关,敲响金锣,即可得到埃及法老王赐予的通关印章。

俄罗斯"Shopping商贸城",考查孩子们的计算能力;印度"跃动大篷车",搭建节目表演的舞台,展示大方自信的仪态;希腊"遨游爱琴海",用拓印来装点海水和沙滩,比比谁的画作最美;新加坡"探访生态园",完成各种有趣的分类挑战……每一个主题、每一个项目,都独具匠心,亮点多多。

四、评价成效

近5年来,两校共同策划组织的低段系列评价活动突破了原有的时空,创新了评价方式,受到了学生和家长的欢迎。孩子们说:这样的学习是快乐的,这样的评价是有趣的,期末全程无压力。家长们说:呵护孩子的童真,保护孩子对学习的持续兴趣，学校做了一件有价值的事。而我们也在努力将此项评价改革打造成学校借助社会优质资源，促进学生体验与能力提升的优秀范式。

教学互惠新范式的设计与运作，通过学习内容重组，推动基础课程、校本课程和新生课程的创新与融合；通过教学方式变革，促进各具特色的学科融创，探索"学教管帮享"空中课堂模式，开展"优质共享"融创课堂的校外辐射，不断深入融创；通过学习评价拓展，试行低段综合素养评价新范式研究，不断深入融通，以此丰富教学互惠新范式的内涵，最终实现教学共进的目标。

第五章

共研:教师互动新范式的设计与运作

　　教师专业发展是一个全球共同关注的话题,其重要性已不言而喻。就教育集团而言,其初衷就是通过名校优质教师的带动,促进薄弱学校教师队伍的快速成长,进而提升办学水平。因此,名校在集团化办学后,通过现代教育技术,实现教师间的联合备课、教学会诊、教学研讨等活动,发挥名校优秀教师的引领作用,以促进全体学校教师的快速成长。另外,集团内的原有学校成为新学校的"人才基地",新学校的师资和管理就可以以集团内其他学校的教育教学资源为依托,实现集团所属办学的同步提升。基于这种思考,采荷一小教育集团努力探索松散型集团教师培养的路径与方式,以促进集团内部全体教师的专业成长。

第一节　欣荷历练营：助力青年教师成长的载体

教师专业发展是发达国家教师教育改革的主旋律，也是我国教育改革和发展的客观要求。教师教育的使命就是促进教师群体的专业化和教师个体的专业发展。教师专业共同体是教师基于共同的目标和兴趣而自行组织的，旨在通过合作、对话和分享性活动来促进教师专业成长的教师团体。一直以来，杭州采荷第一小学教育集团认真做好教师专业发展培训，有效组织教师全员培训，根据教师的岗位需求，构建分岗位、分学科、分学段、分层次的不同教师共同体的终身学习和发展体系，促进教师专业化水平的全面提升。

一、欣荷历练营的缘起

近几年，杭州采荷第一小学教育集团年轻教师人数众多。采荷一小三年内新教师20余人，丁信小学三年内新教师60余人。集团一直认为青年教师是学校发展的基石和未来，青年教师的成长是一个连续性和阶段性相结合的过程。青年教师的培养对我们学校来说至关重要，同时任务又是艰巨的。立足校情的青年教师培训应为青年教师搭建广泛汲取专业知识、提高专业素养的平台，营造"博观而约取，厚积而薄发"的成长氛围，成为青年教师专业提升的有效途径。近些年，集团坚持立足校情，以培训为途径，以提高培训质量为抓手，根据青年教师自身的成长特点，两校一起为入职三年内青年教师成立了欣荷历练营联合体，有计划、有组织、有步骤地开展了一系列青年教师培训工作，在强化青年教师工作技能培养的基础上，重在学科建设，扎实有效地进行课堂教学方面的培训、学习和研究，强化教育教学实践。

二、欣荷历练营的指向

采荷一小教育集团作为一个松散型的教育集团,构建欣荷历练营这一载体,目的是促进年轻教师的专业发展,因此有着明确的指向。

(一)促进年轻教师个体具备扎实的教学基本功,享受职业幸福

欣荷历练营,有计划、有组织、有步骤地开展了一系列青年教师培训工作,在强化青年教师工作技能培养的基础上,重在学科建设,扎实有效地进行课堂教学方面的培训、学习和研究,强化教育教学实践,享受职业幸福。

事实上,通过欣荷历练营的历练,不少年轻教师都获得了成长。2011届蒋蓉老师,如今已成长为丁信小学分管德育工作的副校长;2011届陈庆橹、2012届郭巍丹两位教师在2017年被评为杭州市教坛新秀;2009届冯红骄、2011届田月思两位教师被评为杭州市优秀教师。近10年来,共计50余名新教师获得江干区教坛新秀等称号;初出茅庐的2018届新教师肖莹、张丹丹在区王英名师教学研究工作室领衔第二期专题研讨交流活动中做学术报告和进行课堂教学展示;梁一珺老师在杭州市实验学校第十二届教改之星评选中荣获铜奖,其撰写的论文获杭州市小学第六届新课程教改论文评比二等奖;张入心老师获区2018届中小幼新教师基本功大赛之教育教学案例分析大赛三等奖。

(二)实现松散型集团所属的学校双向建构,发挥团队力量

欣荷历练营联合体的成立,极大地促进了集团青年教师队伍的专业成长,帮助他们尽快确定自己的工作愿景,快速成长为集团能独当一面的教育教学能手。

近几年,集团也涌现出一大批像陈庆橹、郭巍丹、盛海超、钱君婷等具有较高信息素养,能熟练运用信息技术的青年教师。为了迎合年轻教师快速成长的需求,同时不断发展骨干力量和中坚力量,从而带动全体教师紧跟时代步伐,近几年,采荷一小校本研训主题定位在"融创"课堂的实践与研究:转变传统教学,融合现代技术,为未来而教;创新学习模式,关注深度学习,为未来而学。力求通过教育信息化的研究,让采荷一小的教师变得更灵动,让采荷一小的课堂更加生机勃勃。

（三）让所有的学生能够沐浴阳光教育，实现自主成长

如果说学校是个同心圆，那么这个圆心必定是学生。教师专业发展的终极指向，毋庸置疑，是学生。欣荷历练营联合体的成立，是促进青年教师与学生同生共长。青年教师的专业得到发展，教育教学水平的提高，都在极大程度上促进了学生的健康成长。

集团体育、艺术、科技各类社团的指导教师基本上都是青年教师。每一年在各级各类竞赛中，社团的孩子多次取得了优异成绩。青年教师们在重构自我、颠覆自我中获得了飞速的成长，欣荷历练营则以集体的方式站成了学校品牌的风景线，而更重要的是在这个过程中实现了与学生的同生共长。

三、欣荷历练营的目标

欣荷历练营成立之初就明确了目标指向：一是强化青年教师工作技能培养，结合学科建设，扎实有效地进行课堂教学方面的培训、学习和研究，强化教育教学实践，并通过同伴互助实现联合体的共荣共进。二是唤醒青年教师专业自觉，迎合教师潜质，帮助其在某一领域实现最优发展乃至确立标杆地位，获得职业认可与职业幸福。三是探求与优化教师专业发展共同体的研究模式，依托校本培训实现教师培养。

四、欣荷历练营的运作

欣荷历练营培训项目纳入采荷一小教育集团"教师成长序列"之中，是学校教师培养系统中的起始阶段。在培训内容的规划和实施中，因需而设培训内容，开展有针对性的精准培训；循阶而上的培训层级，只有通过分级认证，才能进入高一层级的培训。整个"教师成长序列"培训，力求做到系列化、常态化。欣荷历练营项目是分两个阶段进行的。

（一）初师门

每学年第二学期，组织完成招聘的新教师开展入职前的二次跟岗培训，即初师门，为进入欣荷历练营做好准备。初师门设立入校级的培训课程，内容具体如下。

1. 认识学校

即深入了解学校的制度、文化和管理方式,各部门分管校长主讲。比如党支部的师德专项教育培训活动,教导处的教学常规学习、换代课制度学习等,办公室的出勤、请假制度以及学校文化精神和学校的标识系统,德育部门就《斑马锦囊》的逐条学习和案例讲解等。通过通识培训的形式组织学习,帮助准教师们深入了解和熟悉学校制度,能认同和初步融入学校文化。设想通过一段时间的摸索,能够编印成教师实用工作手册。

2. 深入课堂

即参与教学活动全过程,由各指导教师负责。每一位准教师都必须参加本学科的课堂教学实习和本班级的教育实习工作,对于听课、评课、辅导学生、个案分析、家访、参与教学研究活动等都有明确的量化指标。同时,参与学校组织的大型教育教学活动,在活动中提升组织能力。

3. 轮岗体验

即参与学校各部门的轮岗工作。每一个部门在这一阶段都会推出一系列轮岗岗位,由准教师自主选择一个岗位进行管理实习。轮岗岗位工作内容以事务性工作为主,比如负责一个校区的物品领用、体育器材借用、临时换代课之类的,既能熟悉学校管理部门的运作流程,也培养和锻炼了新教师的工作执行力。

4. 总结反思

要求每一位准教师每周一次,在钉钉平台上向全体教师提交"跟岗周志"。"跟岗周志"由完成工作情况叙述和本周所思所悟两大部分组成,同事之间可以互相点赞、互相留言、互相学习。这样做,一方面,使得准教师们尽快融入学校这个大集体中;另一方面,也促进他们积极思考,养成及时反思的工作习惯,促成从学生身份到教师身份意识的转变。6月中下旬,结合考核量表,进行评优工作。

5. 在线学习

考虑到实习阶段的新教师还未完成大学学业,无法全程参与到培训中,我们开设了风信赋能学院初师门线上课程,把线下培训导师的讲座视频、PPT、讲稿等上传到赋能学院上,让老师在线学习,修满相应的学分,即使不在学校,也能通过在线学习来完成理论的培训。

(二)欣荷历练营

经历了"初师门"学习的准教师,方可进入欣荷历练营。在欣荷历练营,这些新手教师将继续进行新的学习。

1. 岗前培训,直面首次

为缩短新教师工作的适应期和摸索期,尽快地熟悉工作环境,熟悉学校工作流程,熟悉教材教法,集团制定了"8月新教师培训教程"。采荷一小新教师的入职第一课有着固定的内容,那就是王红校长做题为"师者德为先"的主题讲座。王校长引用了冯友兰先生的人生四种境界"自然、功利、道德、天地",引导青年教师对师德有了新的认识,又用采荷一小教师鲜活的事例让青年教师明白作为一名教师,灵魂必须高尚和纯洁,行为必须规范和标准。

"新教师培训教程"内容包括课堂教学、班级管理、师生关系、人际交往和职业规划五个方面。从问题出发,做模拟演练,听"老教师点评",发现教育教学行为优点或不足,总结操作性强的方法,进行内化后用以解决入职后遇到的问题。

【案例5-1】 2018学年杭州采荷一小教育集团新教师暑期培训活动(一)

一、培训时间:区级培训:8月23—25日;校级培训:8月27—28日

二、培训地点:钱江苑会议室等

三、参加人员:2018届新教师、部分领导、骨干教师

四、具体安排:

时间	内容	地点
8月1日	通知三年内新教师暑期培训内容、汇报项目	
8月23—25日	区2018届新教师培训(具体安排另行通知)	区教师进修学校
8月25日	2018届新教师撰写的教案、课件(2周)上传到云盘/教学管理/2018-1,通知骨干教师点评	

时间	内容	地点
8月27日 上午	给新教师发放备课本、笔记本、听课本 8:30——9:00 新教师自我介绍,每人2分钟 9:00——9:40 2018届新教师师徒结对 10:00——11:00 王露华:介绍学校基本情况、规章制度 朱虹:谈谈教学常规建设	钱江苑校区 会议室
8月27日 下午	13:30—14:00 钱君婷:谈谈新教师如何快速成长 14:10—15:10 郭巍丹:融创课堂培训(希沃、全景) 15:20—16:00 杨骁巍:谈谈微信公众号制作通讯方法与心得	钱江苑校区 会议室
8月28日 上午	8:30—11:30 班级管理专场培训(略)	钱江苑校区 会议室
8月28日 下午	13:30—14:00 基本功展示:所有教师假期三笔字练习成果统一展示 14:00—15:00 语文学科:准备创意朗诵舒婷的《致橡树》,形式不限,要求富有表现力,提前准备好音乐 数学学科:三阶魔方还原展示,请提前准备好魔方 科学学科:带老师们做或示范一个创新小实验,介绍实验原理,提前准备好实验器材 美术学科:现场创作一幅作品,提前准备好器材 体育学科:现场展示一套健身操等,提前准备好音乐、器材等 个人展示,不合作 15:10—16:00 所有教师:根据两天培训内容和心得制作一条微信公众号通讯,观点清晰,形式活泼,设计美观,并现场投屏展示预览版(请假期先自学,并结合27日培训,提前写好部分文稿,及时收集照片,制作好模板)。请分管校长点评	钱江苑校区 科学教室

第五章　共研:教师互动新范式的设计与运作

【案例5-2】 2018学年杭州采荷一小教育集团新教师暑期培训活动(二)

一、培训时间:2018年8月28日上午8:30—11:30

二、培训地点:钱江苑校区会议室

三、组织部门:教育处

四、具体安排:

1.8:30—9:00

骨干教师李琳:新班主任管班困惑及解决策略。

2.9:00—10:00

活动1:如果我是新班主任,班级管理打算怎样开展? 开学一周的班级管理,我会有哪些举措? 第一次和全班学生讲话,聊些什么?

要求:8月27日中午以小组为单位一起讨论记录,推荐1人作为代表发言,每人5分钟。

具体分组(略)

请骨干教师李琳老师点评、提建议。

3.10:10—11:30

活动2:如何与家长有效地进行沟通?

要求:以小组为单位进行现场模拟与家长沟通,每组15分钟。8月27日中午可以排练。请表演家长的教师尽量多准备一些刁难新教师的问题,请表演老师的教师准备好沟通的对策。

具体分组:

张入心(班主任)、库颖颖(副班主任)

家庭情况:刘全俊(爸爸)、张丹丹(妈妈)

妮妮是个乖巧的孩子,成绩虽然中等,但对学校、班级安排的事情从不马虎。可是最近一周出现了一系列问题:周一没穿校服;周二音乐课忘带笛子,接连几天不是作业本忘了带就是课本忘了……原来妈妈觉得妮妮做事情动作很慢,每晚作业做到很晚,因此妮妮一写完作业,妈妈就催促她赶快睡觉,之前很多事情都是她代劳的。最近妈妈回老家照顾生病的外婆,暂时由小姑姑照顾。而爸爸在外地上班，一般一周最多回来一次。

宋园园(班主任)、张西莎(副班主任)

家庭情况：吴珍(晨晨爸爸)、周文翠(晨晨妈妈)、叶梦琪(昂昂妈妈)

一天晚上，晨晨爸爸在班级微信群里转发了一篇题为《论孩子的报复心理》的文章，后来打电话说第二天要到学校来和老师谈一谈，原因是晨晨和另外两个男孩子在傍晚放学时把班里昂昂的家校联系本扔掉了。昂昂在学校经常会打晨晨(晨晨爸爸询问下来开学至今共打了18次)，所以晨晨联合另外两个同学要给昂昂点颜色瞧瞧。第二天，晨晨爸爸妈妈气势汹汹地跑到学校来找老师了，昂昂妈妈也来了。

岳雨凡(班主任)、苏子洋(副班主任)

家庭情况：项忆安(爷爷)、王雪(奶奶)

雯雯一直是由爷爷奶奶接送上学放学，平时接送都很顺利。一天周五下午放学后20分钟，雯雯爷爷、奶奶冲进办公室(爷爷奶奶都是急性子)，径直走到副班主任面前，怒气冲冲地问她孙女去哪里了?(今天是副班主任带班放学)为什么在门口没有接到? 老师是有责任的，让班主任带他们去找，并且要找校长投诉副班主任。其实是爷爷奶奶忘记前一天晚上孙女说放学后要去同学家玩的事情。

从上面三个案例中可以看出，这些新手教师在欣荷历练营中的学习内容十分具体，既有课堂教学方面的，也有班主任工作方面的。通过骨干教师的示范、点评，这些新手教师能够尽快地掌握教育教学的基本要求。

2. 师徒结对，贴心陪伴

每一名年轻老师在成长道路上都需要师傅的引领和帮助，集团拥有区名师、二、三层次的骨干教师共近100位，采荷一小为青年教师配备一对一或二对一的师徒结对，在日常工作中，就近辅导。丁信小学青年教师的师徒结对需要向集团、区内骨干教师、名师借力，"一对一、二对一、一对N"多元化的师徒结对模式，校内年段间年轻教师一对一的"双飞计划"(二年级数学老师vs一年级数学新教师)也在试行。

【案例5-3】 2018学年杭州采荷一小教育集团
新教师师徒结对仪式方案

活动目的：

为了加快新教师的成长，规范教育教学行为，提升教育教学、德育管理水平，充分利用骨干教师资源优势，建立师徒制。

活动时间：9月10日（周一）8:50—9:30

参加人员：王校长、钟校长、方校长、陈校长；教学处全体干部；师徒

地点：钱江苑校区会议室（内圈领导、师傅；外圈徒弟）

准备好12套茶杯、茶叶，放好台签（领导、师傅）

内容：

一、主持人岳雨凡、库颖颖，准备好主持稿、PPT

负责人：岳雨凡、库颖颖

二、宣布2018学年青年教师学科、班主任师徒结对名单

负责人：方校长、陈校长

三、拜师仪式（徒弟送上拜师帖、礼物并敬茶）

负责人：刘全俊

四、徒弟代表发言（张入心），师父代表发言（王英）

负责人：田月思

五、师徒签协议，一份上交学校存放，一份徒弟保管

负责人：田月思

六、提希望（王校长）（提前通知王校长）

负责人：田月思

七、2018学年师徒集体合影

负责人：张丹丹

采荷一小教育集团教学处
2018年8月

每学年教师节,集团都会举行隆重的师徒结对仪式,郑重地签署结对协议,明确规定各自的职责,量化培养与考核的要求,落实五个一:每周一听课、每月一反思、赛课一展示、学期一小结、学年一课题。无论是教学还是班级管理,师傅们会事无巨细地交代常规、不厌其烦地随时提供策略,让年轻教师更快地适应从学生向教师转变,更好地融入一个新的团队,帮助年轻教师在一个月内做好学生的行为常规训练,做好与家长进行高效的沟通等。

3. 相约周二,同修共享

隔周一次的"相约周二"活动定时、定点,是集团培养新人的一大举措,已经坚持开展了10年。每个学期初,集团将青年教师关注度最高或与成长密切相关的话题设定为学习主题。结合主题我们拜读了多部教育教学方面的著作,观看了优秀教育影片。参与多种主题研讨:如何有效批改作业与辅导、晒晒我师傅的教育教学小技巧、教师心理自我调适、如何将教学实践中的问题上升到小课题、为我的小课题资料点赞等。特别是与校内外的专家、名师、骨干教师开展面对面的交流尤为有效,在他们的指引下,青年教师收获裨益,更快更好地找到了教育教学的突破点。

【案例5-4】 2018学年第二学期杭州采荷一小教育集团欣荷历练营活动计划

一、欣荷历练营参加人员

2016学年、2017学年、2018学年入职的新教师。

二、欣荷历练营行事历

序号	日期	主题	邀请嘉宾
1	3月12日	论文指导	董贵虎、校长室
2	3月26日	德育专项培训(一)	德育处、校长室
3	4月9日	融创课堂(培训)	全景公司、胡允社
4	4月23日	融创课堂(实践展示)、练字成果阶段性检查	全景公司、胡允社、校长室
5	4月29—30日	宁波大学培训	校长室

序号	日期	主题	邀请嘉宾
6	5月7日	德育专项培训（二）	德育处、校长室
7	5月21日	团建活动	研发中心、校长室
8	6月4日	读书沙龙、练字成果阶段性检查	研发中心、校长室
9	6月25日	总结会议	研发中心、校长室

注：请主持人提前一周左右向骨干教师发出邀请，提前两天通知嘉宾、新教师活动时间（18:00开始，19:30结束）和地点，并负责拍摄、通讯。

三、欣荷历练营作业要求

3月：一篇论文。

注：寒假里完成一篇高质量的论文，可以是德育论文、小班化论文等。2月28日下班前交，将请专家评审，3月12日培训时具体指导点评，修改后争取到区里参评。

4月：一个"融创"课例。

注：课例中体现"融创课堂"，注明信息技术的运用，格式规范。

5月：一篇读后感。

注：为6月4日读书沙龙做好准备。

6月：一篇师徒结对小结。

四、期末上交材料

1.作业（电子稿）；

2.考核记录表及相关证明材料（电子稿）；

3.备课本、听课本。

2019年2月25日

"相约周二"，让学习不仅成为青年教师教育教学能力提升的手段，同时也是对自己积淀的一种重新认识。近2年，集团根据江干区3+2新教师培训计划——以培养素养全面、具备发展潜力、国际视野的新型教师为目标，重置欣荷历练营培训内容。建立导师课程资源智库：集合区内外名师、骨干教

双射线模式：松散型教育集团治理新范式

师,校内骨干教师、名班主任等的力量,组建导师团队,每位导师提供一项课程,整合成选课菜单。规划三段提升课程内容:一年适应期——针对入职一年的新教师进行教师素养常规训练;二年磨合期——给入职二年的新教师提供高一层级的提升目标;三年发展期——给入职三年的老师压担子,结合学校课题、课程等研究进行项目培训。汲取高端教育前沿讯息:联系高等院校为欣荷历练营学员提供封闭式高端培训,零距离接触教育大家,提升全面素养。

【案例5-5】 欣荷新苗双营双赢
暨采荷一小&丁信小学2018-1双营总结会

一、活动目的

为了促进三年内青年教师的成长,调动青年教师的工作热情,激发青年教师的工作干劲,同时也为了搭建展示青年教师风采的平台,采荷一小与丁信小学共同携手培养青年教师,提高采荷一小教育集团教师的凝聚力,促进教师队伍建设,特举行"欣荷新苗双营双赢暨采荷一小&丁信小学2018-1双营总结会"。

二、参加人员

采荷一小三年内青年教师、丁信小学三年内青年教师,采荷一小校长室、丁信小学校长室人员。

三、活动时间

2019年1月22日18:00—20:00。

四、活动地点

丁信小学报告厅。

流程	活动安排	时间	备注
领导发言	主持人出场(丁信小学)	2分钟	
	池校长发言	10分钟	
	主持人出场	1分钟	
	节目一	10分钟	采荷一小部分老师:情景剧表演(略)

流程	活动安排	时间	备注
优秀代表发言	主持人出场	1分钟	
	代表一(采荷一小)	10分钟	采荷一小2016届耿忠丽老师
	代表二(丁信小学)	10分钟	介绍团队
	代表三(丁信小学)	10分钟	培训感悟
	主持人出场	1分钟	
	节目二	10分钟	丁信小学情景剧
颁奖环节	主持人出场(游戏环节)	5分钟	问答环节
	采荷一小颁奖	10分钟	颁奖嘉宾:钟校长、方校长
	丁信小学颁奖	10分钟	
	主持人出场	1分钟	
	合影留念	3分钟	
	节目三	10分钟	丁信小学才艺展示
领导寄语	主持人出场	1分钟	
	王校长寄语	10分钟	
	结束		

4. 欣荷赛课,高峰体验

为了更好地促进青年教师的专业成长,促进青年教师对课堂教学的高标准把握,同时也为了搭建平台、展示青年教师的风采,学校第一学期着重做好"欣荷杯"教学课堂评比活动,将"欣荷杯"办成青年教师展示的一个舞台,并成为全校教师研讨的一个契机。三年内青年教师人人参加"欣荷杯"活动,校长室、教学处、教研组、导师等担任评委。学校第二学期组织"欣荷杯"获奖教师课堂展示活动,同时邀请区内外名师及教研员参与指导。

【案例5-6】 展风采，促成长
——第十一届"欣荷杯"青年教师课堂教学评比方案

一、活动目的

为了更好地促进集团青年教师的专业成长，促进三年内青年教师对课堂教学的高标准把握，同时也为了搭建展示青年教师风采的平台，提高团队的凝聚力。围绕集团五年工作目标，本学期将举行"展风采，促成长"——第十一届"欣荷杯"青年教师课堂教学评比，要求三年内全体新教师人人参与，以此促进三年内青年教师对课堂教学的高标准把握，同时在磨课研课过程中提高团队的凝聚力。

二、参加人员

集团三年内青年教师。

三、活动安排

1. 此次评比活动分准备和评比两个阶段。

准备阶段：9月，三年内青年教师与师傅、教研组长和备课组长协商确定课题（注意进度，10月国庆后评比），进行磨课试教。

评比阶段：10月（国庆后），各校区研发中心对本校区三年内青年教师的评比课进行合理排课，邀请校长室、研发中心成员做评委，教研组长、备课组长和师傅做点评。

2. 提前通知听课老师：采荷一小钱江苑校区田月思，双菱校区孙健萍，丁信小学夏丽慧、应佳颖。

3. 评比教师提前换好课，并准备好听课教师椅子。

2018年9月2日

【案例5-7】 聚焦四为课堂 聚力融创实践
——青年教师"融创课堂"教学展示方案

一、活动目的

为了更好地促进采荷一小教育集团采荷一小、丁信小学三年内青年教师对课堂教学的高标准把握,同时也为了搭建展示青年教师风采的平台,提高团队的凝聚力,围绕区"四为课堂"教学理念,结合校本研训主题"融创实践",举行欣荷杯&新苗杯课堂教学竞赛获奖教师课堂展示活动,邀请专家指导点评。

二、活动时间

2019年5月8日全天。

三、活动地点

丁信小学童园校区二楼报告厅。

四、参加人员

1.教师发展院、区名师骨干专家。

2.两校校级领导、教学分管领导。

3.水荷联盟学校相关教师、金华互联网结对校相关教师。

4.欣荷历练营、新苗历练营教师(语文、数学学科教师参加上午半场活动,其余学科教师参加下午半场活动)。

五、具体安排

时间	学科	课题	班级	执教教师
8:20	开幕式(领导致辞)			
8:30—9:10	语文	蜘蛛开店	208	骆红雅
9:20—10:00	语文	荷叶圆圆	106	戴凌媛
10:15—10:55	数学	点点蚂蚁盖房子	402	张秀琼
11:00—11:40	专家点评			杨中原、潘红娟
13:15—14:10	美术	美丽的盘子	102	张璇
14:20—15:00	体育	跪跳起	304	梁一珺
15:10—16:00	专家点评			赵效军、施海虹
16:00	颁发证书			

2019年4月21日

上面两个案例介绍的是具体的实施方案,从方案中可以看出,通过这种课堂教学实践演练,让新手教师在骨干教师、教研组长以及专家的指导下,从确定课题、磨课试教到公开展示,逐步提高自己的教学能力。

5. 德育导师，走进心灵

　　根据学生较亲近年轻教师，愿意倾听并与年轻教师沟通的现状，集团教育处聘任三年内青年教师任德育导师。每位德育导师每学期与1名学习或行为特殊的孩子建立密切的联系，一对一帮助他们制订品德发展、行为养成、学习及个人发展计划，给这些孩子以及时有效的帮助和支持。每位导师通过观察日记的形式对受导孩子的学习生活进行常态记录，同时认真完成德育导师工作手册。经过德育导师实践，青年教师通过自己的坚持走进了受导孩子的心灵，而受导孩子在老师的关心爱护下取得了明显的进步。

第二节 骨干互助站：
拓宽教师专业成长的路径

一直以来，集团清醒地认识到，教师是学校发展的最宝贵资源，是基础，更是保障。如何帮助新教师早日完成从学生到教师的角色转变，尽量缩短岗位适应期，在教育教学方面步入轨道，并能迅速成长为学校的骨干力量，是集团一直持续关注的重点工作。集团充分发挥好团队的力量，在共融、共享、共赢中盘活资源。采荷一小通过集体备课、磨课、比赛、观摩、培训等方式为丁信小学搭建了一个资源共享和交流的平台，加强各校区师资深度融合，促进集团内优质资源均衡发展。在集团发展的过程中，集团以"双向开放"为理念引领，通过骨干带教的新范式，促进两校均衡发展。

一、集团化办学骨干教师的交流新范式

杭州市采荷第一小学教育集团现有两所独立办学法人学校，共有5个校区：杭州市采荷一小采荷校区、双菱校区、钱江苑校区，杭州市丁信小学童园校区、真园校区。

丁信小学作为集团化办学背景下的一所新校，与集团空间地理距离较远，在师资结构、文化认同、生源结构方面存在差异。同时，在学校不断发展壮大的过程中，每年都有大量新教师加盟，三年内新教师的比率占到69%以上，急需提升新教师课堂教学能力。基于办学规模大、年轻教师多、距离集团总部远的校情，在符合《江干区区域内教师交流条例》的前提条件下，推行采荷第一小学教育集团化办学校区间骨干教师的交流新范式，交流分为三年长期交流和定期交流成立名师基站两个部分。

（一）三年长期交流教师岗位要求

1.教师交流以"三缺两新"①为主要导向,以集团化办学单位为主要对接单位,各单位校长做好范围内的协调工作,确保完成交流任务。

2.以教师本人提出交流意愿申请与集团公布岗位需求双向进行,协调对接完成交流。

3.爱岗敬业,热爱学生,富有奉献意识和合作精神,高质量做好教育教学工作。

4.加强自身学习和修养。每年研读一本教育专著,研读1~2种相应专业的教学期刊,并做好学习笔记或撰写好学习体会。

5.积极发挥示范和带头作用。骨干教师指导青年教师1~2名或带好一个兴趣组,并有具体指导方案和过程安排,每学期本校上公开课1~2次。

6.积极参加教育科研。每位骨干教师独立承担或参与一个市级以上研究课题。

7.积极撰写本学科教学研究论文。每年有1~2篇教育教学专业论文在市级及以上评比中获奖,或市级及以上教育杂志发表。

8.积极参与本学科教改工作,积极承担或参与教改实践中的课改实验,骨干教师的教学质量要始终处于前列,带动本学科教学质量提高。

9.交流人数以学校教师数的4%(四舍五入),其中交流的骨干教师数占应交流骨干教师的15%为交流任务。

10.孕产期教师不宜交流。教师交流期间,孕产假、病假合计超过6个月的(不含寒暑假),不满一年的,交流时间按2年计算,须再参与交流1年后才予以认可。

（二）三年长期交流岗位教师考核办法

1.成立考核小组

校长为组长,分管校长为副组长,教务、教科、德育和骨干教师所在教研组代表组成考核小组。

---

① 《江干区学校教师、校长交流工作的实施意见》引导教师往"三缺两新"方向流动,即编制满员学校流动到编制空缺学校,名优骨干教师、成熟型教师相对集中的学校流动到缺少的学校,老学校流动到新学校,老城区流动到九堡、丁桥等新城区。

2. 明确考核内容

各层次骨干教师岗位要求的具体内容，主要包括师德表现、业务能力、教学工作、科研水平、进修情况和教育成果等方面。

3. 规范考核程序

考核按学年度进行，各骨干教师将自己一学年的工作情况进行自我评价(填好自我评价表)，并附有关的原始业务材料(包括获奖证书、论文、公开课的备课教案、学习笔记等)。考核等级为不合格、合格、优秀。

(三)三年长期交流教师岗位待遇

1.长期交流教师优先参加由教育系统提供的相关学习培训、交流、研讨、参观、考察等活动。

2.享受书报费，每年由学校赠送一份教育报刊或专业杂志。

3.单位中层(经组宣科备案的正、副职)交流的，三年交流期间，原中层待遇不变。

4.可满足参选名优骨干教师、综合荣誉评选条件：自2017年起，教师参选区及以上名优骨干教师、综合荣誉的，必须有两所以上学校，且每所学校工作不低于3年，或在新城区6年以上的工作经历。

5.参与江干区先进交流个人荣誉评比。

(四)"1+1+X"名师基站：集团导师定期交流

"名师基站"是杭州市丁信小学在集团的辐射帮扶下，拟改变原先一对一师徒结对的传统帮扶模式，成立以"集团名师资源优化、导师引领集体备课、伙伴协同互研互助"为主要运行方式的多个"1+1+X"(一位集团名师，一批学校师傅，X名年轻教师)名师基站网络，提高师徒结对效能，形成校内外、老中青教师团队研修的氛围。

邀请特级教师、区骨干教师、采荷一小教育集团名师为导师，同年级同学科组成教学研究协同团队，定期开展集体备课和教学研究活动，以导师引领、伙伴协同方式提升教学设计能力、课堂组织实施能力，进而提高教学质量。

1. 集团导师岗位要求

(1)基本条件

集团导师应是师德高尚、教学经验丰富、管理水平较高的骨干教师，以各学科的特级教师、区骨干教师、采荷一小教育集团名师为优先聘请对象。师徒组合采取组织安排并征得双方同意或双向选择、自愿组合并举的办法。

（2）主要任务

紧密结合教育教学工作，每学期突出一个重点进行强化训练，努力提高青年教师的师德水准、教学基本功的班级管理的实际水平。学校努力为青年教师搭建展示的舞台，每学期开展教学汇报展示活动。

（3）带备课组

一位集团导师辐射一个备课组，定期交流名师和备课组长做好学期计划，每月指导固定主题的集体备课一次，完成小组内所有教师的实践、修改、再实践、再修改的课堂教学实践过程，每一次课堂实践，选择一节课以钉钉直播的形式进行，邀请集团导师观看和点评。

（4）带新教师

每个备课组6~12人，每学期集团导师听取备课组内新教师的课不少于一节。在指导教师的教导下，每学期上汇报课一节，每月集团导师听取备课组内新教师实践课不少于两节。

2. 集团导师岗位考核办法

（1）成立考核小组

校长为组长，分管校长为副组长，教务、教科、德育和骨干教师所在教研组代表组成考核小组。

（2）明确考核内容

学期结束前，集团导师对组内学员进行捆绑考核评价，学员之间也进行互评，评价结果纳入学期教学考核。主要包括组内教师的师德表现、业务能力、教学工作、科研水平、进修情况和教育成果等方面。

（3）规范考核程序

考核按学年度进行，各组教师将自己一学年度的工作情况进行自我评价（填好自我评价表），并附有关的原始业务材料（包括获奖证书、论文、公开课的备课教案、学习笔记等）。考核等级为不合格、合格、优秀。

3. 集团导师岗位待遇

由采荷一小到丁信小学带教的骨干教师，享受一定的经费补助。

4. 导师基站工作流程

1+1+×名师基站实施内容，如图5-1所示。

资源中心架构

名师基站架构：1+1+X

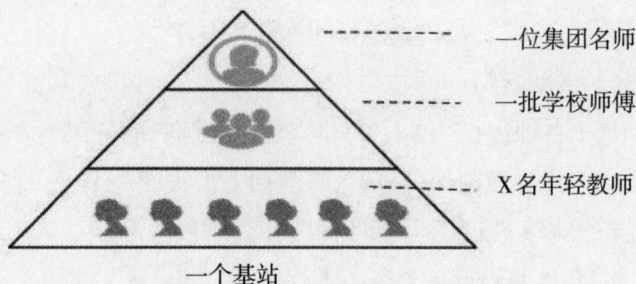

一位集团名师

一批学校师傅

X名年轻教师

一个基站

图5-1　1+1+X名师基站实施内容

（1）做好方案设计

框定活动流程，明确活动章程，确定检测评价方向，每一次活动均能做到课前文本研读磨课，课时规范实践，课后组内研讨跟进，努力做到活动留痕，活动有效（见表5-1）。

（2）安排名师基站成员

开学初根据教师任课，重组名师基站成员，聘请集团导师，做好协调安排。

（3）组织实施落实

校内骨干教师进入名师基站，督促活动实施；落实组内一位新教师牵头基站工作，做好与导师的沟通协调工作。

表5-1   1+1+X名师基站活动流程

活动环节	活动内容	具体时间
一"题"：确定主题	学员组长做好学期"名师基站"活动的安排和计划，提前一周与集团导师预约，提出集体备课的需求，确定时间、主题和方向	开学第一周
二"备"：集体备课	每月中上旬一个半天时间，在集团导师指导下，组织大组教师围绕一个主题进行集体备课，学校师傅全程参与	每月中上旬
三"磨"：多轮实践	集体备课后一周内，在学校师傅组织下，完成小组内所有教师的实践、修改、再实践、再修改的课堂教学实践过程；由最后一位试教教师完成最终稿的教案和课件的积累，收齐小组内教师的教学反思，按月及时上传，一学期结束前，作为新教师实践作业资料评定；每一次课堂实践，选择一节课以钉钉直播的形式进行，邀请集团导师观看和点评	每月月末截止
四"评"：捆绑评定	学期结束前，集团导师和学校师傅对组内学员进行捆绑考核评价，学员之间也进行互评，评价结果纳入学期教学考核	学期结束前

二、集团化办学骨干教师的成长新范式

学校骨干教师队伍整体水平决定着学校的办学水平，因此发挥骨干教师"传、帮、带"的示范引领作用，增进教师间的相互交流学习，既为骨干教师提供了引领辐射的平台，又为教师们互观互学、交流研讨创造了机会，也对新教师教育思想的转变、专业水平的提高起到了示范和促进作用。

（一）骨干教师在相互交流中成长

集团为了促进骨干教师专业稳步成长，对于骨干教师的考核，注重骨干教师的自我发展需求，注重教学工作实绩，注重对广大教师队伍的影响力。对骨干教师的评选有着严格的要求，具体考评标准如下：热爱教育事业；热爱学校和学生，切实提高教育质量；敬业爱岗，为人师表，具有良好职业道德；治学严谨，教风端正，具有团结协作和创新精神。荣誉要求：第二层次骨

干教师原则上应获得市级及以上综合或相关荣誉称号，第三层次骨干教师原则上应获得区级及以上综合或相关荣誉称号。资历要求：学历要求应具备本科及以上学历，具有深厚的文化基础知识。第二层次骨干教师应具备中级及以上职称。骨干教师原则上必须担任其最高职称学科的教学工作，达到标准工作量。业务实绩：具有较扎实的理论基础和专业知识，有比较丰富的教育教学经验和较高的教学水平，在全区和本单位有较大的影响；有比较强的教育科研能力，积极开展教育教学研究并已取得一定成效，有论文发表或在区级以上获奖；轻负高质，任教学科的教学质量处于全区和全校的前列；教学质量和教书育人工作得到师生与家长的广泛认可，能在本区或本单位起到示范作用。

采荷一小教育集团为了强强联合，不仅开展了常规化的"盛荷论坛"和"盈杏林"骨干教师展示活动，还承担了江干区骨干教师专业发展基地学校项目"小学古诗文组读促教学能力提升专题项目"和"书法鉴赏与书写能力提升培训项目"，两期培训共有区内各小学教师学员164人。集团精心安排培训课程，邀请区内外专家骨干教师做专题讲座和课堂教学示范。同时，集团认真、积极使用浙江省教师培训质量监控平台，细致做好项目培训过程管理工作。本学年，集团接收了来自新疆、西藏、洛阳等地共200余人次的骨干教师培训工作，将采荷一小的办学理念、课程管理、队伍建设、德育特色等成熟的经验与各级各类参训老师分享，美誉度不断提升。采荷一小对于课题研究也不断地开展骨干教师对外交流活动和上海、安徽安庆、苏州、义乌、西藏那曲、湖北恩施、贵州三穗等地区不同的教学研讨专场活动，还与丁信小学的骨干教师进行了课题研究和论文撰写的交流，校级领导就"双射线模式：松散型集团内部治理新范式的设计和运行"市级重大课题召开多次会议，讨论课题研究的相关工作。

集团通过一系列骨干教师活动，提高了教师教学方法和课堂管理水平，达到了共同交流、共同成长、共同学习、共同进步的目的。同时也给骨干教师创造了一个相互沟通、切磋、探讨和共同提高的机会，这对于整个集团的有力发展具有积极的推动作用。

(二)不同教学场景中磨砺成长

采荷一小教育集团清醒地认识到,教师培训任重而道远。所以积极地为骨干教师的专业发展和职业成就搭建平台,是目前学校着力打造且全情关注的项目。我们还需要不断地研究和摸索,更为科学合理地架构教师的培训体系,更为有效精准地设计培训课程,为骨干教师和学校发展打下坚实的基础。

"盈杏林"培训就是丁信小学为教龄10年的骨干教师而设的自主研修项目,拟利用"风信赋能院"这一钉钉线上培训平台,采用自主研修、打卡积分的形式进行,将所有的自主研修项目赋予一定的分值,规定每一年需达到一定的分值,才算完成年度学习。之后便是"常青堂""芝兰室"……学校为骨干教师的发展和培训规划了一系列拾级而上的层级,每一个层级都有相应的量化的可检测的目标要求和达成标志,每一个层级都需经历"认证"之后才能进入高一层级的学习和培训。

骨干教师集体备课可以显著提高教育教学效果,教育教学效益的最大化是集体备课的价值取向,也是集体备课的目的所在。松散型集团存在地域的限制,通过网络平台集体备课,可以提供集团骨干教师合作、探讨、实践的途径,通过参与者思想火花的碰撞,集体智慧的分享,精华糟粕的取舍,促使骨干教师加深对教材的理解和认识,拓展教学的方法与思路,进一步归纳、提升和再创造自己的教学设计,更好地适应学生的学情,更好地体现自己的教学个性,不断改进自己的备课水平,优化自己的教学行为。

集团每学期举行一次全校质量分析会,把它作为教学反思、诊改的重要新范式,意在总结经验、反思改进,在新学期的教学中有效诊改。教学质量管理是为保证培养规格,促使教学效果达到课程计划和教科书所规定的要求,对教学过程和效果进行指导、控制的活动,是教学管理的核心。教学管理部门进行教学质量控制,依据分析结果,实施改进措施。教学质量是学校的生命线,也是衡量松散型集团优质、均衡的重要指标。针对教学质量管理和分析,集团始终坚持在质量分析会中反思提升。

另外,骨干教师还可以在课堂展示和研训修炼会中历练提升。集团利用各种平台和机会,让骨干教师展示风采,比如全国千课万人、玉兰花开研讨、水荷联盟教学、长三角联盟和省市区教学展示等研讨活动，促进骨干教师业务能力增强，并加强专家引领为骨干教师指明方向。集团经常邀请区内外各学科专家做讲座，汲取其业务经验，持续促进骨干教师成长，开阔教学视野，提升理论水平。

(三)在与青年教师交往中成长

一所优质的可持续发展的学校，年龄结构层次丰富均衡是最为理想的，因此，集团要着力打造老中青相结合、优势互补的教学状态，科学合理地架构教师的培训层次，精准地设计互助合作教学活动，为新教师和骨干教师的发展以及学校发展提供更多的机遇。

新教师工作充满热情，他们教学前的准备，教学中的谨慎，教学后的反思都一丝不苟，他们的备课和作业批改比老教师更认真；他们的年龄和学生差距小，活泼生动，易于形成和谐的师生关系，容易在心灵上与学生产生共鸣，建立融洽的师生关系，有助于因材施教；青年教师精力旺盛，对新知识和新技能求知欲强。他们善于学习，运用多媒体和制作课件很熟练等。骨干教师倾心引领，新荷雨露滋润初绽，在交流中互相促进。在"欣荷杯"赛课的舞台上，集团青年教师和骨干教师都展示了他们的风采，也促使他们一起走向更广阔的舞台。

在与青年教师的交往中，骨干教师既帮助了年轻教师，自身也得到了提升，可谓一举两得。老师们以其各自特有的风格、独具匠心的设计，互相感染着、互相碰撞着，这种新老结合的校验方式，是促进松散型集团教师专业发展的一种有效途径。

三、集团化办学骨干教师的保障新范式

为了能够更好地发挥学校骨干教师的带教作用，集团还在进行调研的基础上制定了相应的制度作为保障。

(一)以需求为导向

骨干带教的实施以丁信小学青年教师的需求为导向，丁信小学开展了新教师培训需求调查，以2018届新教师为例(见表5-2)。

表5-2　2018届新教师的新苗营培训需求调查

在教学常规中,你想获得哪些培训	小计	比例
如何写教学计划	1	10%
如何写教案	0	0%
如何备课	4	40%
如何批改作业	0	0%
如何订正学生作业	0	0%
如何让学生快速安静下来	4	40%
如何提高学生的听课效率	9	90%
如何使用信息技术提高教学效率	3	30%
如何听课	2	20%
其他	0	0%

通过对调研所获得的数据进行需求分析,进一步明确青年教师的意向,也为集团更好地配备骨干教师提供了依据。

(二)互学促教,共同进步

虽同属采荷一小教育集团,因为地域不同,经历不同,所培育的文化背景和人文熏陶也是不同的。在新苗营地中,采荷一小新教师和丁信小学新教师在一起培训,既能融洽合作,又能友好竞争,既有情感上的交流,更有思想和文化上的碰撞,正向生长,事半功倍,很有意义。新苗营导师组骨干教师全部由集团名师和骨干教师团队组成。骨干带教遵循"多维度、双向性、一体化"原则。多维,指骨干教师对青年教师的备课、上课、作业、辅导、评价等全方面指导。双向,指既有骨干教师深入丁信小学送教,也有丁信小学的青年教师深入骨干教师课堂深度学习。一体,指在学期考核中师徒捆绑考核奖励。在具体实施过程中,一方面,在隔周一次的"营地之夜"活动中,骨干教师为学员授课或者引领教学活动;另一方面,导师组成员直接与营地学员结对,为学员提供全方位的私人定制的指导。骨干教师每学期不少于四次对结对学员进行点对点、面对面的指导和帮扶。

【案例5-8】 杭州采荷一小教育集团"骨干带教"协议

为了加快丁信小学年轻教师的成长,规范教育教学行为,提升教育教学水平,杭州采荷一小学教育集团丁信小学在充分依托集团资源优势的基础上,建立"骨干带教"制度。现将有关要求明确如下。

	师傅职责	徒弟职责
具体内容	言传身教,加强师德教育	热爱教育,遵守师德规范
	教书育人,帮助制订学科教学计划及各类学习常规	勤学好问,学会制订各项教学计划、学习常规。多与师傅进行业务交流
	徒弟的备课、教学反思、作业批改,及时检查,认真指导	认真做好教学常规工作,每月的教学设计与反思,及时交给师傅审阅
	指导徒弟上好每月一课,记录听课意见,及时反馈。综合学科师傅创造条件带徒弟一起听课,"跟听课"后对徒弟进行点拨	精心备课,每月执教一节展示课,课后认真听取师傅建议,撰写课后反思,改善自己的教学行为
	每学期为徒弟上示范课一节(集团师傅),让徒弟在观摩中学习,在榜样下成长	每学期听师傅一节课,并记录听课随感。听课时虚心好学,听毕互相切磋
	每学年指导徒弟上一节高质量的新教师展示课	精心准备,每学年执教校(集团)新教师汇报课一节
	指导徒弟辅导学科困难学生	关心困难学生,使他们在思想和行为上有较明显的转变
	帮助徒弟进行教学质量分析	认真做好教学质量分析
	指导徒弟开展教科研工作,指导徒弟写好期末学科教学总结、学科论文、学科课题研究。师徒捆绑考核奖励	认真写好期末总结,两年内至少撰写一篇学科论文或者进行一项学科课题研究。师徒捆绑考核奖励

以上协议自签约起执行。

杭州采荷第一小学教育集团

(三)考评促进,扎根实践

考评骨干带教工作的成效,集团通过考评进行促进。以丁信小学和采荷一小分管教学校长为组长,教学、德育、团支部等部门共同参与,成立新苗营考评组。依据考核量表,对学员进行一学期一次的综合量化考评。考评结果作为区新教师培训推优和校、区级各项荣誉评定的依据。随着一届一届新苗营的开设,相应的管理制度在不断完善中,目前,考勤制度、考核制度已经基本完善,自我成长规划及年度规划自查等都在有效的探索和实践中。

(四)骨干引领,落实成效

自骨干带教实施以来,丁信小学青年教师的专业成长得到了集团的大力支持。先后有赵远利、徐素梅、单群群、赵小艺等10多位骨干教师成为丁信小学青年教师的专业引路人。张梦兰老师的《蜘蛛开店》教学设计获得区三等奖;高玲芳老师被评为2018年江干区中小学"品味书香,诵读经典"读书征文比赛优秀指导教师;王莹老师在江干区小学数学"拓展性、整合性课程——基于数学的拓展性课程"主题研究片区研训活动中展示课例"乱七八糟的魔女之城";陈肖肖老师获江干区第六届中小学德育"精彩一课"班会课教学评比三等奖、江干区小学道德与法治青年教师基本功评比二等奖;刘埒嘉老师获江干区思品精彩一课三等奖;应佳颖老师被评为江干区优秀教师、教坛新秀……

1.发挥了集团骨干教师的辐射引领作用。松散型集团的发展,需要集团将更多的精力投入丁信小学的教师发展上来。通过骨干带教,双向互动,使集团的课堂文化、教师的专业经验得到了传承和发展,促使青年教师在走上工作岗位的前三年得到了高品质、全方位的指导。

2.促进了丁信小学青年教师对集团文化的认同。骨干带教从一定程度上突破了松散型集团的地域、时空限制。青年教师深入骨干教师的课堂中,通过亲身感受师傅的教学艺术,更在备课、作业、辅导等方面得到了浸润和熏陶,有助于集团文化的认同和角色的融入。

第三节　教研组共赢：促进教师专业成长的基石

教研组的变革与发展，深层的根基在于教研组文化的构建。提升教研工作的实效、促进教师的专业发展，教研组的建设和管理在松散型集团的发展中显得尤为重要。采荷一小教育集团两校以教研组为单位，各教研组的研训项目围绕每学期教学部门的主题，开展相关教研活动和教学反思，老师们不断探索和完善学科课堂教学模式，形成较成熟的采一特色的课堂教学模式。

一、教研文化：教研组建设的指向

我们将教研组的文化管理作为至关重要的抓手。对教研组而言，我们应明确文化的三种内涵：首先，明确教研组文化是教研组成员共同的行为规范体系，它指明了在日常的教研活动中，教研组成员以何种规范性要求为基础，如何共同备课、听课、评课，以及如何共同研究教学问题。其次，把教研组文化作为教研组成员自觉的精神和价值观念体系。最后，教研组文化是教研组成员开展研究的共同方式，是教研组成员在日常教研活动中的思考和行动方式。教研组文化一旦生成，它一方面对置身于教研组文化之中的个体教师具有决定性的制约作用；另一方面构成了教研组运行发展的内在新范式，从深层制约着教研组发展的方向。

（一）树立文化管理意识

教研组存在的许多问题在本质上是该组织成员共有的价值判断问题，即文化问题。人的管理的核心就是文化管理，成功的管理必然走向文化管理。作为一种微型组织的管理者，教研组长的管理对象不仅是传统的人和事，而且涉及"教研组文化"。换言之，教研组长既是教研组人和事的管理者,更是教研组文化的管理者。教研组长有了自觉的文化管理意识,原先自然生成、自生自灭的教研组文化,就有可能得到有意识的构建与发展。无论是采荷一小的教研组长还是丁信小学的教研组长,集团始终秉持着以"荷文化"为核心的文化价值观,秉持着"为了孩子一生的发展"的理念,秉持着"让美浸润课堂"的理念,积极倡导"以学定教、绿色质量"的教改理念,坚定地走"以生为本、少教多学"的道路,提出并构建了"朴素课堂"教学模式,采取以科研促课改、以课改促质量、以质量促特色的策略。

(二)构建教研组的制度文化

就教研组而言,制度就是教研组成员日常活动的规则,其基本特征是"确定性":定人、定时间、定活动主题、定活动方式、定活动程序步骤、定评价标准等。这些制度是以教研组为单位,具体包括教研组常规活动制度、读书交流制度、备课主讲制度、听课评课制度、每人一课制度、师徒带教制度、奖励激励制度、评价制度等。这些制度之所以构成一种文化,是因为其背后是教研组成员共同遵循的价值观念和思维方式,从制度设计到制度执行的过程,构成了教研组成员的日常工作方式。

(三)落实教师的行为文化

教师的行为文化体现为教研组成员在各种教研活动中的具体行为,如备课行为、听评议课行为等。无论是组训、文化愿景还是教研组的文化战略,都是教研组长与教研组成员共同协商、反复研讨、持续重建的结果。教研组应有符合自身实际的发展愿景和文化理想,如同学校文化有校训一样,教研组也应有自己的"组训",这既是教研组精神文化的基础,也是教研组文化理想的核心体现。教研组成员也要致力于教研组氛围的布置和资料的积累,如教研组成员使用的教材、教参、教具、学习材料、教案、课例、随笔和各种教学录像等资料,都要有意识地保存下来并传承下去。

(四)制定教研组文化的评价新范式

集团应有对教研组文化创建进行评价的标准。这一标准的核心是创建品牌教研组,而品牌的内核是文化。在教研组层面,教研组自身也应根据实际情况,确定自我评价标准。在这一标准中,应全面涵盖教研组文化的基本内涵,兼具物质文化、精神文化、制度文化和行为文化的内容。

（五）明确以研训项目为文化建设的载体

集团各教研组研训项目围绕集团两所学校的学期主题，每月至少开展一次相关活动。教研组每一位教师围绕学科教研组研训项目上一节示范课，或者每人一课，然后以教研组为单位集体研课、磨课，并进行教学反思，每位老师完成"融创三单"中的教学单、反思单和评价单，老师们不断探索和完善融创课堂教学模式，形成较成熟的具有采一文化特色的课堂教学模式。

二、三会一课：教研组建设的载体

采荷一小教育集团10多年来，坚持教研组建设的"三会一课"，即教研组集体备课会、集团质量分析会、教研组长研训汇报会、青年教师欣荷杯赛课。自实施以来，"三会一课"也成为丁信小学加强教研组管理的共同遵守。

（一）集体备课会，集思广益

集体备课可以显著提高教育教学效果，教育教学效益的最大化是集体备课的价值取向，也是集体备课的目的所在。松散型集团存在地域的限制，如何破解？集团将10多年来实施的开学前集体备课制度也在丁信小学实施。

集体备课提供了集团教师合作、探讨、实践的途径，通过参与者思想火花的碰撞，集体智慧的分享，精华糟粕的取舍，促使教师加深对教材的理解和认识，拓展教学的方法与思路，进一步归纳、提升和再创造自己的教学设计，更好地适应学生的学情，更好地体现自己的教学个性，不断改进自己的备课水平，优化自己的教学行为，从而提高教育教学效果。越是地处欠发达地区、师资薄弱、资源缺乏的学校，集体备课的效果更为显著。

集体备课快速促进青年教师的专业发展。集体备课是校本教研的一种活动，长期坚持集体备课，可以使教师在教学的认知、行为方面向更科学、更合理的方向转化，并对自己的教学工作进行不断的更新和全程优化。教师的素质历练、业务钻研、合作研讨、教法改进、自我反思的过程，就是教师专业发展的过程。校本教研离不开大家的智慧，教师专业发展离不开集体的协作。因此，集体备课是促进松散型集团教师专业发展的有效途径。尤其对丁信小学而言，新教师较多，更需要将这一策略进行固化。同时，集团也会派出骨干教师参与丁信小学的集体备课会，将先进的理念、精准的策略予以分享。

集体备课分享与积累课程资源。每个教师在备课前,要求依据课程标准做一些前期准备,有针对性地收集一些相关的教学资源,如典型案例、课堂设计、课件和教辅资料等。集体备课为教师提供了展示与交流这些资源的平台,参与者通过广泛的交流和分享,就可以互通有无,有选择地处理资源信息,并把有用的课程资源归纳充实到自己的教学实践中去。集体备课不仅达到了资源共享的目的,而且可以不断积累和丰富教学的课程资源。

(二)质量分析会,反思提升

教学质量管理是为保证培养规格,促使教学效果达到课程计划、教学大纲和教科书所规定的要求,对教学过程和效果进行指导、控制的活动,是教学管理的核心。集团将每学期一次的全校质量分析会作为教学反思、诊改的重要新范式,意在总结经验、反思改进,在新学期的教学中有效诊改。教学管理部门进行教学质量控制,依据分析结果,实施改进措施。教学质量是学校的生命线,也是衡量松散型集团优质、均衡的重要指标。针对教学质量管理和分析,集团始终坚持:一是聚焦常态。全体教师把教学常规作为重中之重,从常规中求长效、常效。二是聚焦均衡。不仅要聚焦紧密型集团内部校区的质量均衡,更要关注松散型集团校区之间的均衡,把每学年一次对丁信小学的教学质量督导做实、做细。

(三)研训汇报会,总结提高

为解决教研活动主题性不强、实效性不高的问题,集团在深入了解学校发展目标和教研组工作实际的基础上,将每学期一次的教研组工作总结改为每学期一次的研训项目汇报,以凸显教研组工作的项目化,提升教研组的战斗力。

加强专家引领。2018年9月5日下午,集团2018年第一学期首次教研组长会议在钱江苑校区会议室召开。会议邀请了区教育发展研究院易良斌副院长做了题为"学校教研组、备课组的校本化建设与教师的专业发展"的主题讲座。

在易院长的引领下,组长汲取了众多经验。未来学校的发展特征:符合面向未来的教育理念;以学习者为中心;持续促进学生成长;满足多元化学习需求；重视学习空间的设计与重构；具有智能学习终端和教学装备的智慧校园。通过专家引领，教研组长开阔了视野，提升了理论水平，为学期研训项目的深入实施奠定了基础。

注重交流展示。每学期末，集团全体教研组长济济一堂，就一学期开展的研训项目进行汇报，在汇报中总结反思，在汇报中取长补短，取得了不错的效果。

（四）欣荷杯赛课，展示交流

青年教师是集团发展的生力军。集团将每学期一次的集团"欣荷杯"赛课作为青年教师展示交流的重要舞台。

2019年5月8日上午8时，采荷一小教育集团青年教师"融创课堂"教学活动于丁信小学童园校区二楼报告厅拉开序幕。参会人员有区教师发展研究院、区名师骨干专家、两校校级领导、教学分管领导，水荷联盟学校相关教师、金华互联网结对相关教师以及丁信小学欣荷历练营、新苗历练营教师。在整个课堂教学环节，集团几位优秀青年教师的课堂堪称一场视听盛宴：无论是骆红雅老师的《蜘蛛开店》、戴凌嫒老师的《荷叶圆圆》，还是张秀琼老师的《点点蚂蚁盖房子》，都让与会专家和老师感受到了"四为"理念下青年教师别样的教学风格。

骨干引领，小荷初绽！在"欣荷杯"赛课的舞台上，集团青年教师同台献艺，展示了他们的风采，也使得"欣荷杯"赛课成为集团青年教师崭露头角、走向更大更广阔舞台的坚实台阶。

三、常规研训：教研组建设的基石

集团在通过欣荷历练营、名师基站这些载体分层分类地助力教师专业成长的同时，也没有忘却常规的教研活动，努力夯实常态化的教研活动，使之成为教研组建设的基石，促进教师的专业成长。

（一）语文组的研训活动

苏霍姆林斯基说："所有能使孩子得到美的享受，美的快乐和美的满足的东西，都具有一种奇特的教育力量。"诚如丁信小学的"呵护童心，欢享童年"理念，让孩子成为学习的主体，一切为了孩子，教书育人。采荷一小和丁信小学语文教研组是集团最大的教研组，人数众多，教师年龄层次最为丰富，按照年级分组，除了完成常规教学任务之外，还要担任与组织学校和区级以上层次的各项教研教学活动。教研组始终坚持以"绿色质量"为核心，学习学校教学工作计划，立足常态、抓实常规、面向长远，抓好全员、促进成长、夯实基础，培育品牌、涵养品质、走出特色，努力实现扎实朴实的工作常态、优秀优质的教学质量、活力魅力的品牌课程。在全体老师兢兢业业的工作中，扎扎实实、卓有成效地开展着各项教育教学活动，并高质量地完成了学期教研组工作计划。

1. 抓好语文教学研究课

采荷一小集团两校联手开展师徒结对课、示范课等公开课百余节。三年内新教师是我们语文教研组的新生力量，是校语文工作的生力军。为切实加强每位教师的课堂教学水平，提高教学质量，语文组要求每位三年内教师以年级段为单位，经常相互听课（一月开展一次师徒结对课），执教者必须上交详案，听课者必须有听课、评课记录及课后反思。除了新教师，两校定期组织了课堂教学观摩活动，由老教师执教的示范课展示，经验丰富的骨干教师和老教师给每位年轻教师带去了满满的收获。可以说在此期间，执教者认真备课、上课，与会教师认真听课、记录、集体评议，通过一系列的步骤，相互研讨，共同促进，形成了十分浓厚的语文教研氛围。每位语文教师都能根据学生的特点，积极探索，研究科学合理的教学模式，运用到课堂教学中去，促进了基础性课程的研究，并能把学到的新理念、新方法、新技能运用到教学实践中，促进教研和科研结合，提升了教研活动质量。这种听课、评课活动，对老、中、青教师都有促进；这种学生学法上的交流，教法上的切磋，对提高我们整个语文教师队伍的水平和采荷一小的语文教学质量起到了推动作用。

2. 集体备课全员参与，提升备课质量

在备课组内实行定单元、定时间、定主讲人、全体参加的做法，在很大程度上提高了集体备课的质量。在集体备课中，我们力求做到统一思想、统一进度、统一练习，特别是在备教学目标、备教学重难点、备教学方法时能集思广益，取长取短，同时通过集体备课，及时了解教育教学情况，针对教材的特点，不断地进行探索、改革、创新。同时对教案的撰写也提出了新的要求：①要有明确的教学目标；②要列出必要的教学程序；③要认真写好教学后记。倡导更具活力、更具生命力，尽显个性风格的富有新时期特色的新教案。目前，各年级组都积累了一整套的教学资料，有的是老师们自己拟定的，有的是多方收集的，做到资源共享。集体备课整合了各类教学资源，优势互补，形成了教的合力，提高了语文组整体教学教研水平。

3. 重视常规检查，强化教学管理

在鼓励语文教师创造性工作的同时，不放松对其教学常规的指导和监督。因此，语文组配合教导处进行了四次教学常规工作检查，时间都定在每个月最后一周的周三，且都要求查听课笔记。检查内容包括：一是查教案和教学计划，教案是否切合实际，是否写教学反思和教后记，教学计划是否完整。二是查语文课堂作业本，学生作业的批改是否及时、认真等方面。在作业检查中，我们尝试了定页定向全班通查的形式，涉及基础题、造句题、阅读题，有效更正不足，督促老师们从严跟进学生的作业批改。同时我们还严格检查了教师的课堂作业本完成情况，要求老师提前完成自己教到哪一课的教学内容。三是查后30%学生语文课堂作业本，这些学生作业的批改是否及时、认真等方面。四是查复习计划和备课情况，在期末复习阶段的策略尤为重要，如何培优补差是每位老师应该思考的重点。从四次检查的情况来看，全组教师备课都非常认真，教案完整，重点突出，有反思，作业设计科学合理，批改细致准确。检查结果令人满意。

4. 借助"语文节"，传承民族文化

为了培养少年儿童诵读经典、传承民族优秀文化传统的良好风气，积极促进全校少年儿童勤奋学习、快乐生活、全面发展，2019年9月25日，杭州市丁信小学语文组特结合教研组研训主题组织举行"诗韵飘香　经典传承"语文节活动，分为五个系列有序、有梯度地开展。一个下午的时间，同学们笑着跑着，不知不觉中背诵了许许多多的古文经典。中华五千年的悠久历史，孕育了底蕴深厚的民族文化。源远流长的经典诗文，是中华民族经久不衰的瑰宝。这一篇篇脍炙人口的佳作给我们人生以启迪，一曲曲动人心弦的经典带给我们美好的艺术享受。它如春日的百花，散发着馥郁的芳香，又如夏日的繁星，闪烁着夺目的光彩。丁信小学的全体学生相聚在美丽的校园，一起背诵国学经典，一起传承祖国的传统文化，一起建设我们的精神家园。

5. 教研围绕集团计划主题，促进学生阅读素养

教研组活动在"实"字上下功夫，在"研"字上做文章，真正把教研与提高课堂效率结合起来，与解决教学实际问题结合起来，与教师的成长结合起来，提高每位教师的教学能力和业务水平，并在活动形式、运行新范式上不断创新。备课组活动全员参与，有效指导学生开展课外阅读指导，提高学生语文综合素养。每周五下午第二节课为语文拓展绘本课程，利用学校现有绘本图书资源，对孩子的绘本阅读进行指导，让孩子会看书、多看书、爱看书。用阅读增长智慧，用智慧点亮生活。同时开展"绘本漂流"走班上课：教研组里的每位老师都选定一本绘本，认真备课，再确定星期五拓展课程的时间，进行走班上课。

（二）数学组的研训活动

数学教研组工作立足集团总体规划，加强教师校本培训，全面提高教师专业素质。注重课堂教学，求真务实、强化改革意识、创新意识、开拓创新，全体数学教师认真执行学校教育教学工作计划，转变思想，积极探索，改革教学，把新课程标准的新思想、新理念和数学课堂教学的新思路、新设想结合起来，转变思想，积极探索，改革教学，收到很好的效果。

1. 理论实践并进，促进教师素质的提高

教师既要以学问教人，还要以道德育人。作为教师，其个人的道德行为对学生有着强烈的示范性，其道德影响广泛而深远，教师的思想品德、人格修养甚至可以影响一个学生的一生。教师对学生心灵的影响是任何教科书、任何道德箴言、任何奖励制度都不能代替的。教师只有不断努力提高自身素质，才能塑造出使学生难以忘怀的可亲可敬的师长形象。教师的职责是"传道、授业、解惑"。要提高自身的师德修养，首先要提高自己的教育教学水平。这是师德的首要基础，如果一个教师不是一个优秀的"教书先生"，也就不可能成为一个优秀的教师。教师的爱可以用语言播撒，用粉笔耕耘。对学生充满爱心的每一堂课，都仿佛在为学生打开一扇窗户，让学生看到一个色彩斑斓的新世界。

随着教育理念的不断更新和发展，我们深深认识到，教师如果不学习，教研活动就会成为"无本之木，无源之水"。数学教研组根据实际情况，立足校本，有计划、有步骤地进行校本培训，措施得力，目标明确，形式多样。要求教师深入学习新课程标准以及数学教学理念，组织教师学习讨论教学中的热点和冷点教学问题，从而使教师更新教学观念，认识教学新策略，并组织教师利用新方法组织好课堂教学，在实践中不断提高自身的素质，教师们把新课标的理念渗透到教学中，教学中注重以培养学生的合作交流意识和实践创新能力为主，注重尊重学生的需要，培养学生的自学能力。以平等、宽容的态度对待学生，在沟通中实现师生的共同发展，努力建立互动的师生关系。

2. 积极开展教研活动，促进常规教学

我们在学期初教研活动计划中提到，为了改革课堂结构和教学方法，提高教师的课堂教学水平和课堂教学效益，开展"听、评、说课紧紧跟踪一节课"的教学工作，且把这项工作作为一个重要的教研活动。数学组听取了一批新教师和中青年教师的课。从教师的课上可以看出，在课前教师做了充分的准备，备课、制作课件、准备教具都十分认真。教研活动的开展，让我们发现教师的课堂教学能力有了进步。一学期还进行两次检查教案与作业，教师都能认真备课，认真批改作业。检查后还做了详细的总结，交到教导处，一学期来，教师们做了大量的工作。

3. 做好培优补差工作，关注全体学生

在切实抓好教学常规，大面积提高教学质量的同时，老师们努力做好培优补差工作，做好学生的思想工作，经常和学生谈心，关心他们，关爱他们，让学生觉得老师是重视他们的，激发他们学习的积极性。了解学生们的学习态度、学习习惯、学习方法等，从而根据学生的思想状态进行相应的辅导。定期与学生家长、科任老师联系，进一步了解学生的学习情况，在教学中努力把培优补差工作落实到教学的每一个环节，充分发挥各种积极因素的作用，教师们坚持不放弃每一个后进生，都以良好的心态接纳他们，正确看待每一个学生，以提高学生素质为自己工作的重点。积极对待学生的每一个闪光点，施以恰如其分的鼓励性评价，使得每一名学生都能安心于课堂的学习，把学困生的厌学、逃学情绪抑制在一个最低点上。对于后进生主要引导他们多学习、多重复,在熟练的基础上不断提高自己的能力。在工作过程中,注重优生的辅导。对后进生多鼓励、少批评、多谈心,进行心理沟通,提高他们的自我判断与控制能力,给他们以更多的关心和爱护,相信每一个学生都能学到自己适合的知识,让他们在学习上有所进步,以提高学生的整体水平。

4. 拓展数学课程,激发学生学习兴趣

数学教研组积极响应区课程改革,开展"3D学科课程"。以三人行为单位,开发采荷一小的拓展课程"魔术数学""精典练习",丁信小学数学绘本《走近奇妙的数学世界》《数学帮帮忙》系列教材,博采众长,做好备课。作为数学学科的拓展内容,我们不仅想到的是数学学习的提高和培优,而且在面向全体的基础上,践行"玩中学,学中乐",受到孩子们的热烈追捧。为了培养学生数学学习的兴趣,我们还提出了金点子,期待通过校园精神文化氛围的创设,把经典的、好玩的数学游戏或者有趣的数学问题等,通过实物在校园的智慧墙面上呈现,课间孩子们可以脑洞大开,玩转数学。赵俏卿老师申报的课题"基于数学核心素养的小学低段'做中学'绘本教学研究"被列为杭州市普教教研重点课题;赵老师在江干区"小学数学教学目标研究千字文展评活动"中获得一等奖。李伊丹老师执教五校数学片组展示课"彩珠中的数学";执教向社区家长开放的幼小衔接课。虽然我们的收获不多,但是每次活动我们都认真准备。都说"众人拾柴火焰高",我们这支团队就是在这样齐心协力下同成长、共进步,就像绚丽多彩的七色花那样,相互映衬、相互扶持。

(三)英语组的研训活动

1. 加强统一认识,落实教书育人理念

目前,在英语组的五名教师当中,有三名教师还是三年内新教师,在教学上还处于摸索阶段,教学经验和科研能力相对来说还不成熟。而另外两名经验相对丰富的教师则是刚转入丁信小学工作的,对学校的校情、学生的学情都需要一个了解和适应的过程。对英语组来说,这些都是当前面对的巨大挑战。作为教研组长,应认真、耐心地做好他们的思想工作,统一思想认识,把"关爱学生,奉献小学外语教学"作为本组的座右铭,任何时候都要为学生着想,一心一意扑在小学外语教学上,把"教书育人"的思想摆在自己的心坎上。

2. 加强理论学习，落实"英语课程标准"精神

在当今信息社会中，教育教学理论不断推陈出新，如不及时学习就会处于被动的局面，因而本教研组加大了理论学习的力度。为适应英语课程改革的需要，我们认真学习了英语课程标准，改变了过去以"教师为中心"的传统教学观念，树立了"面向全体学生，突出学生主体，促进学生发展"的新的教育理念，要穿新鞋走新路，将新课程标准的精神落实到具体的行动之中，避免教学的滞后性和盲目性。

3. 加强集体备课，落实"最优化"的教学设计

坚持集体备课制度是丁信小学一贯的做法，采荷一小规定每月有一周的周五下午组织集体备课活动。为使每一位英语教师都能养成自觉的行为，我们从学校的客观实际出发，着手加强了备课组的改革，要求同年级应加强集体备课。备课时要充分挖掘每一位教师的潜力，充分挖掘教材的内涵，对教材进行恰当的调整和重组；要做到"五备三鼓"，即备课标、备教材、备教法、备学法、备练习，备课中多考虑学生的实际情况，多腾出时间鼓励学生积极思维、鼓励学生运用交际语言、鼓励学生大胆创新，尽可能避免课堂上死气沉沉的气氛；同年级组成员对组内规定的课题分散备课，写出详案，然后在规定的时间内进行集体讨论，并且要求同年级的每一位英语教师做到"四个同一"，即备同一堂课、备同一个教案、上同一堂课、保持同一个进度，切实将"最优化"的教学设计落实在课堂上。

4. 落实课堂教学常规，体现学生的自主学习

为适应时代的需要，圆满完成小学英语的教学目标，达到英语课程标准的要求，根据上级有关文件精神和丁信小学的实际情况，特制定了丁信小学外语课堂教学常规，其宗旨是教师上课时要精神饱满，要发挥好教学目标的作用，着眼于培养学生运用语言的能力。通过创设合理的教学情境，引导学生在模拟或真实的交际中理解、模仿和运用语言，充分运用实物、图片、手势、直观教具和表演手法，生动活泼地进行外语教学，充分体现学生是课堂的主人、学习的主人。

5. 严格执行计划，使教研活动开展到位

教研组要严格按照期初制订的教研计划，安排好每位教师的教研活动

课。经常性地开展教研活动,有利于形成一种充满民主和生机又讲究实效的教研风气。目前,英语组主要以年轻教师为主,三位年轻教师都有自己的校外学科师傅。根据学期初制订的研训计划,英语组本学期的研训主题是会话课课型的建模。因此,三年内新教师在名师基站活动的引领之下,着重研究了会话课的上课模式。校外师傅沈平特地为我们开了一个小范围内的讲座,为我们细致地讲解了会话课的上课模式,同时为黄晨烨老师和车莉莉老师的会话展示课进行了有效点评,并提出了修改意见。张洁老师在参与名师基站的同时,又在骨干教师钟蓓蓓的指导下有效地开展了每月的师徒结对活动。而两位三年以上教师则通过一人一课的方式开展了观摩课供新教师学习和交流。除此之外,我们也积极地开展推门课活动,让教研组内的老师不仅要交流公开课的上课范式,也要关注常态课的教学措施。通过民主讨论、深刻分析、相互比较、相互探讨,使所上课的教学目标更加明确,教学内容更加翔实,教学要求更加浅显,教学方法更加体现教学内容,教学效果更加突出。教研组的这种利用集体力量进行教学研讨的方法,使得组内每一位英语教师更加自觉学习,相互探讨、钻研业务的风气更加浓厚,由此带来的是每一位教师综合素质的提高。

6. 努力进行学科建设,使英语活跃在课堂内外

在英语组老师的精心策划下,集团举办了丁信小学的首届英语节。活动以英语周的形式展开,分别设置了展览、展播和各年级主题活动三项内容。通过本次英语节活动,同学们充分领略了英语的魅力。除了校级的英语节,集团四、五年级的同学还参加了江干区首届中小学生英语风采展示活动。他们的作品《小红帽》第一次在舞台上进行展示,并取得了优异的成绩,完美地实现了丁信小学学子的英语首秀。英语组的每一位英语教师积极响应学校组织的各项说普通话、写规范字、作规范文的活动;要求教师们在课堂作业本的批改中使用规范的英文缩写日期。通过一段时间的训练,组内英语老师的规范书写已经全部统一了形式。

7. 教研组配合教导处,教学业务检查到位

教研组要配合教导处定期对每一位教师的课堂教学常规、备课、作业批改等进行检查,指出其不足,共同商讨好的办法,如课堂教学用语的规范性、

备课中教学札记的真实性、作业批改中等第的统一性与激励性等问题，达成一致意见。教研组平时要注重活动资料的积累，期末将这些资料进行整理、归纳，上交给教科室和教导处。丁信小学英语教研组才刚刚诞生，它是小学的新兴产物，到底如何开展好外语教研组工作，是摆在我们面前的新课题，还需要我们广大英语教师不断地在实践中探索。

（四）综合教研组的研训活动

采荷一小和丁信小学坚持"呵护童心，欢享童年"的教育理念，坚持"以师资的特色建设，推学校艺术特色"的艺教工作思路，进一步认真贯彻区教委的相关精神，以多元文化教育为抓手，切实加强学校的综合学科教学工作，全面提高学生的艺术素养和整体素质。

1. 立足课堂，全面提高学生的艺术素养

学校始终坚持立足课堂，在保证开足音乐、美术的基础上，改变传统的教学模式，开拓艺术教学的研究性空间，实施有效教学策略，提升教学质量。如音乐学科如何运用"体验式教学法"提高学生的学习兴趣、美术学科如何借助"全景课堂"等现代化教学工具辅助教学、如何制定科学合理的课堂教学目标等方面都进行了研究，并在课堂上初步取得成效。体育学科本学期组织开展了第二届杭州市丁信小学运动会。王焕君老师参加了片区的教研课。教师的个人能力有了显著提高。王焕君老师执教江干区中小学体育课堂教学研训公开课，并在江干区中小学体育教学能力评比中荣获三等奖；靳颖老师在江干区音乐基本功比赛中荣获二等奖；郭巍丹、上官柳、张洁、应佳颖四位老师在省、市、区信息化大赛中分别荣获二、三等奖。

2. 借助校外优质资源，发展学生艺术特长

为了扩大、加强和巩固学生的课堂知识，丰富学生的课余生活，学校大力开辟了课外艺术教育活动，聘请专业教师来校指导上课，使课堂教学得以延伸和补充。学校开设了艺术特色课程：古筝、竹笛和沙画，组建了各艺术社团，如合唱、舞蹈、儿童画、黏土和衍纸等。其中沙画社团还获得了江干区社团节最受学生喜爱的社团称号。学生们利用课余时间，根据自己的喜好选择自己喜欢的课程，在教师的精心指导下，他们的技能得到了锻炼，情感得到了陶冶，特长得到了展示。在2019年的区艺术节合唱比赛中，丁信小学

第一支合唱队以一首 *Hot chocolate* 荣获区三等奖,美术组祝迎燕老师辅导的吴尧尧同学在区艺术节现场绘画比赛中荣获二等奖,应佳颖老师和张页妮老师辅导的绘画作品在2019年禁毒宣传海报比赛中获二等奖。教研组的社团活动在六一会演中都有展示。张洁老师的英语剧《丑小鸭》,蒋秦明老师的花式篮球,王焕君老师的啦啦操表演都受到了孩子们的欢迎。

3. 重视艺术素养培训,提高教师修养

艺术教师坚持参加各类艺术培训。除了平时的校区级教研活动外,丁信小学王焕君老师和祝迎燕老师积极参加区90课时课程培训,不断提升自己的专业能力。教研组三位老师还承担了校2018届新教师信息技术能力的培训工作:张页妮老师培训微课制作,李润华老师培训电子白板,应佳颖老师培训全景课堂。其中池昌松校长、应佳颖老师和李润华老师在2018届新教师信息技术能力比赛中担任评委,助力新教师的信息技术能力提升。

4. 科信组着眼常规落实,精准深入研究教学

科学信息组结合各级赛课、展示课、集团师徒结对、教学点对点的活动,分管主任和备课组长将适时适量地听推门课、教研课、展示课等,并提出一些建议,一段时间后进行后续听课,促进科信组教师的教学行为及理念的改进,同学科同年级老师进行相互式的学问课堂诊断听课。与采荷一小教育集团的师徒结对,大大加快了我们年轻教师进步的速度。教研组常规检查行之有效,每学期严格按照每月"一查、一反馈"的要求进行,各组组长和师傅进行把关,达到求同存异,各具特色,最终服务教学的目标。加强社团教师培训,提升"普及"核心水平。教研组今后力争多开展一些更有意义、更有实效性的活动,发挥教研组的真正作用,提高综合学科质量,提高教师的业务水平,为集团整体发展贡献一份力量。

四、特色研训:教研组建设的升华

集团除了常规教研和分层分类活动,为促进教师的专业成长打好基石外,还与江干区教育发展研究院联手积极打造"特色教研活动",积极实施新课改,坚持质量立校,辐射全区教师,鼓励教师积极参与教育教学研究和教育教学改革,有效促进业务水平和教学技能,培养与造就一批能反思、有创

新能力和有较高水平的骨干教师，不断提高集团教育教学质量。结合集团特色课程实际，近年来开办了"小学古诗组读促教学能力提升培训""书写创作和鉴赏"特色教研活动，受到了广大一线教师的喜爱和欢迎。

（一）古诗组读的研训活动

古诗组读项目负责人王红校长，具有丰富的教育管理与校本教师专业发展培训经验，在教育理论、语文课堂、教学设计等方面都有深入研究。承办本项目的业务支持是江干区教育发展研究院，它是集教学研究、教师培养、教育科研、教育评估、课程资源等职能于一体的综合性教育业务单位。采荷一小教育集团拥有一支专业基础厚实、团队协作、创新进取的优秀教师队伍，有特级教师3人、区名师5人和大批优秀骨干教师，每年承办大量的各级各类教师培训项目，积累了丰厚的培训资源，在培训组织上有着丰富的办学经验，再加上学校培训设备齐全，会议室容纳空间较大，有着得天独厚的特色研训优势。本项目组秉承"研究·指导·服务"的职能定位，追求"求真·融和·创新"的研训品质，为杭州区域内外小学语文教师的专业发展提供优质、专业的培训服务。近年来，采荷一小教育集团先后被评为浙江省教研工作先进集体、浙江省教科研先进单位、浙江省"十二五"师干训工作先进集体。

1. 立足课堂，明确培训核心目标

这次培训目标主要是梳理现行教材中的古诗内容，形成具有学段特点的教学策略。通过课堂实践，开发各具特色的比较式古诗组合教学案例，帮助学生建构起古诗组合对比阅读举一反三的基本方式。本项目以专家讲座、课堂教学观摩和自我实践的方式提高教师古诗文组读教学的能力。围绕培训目标设计了"理论学习、教学实践、案例反思"三个模块。通过自主学习、专家授课和课堂教学实践，展开案例式、讨论式、体验式的教学反思，切实提升小学语文教师的古诗文教学专业能力。

2. 多样组合，把脉组诗教学重点

首先，探寻多样化的组合样态。教材中的古诗文大多以单元整组方式呈现，第五、六、七册以两首古诗文组合为主要形式，第八、九、十册以古诗文加宋词为主要形式，第十一、十二册以整组方式综合性学习和古诗文词背诵方式呈现。基于这样的教材编排,尝试探寻"古诗文+古诗文""古诗文+宋词""古诗文+儿童诗""宋词+儿童诗""课内古诗文+课外古诗文"等多种组合方式。其次,存在的突出问题。如何精选组诗的比较点,异中求同,同中探异,分别找到各要素之间的内在关系,师生一起探讨古诗所传承的文化意脉。最后,如何来解决这些问题。在比较中研究诗人是如何利用语言表情达意的,如何遣词造句、布局谋篇的,也就是"言意兼得"的学习,在两首诗之间建立紧密联系,逐步形成古诗文组合由整体到细节,由意象到情感的比较,促进学生对知识的主动探索、主动发现和主动建构,能够最大限度地开发学生潜能,培养主动探究的精神。

3. 形式多样,锤炼组诗教学能力

本次培训活动采取专家讲座、听课、上课、评课多样形式,提高教师研课、磨课的能力,古诗组读促教学能力提升培训有序进行。4月和5月分别在采荷一小采荷校区和钱江苑校区合班教室开展了以"落实四为理念,传承文化经典,提升教学能力"为主题的教研活动,参与活动的有江干区小学古诗文组读促教学能力提升培训班学员、王红网络名师工作室成员及采荷一小语文教师。采荷一小以年级组团队为共同体多层次、立体型的研修模式,整体提升了团队思考力和教学艺术,更是给培训班成员留下了深刻的印象。

本次研讨活动根据学校的实际情况,以教学研讨活动为基础,积极围绕课堂教学开展活动,由专家郭梅、汪潮、王红、赵远利、徐素梅、方卫成组成团队,让这次培训力度更大,还有导师与学员共同设计了《乡村四月》《四时田园杂兴》《晓出净慈寺送林子方》《渔歌子》等课(见表5-3)。这些活动的开展不仅真正实现了工作室成员的带动辐射作用,更有效地实现了培训资源的共享,同时进行了对课堂教学的有益实践与探讨,显示了名师指导的实效性和针对性。另外,线上活动也同时进行,学员们将自己的教学设计、学习思考、课堂反思上传名师网站供大家参考。教师可以随时、任意到网站点击课堂观摩课,学习名师课堂的精妙之处,很大程度地提高了青年教师驾驭课堂的能力。

表5-3　古诗组读培训安排

时间	执教者	课题	讲座与点评	地点
4月3日	郭　梅	走进诗词曲赋	郭教授专题讲座	钱江苑校区
4月17日	夏丽慧	《乡村四月》《四时田园杂兴》	赵远利专题讲座	钱江苑校区
4月24日	方卫成	《晓出净慈寺送林子方》	徐素梅专题讲座	钱江苑校区
5月8日	汪　潮	文言文教学探究	汪潮教授专题讲座	采荷校区
5月15日	骆燕英	《渔歌子》	赵远利专题讲座	采荷校区
5月22日	王红	元日、清明	王红专题讲座	采荷校区

4. 严格要求，提高教学研究效率

基于本次古诗组读培训，严格要求学员，通过培训达到结业标准：学员必须修满规定学分，一般不准请假。如确有特殊情况需要请假的，将按8学分/天的标准在省培管理平台中扣除相应学分；缺课时间超过1/5的，或未按要求递交前述各项作业的，或在参训期间发生严重违规违纪行为的，成绩均判为不合格、不予结业、不记学分。培训结束前及时递交前述各项规定作业，经考核通过，准予结业，成绩认定为合格。参训学员在参训期间表现积极、无缺勤、主动服务班级事务、高质量完成各项作业的，可获得"优秀学员"的评比资格，名额控制在班级实到人数的1/4。

（二）书法赏析的研训活动

书法鉴赏与书写能力提升培训项目负责人邵斌老师，江干区名师，首批精锐教师，具有丰富的一线教学经验、课堂研究能力。采荷第一小学教育集团有设施齐全、环境优雅的专用书法教室。采荷一小也是浙江省书法家协会、浙江省书法教育研究会的优秀基地学校。著名书法家骆恒光教授是学校的艺术教育顾问，邵斌名师工作室的骨干教师李培顺、郑大仕、茆奇文等都是书法专业研究生毕业，具有良好的专业素质与教育教学水平。优质的学校教学硬件与良好的师资为研训活动的有效开展提供了坚实的保障。邵斌老师的精心组织、班主任李培顺老师认真负责的管理、各位主讲老师的精彩讲座与悉心指导、学员的认真学习，使培训活动取得圆满成功。

1. 提升素养,明确培训核心目标

这次培训目标主要是提升教师的书法修养,提高书法审美与实践书写水平。参加此项研训的教师学员虽然只有40人,却有来自中学、小学、青少年活动中心、社区学院的语文、数学、英语、科学、音乐、美术、书法等各学科教师。针对这样的培训目标人群,拟定了两个需要解决的核心问题:一是对书法鉴赏能力的培养;二是对常用书体书写技能的合理训练。确定通过讲座与专业训练的途径来解决问题,并设置了书法鉴赏、技法训练、交流展示三大模块。特别值得一提的是,开篇骆恒光教授的讲座《教师书法修养》。骆教授结合语文、音乐、美术、科学等学科深入浅出地阐述了书法艺术与各学科的关联,艺术与人格修养之间的关系。骆教授说:"不管从事什么职业,学习书法都会有很多好处。古人所谓玄学,哲学是为玄学,书法也是玄学。书法是能使人聪明的学问,其中有很多辩证法,对客观的思辨、哲学的思考。一切存在都是相对的,幸福与悲惨也是相对的,好坏都是通过对比。字也不是大小一致,需要大小高矮正斜。"

2. 理论实践,合理安排培训内容

理论与实践相结合才能有效达成培训目标。此培训项目共计24学分,其中,理论类课程学分为12分,实践类课程学分为12分,理论与实践各占比50%。具体而言:一是通过专题讲座,明确教师应具备的书法修养,梳理书法史中的经典作品,进行审美解读。二是通过技法训练,掌握楷书、隶书基本书写技法。三是通过交流展示,开阔书法认识的眼界,提高书写创作的实践能力(见表5-4)。

表5-4　书法培训安排

培训模块	课程名称	基础学分	培训者	培训形式	理论/实践
书法鉴赏	教师书法修养	4	骆恒光	专题讲座	理论
	古代碑帖鉴赏	4	茆奇文	专题讲座	理论
	楷书理论	4	邵斌	专题讲座	理论
技法训练	楷书训练	4	邵斌	技法训练	实践
	隶书技法	4	李培顺	技法训练	实践
交流展示	书法创作与展示	4	郑大仕	互动研讨	实践

3. 有的放矢，切实提高研训效果

书法学习不仅需要细水长流，也需要集中时段的强化训练，所以此次培训的时间安排上是分成三次，每次一天连续八个课时的强度。学员对书法的认知不全面，对书法的鉴赏能力缺乏，普遍书写不得要领。通过一定强度的学习，通过教师的理论讲解与实践指导，学员基本达到了本培训项目的学习目标：知道书法发展与文字演变中的关联和异同，对各种书体的审美有一定的把握，掌握了基本的楷书、隶书的书写技能，有效提升了书写水平与鉴赏能力。采荷一小邵斌与李培顺两位老师利用自己的专业特长，分别在楷书和隶书的理论与技法上对学员做了细致的指导，解决了学员书法学习中的诸多困惑。茆奇文、郑大仕两位区内书法骨干教师分享了自己丰厚的碑帖收藏与创作、教学研究成果，开阔了大家的眼界，大大提升了学员书法审美修养。

4. 共同成长，学员感悟收获良多

参加培训的教师学员中水平参差不齐、差距较大，在此次学习过程中，不同程度的学员都在原有基础上取得了可喜的进步。通过展示交流，体会良多。李培顺老师说："作为双重身份，我参加了区书法鉴赏与书写能力培训班，此次培训收获很大，再次提高了自己的鉴赏水平和对书写的理解，进一步增强了对书法教育浓厚的兴趣和无比的热爱。"江干区青少年活动中心李琇芝老师说："作为参加培训的学员，深知培训意义和此次书法学习的重要性。使我深深地感受到它不仅仅是一次对专业知识的学习，更重要的是传递着一种责任，那就是传承祖国书法传统文化的责任。"社区学院吴国伟老师说："培训让我明白了很多道理，更新了理念，我会尽我所能把我学到的东西推广开来，更会铭记专家们的话，技道并进，提升自己的人品和书品。"

书法是一门创造美的艺术，通过此次培训，大家在书法观念和书法技法上都得到了不同程度的提高，这次培训给大家提供了一起交流、一起探讨、一起进步的机会。

第六章

共生：文化互融新范式的设计与运作

学校文化是一所学校的核心理念在较长时期的成长、发展过程中的积累、沉淀和提炼，是一所学校不同于其他学校的特色所在。对一个松散型的教育集团而言，文化建设显得尤为重要。因此，采荷一小教育集团构建了文化互融新范式，在集团两校文化背景、文脉传承的基础上，确定文化互融的共生点，依托文化互融遵循原则，抓住思想源头、倡导集团精神、挖掘文化内涵，建立了文化互融举措，通过人人参与、人人介绍，借力五年规划，让集团互融文化深入人心。

同时，松散型教育集团又彰显两校的个性文化，校园环境的布置、学校精神的倡导、校园空间的开放、文化识别系统的建设等，使两校在各自的文化上做到"你中有我，我中有你"，从而形成和而不同的集团文化格局。

集团还将文化互融的重心体现在教师团队精神的打造中，培养团队意识，运用群体创优的手段，形成团队精神建设的方式方法，同时搭建教师交流的平台，将两校的文化互融、共享，将一个松散型集团的两所不同区域、不同特色、不同法人、不同教师层次的学校，打造成形散神聚的既相互融合又互助共生的教育集团。

第一节 互融：集团文化的共建

集团文化主要是指隐性的观念文化和显性的环境文化。观念文化是指渗透在集团环境中的办学思想、培养目标、校风、教风、学风，以及在集团时空中人们在活动中形成的制度及非制度的文化价值观念等。显性的集团环境文化是指具有特定文化气氛，它包括校园建筑设计、景观、绿化美化等这种物化形态的内容。健康的集团文化，可以陶冶学生情操、启迪学生心智，促进学生的全面发展。

一、集团文化互融的基础

采荷一小教育集团作为一个松散型教育集团，所属的各个学校（校区）都有其自身的文化形态，无论是显性的校园建筑、景观、绿化等，还是隐性的教育观念、办学思想、校风、教风、学风等。而这一切都会影响到集团共同文化的形成。因此，在集团文化共建的过程中，首先就需要清晰地看到原来各个学校的文化状态。

（一）采荷一小文化背景

采荷一小地处杭州城东，最初的采荷校区为江干区采荷街道配套附属学校，其周边具有丰富的"荷文化"资源。

采荷街道以"采荷"命名，其下属社区名称均与荷花相关，分别有双菱、洁莲、芙蓉、玉荷、青荷、紫藕等社区，且有全国闻名的"采荷公园"，公园里荷池幽幽、荷叶连连。每年的6、7月份都呈现出一派"接天莲叶无穷碧，映日荷花别样红"的壮观风采。因此，学校开发"荷文化"教育功能具有得天独厚的教育资源。另外，学校又处于全国著名的赏荷风景区西湖"曲苑风荷"的相邻之地,地理位置上占据着"近水楼台先得月"的资源优势。

从1987年建校开始就提出了"以美立校,以美促教,以美怡德"的美育化办学思想,开展了一系列的课题研究,由浙江教育出版社出版了《小学教学过程的美育化设计与实施研究》。从2004年开始,学校在认真分析前期美育化办学实际的基础上,努力尝试寻求和探索有形的美育化育人载体,"'荷文化'育人功能的开发和研究"系列课题应运而生。在研究过程中,我们逐步提炼出了"正直、自信、灵动"的校园精神,精心开辟了"五美"实施路径:让美充盈校园,形成荷风溢彩的校园文化格局;让美浸润课堂,提炼荷韵灵动的课堂教学方法;让美流淌心田,设置荷品怡情的德育项目活动;让美智慧思想,完善荷和相生的射线管理模式;让美发展特色,打造荷趣盎然的4D校本课程体系,培养"德美、智美、慧美、谐美、健美"的欣荷美少年。这一系列洋溢荷文化特质,彰显美育价值的办学实践,都成为未来发展坚实的基础。

(二)丁信小学文化背景

丁信小学所处的江干区丁兰街道,是全省首批特色小镇、国家级生态镇,作为未来几年城市化进程最为快速的区域之一,"丁兰速度"将全面推动其"全域城市化""全域智慧化""全域景区化"的加速发展并可能成为领跑者,这对社会发展的各领域所提出的要求将不断提高。对教育而言,不仅有全面推进区域教育均衡化的要求,更有提升区域教育品质现实需求。学校充分考虑到如何立足于区域教育改革与发展的大背景之下,理性思考和设计,整体提升学校教育质量和办学品位,成为服务于当地社会发展的优质教育资源。学校沿袭丁兰区块各校以"花名喻校"的传统,以"风信子"取名,寓意"焕发生命热情,共享幸福人生"。

自2015年8月创建以来,学校全面贯彻党的教育方针,坚持育人为本、德育为先,以科学发展观为指导,牢固确立"面向全体学生,促进学生全面发展"的办学宗旨,精心谋划发展蓝图,既"仰望星空",又"脚踏实地",以依法治校的理念为引领,以立德树人为根本,以改革创新为动力,按照"三个致力于"要求,聚焦学校的内涵发展,探索智慧教育,推进教育改革,完善治理体系,全力打造"活力校园·幸福教育",挖掘以"点燃生命之火"为内核的风信子花语寓意,坚持"呵护童心,欢享童年"办学理念,致力于"呵护有梦想的童心,欢享有故事的童年",创造性地提出"童·真"校园文化。

(三)集团"文脉"的相承与发展

古韵今风相辉映,文脉相承育新人。校园是学校精神、学术和文化的载体,是培养高素质创造性人才的重要基地。校园环境、校园文化和校园氛围的水平,直接关系到人才培养的质量,关系到学校战略目标的实现。一所学校在其办学发展的历程中都会积淀丰富的文化底蕴,这是一笔重要的精神财富。

文脉(context)一词最早源于语言学范畴,从狭义上解释,即"一种文化的脉络"。所谓"学校文脉",是学校文化发源、嬗变、延续的脉络,是学校发展历程中一脉相承的文化传统,承载着学校的办学思想、教育理念、群体的行为方式、精神品质和价值取向等。在采荷一小的办学历史进程中,通过名校带新校这样一种发展、壮大的模式,特别需要将学校最具核心竞争力的文化基因,凝结成自己的文化脉络,赋予集团每一所学校别具一格的文化气质,这正是教育者应该思考、实践的办学态度与行为。

(四)集团文化的相融与共生

在运行初期,集团率先提出了"亲如母子、情同手足"的合作理念,"你中有我,我中有你",采荷一小的优质资源和管理经验辐射到丁信小学,逐渐实现从"相加"到"相融"。

学校文化是学校本土特色的体现,不同的学校成长于不同的环境之中,学校的精神、价值观、行为等文化特征也会有所不同,并产生不同的行为规范以及思维方式和行为方式。采荷一小的学生在"荷文化"的浸润下表现出"正直、自信、灵动"之气质,而丁信小学的学生则以"大童文化""童真、童趣"的形象出现。这是因为一个人在一所学校浸润了若干年后,会留下深深的文化印记。但是,学校在构建本土特色文化的过程中,应该始终重视提炼和汲取集团办学传统中的优秀精神财富,在此基础上构建既保持每一所学校各自优秀的传统,又适合当代社会特质的集团文化体系,为学校的未来构筑共同的愿景。

集团化办学不是复制另一个自己,而是教育的协同发展,是学校与学校之间紧密联结、共栖、共存的共生状态。在集团化办学体系中,核心学校是一个优质资源孵化地,新办学校既要注入核心学校的优质基因,又绝不丢掉原本定位和特色,共生、共赢、共长是集团化办学的核心主题。把好集团的文脉,深厚办学的积淀,明晰办学的策略,更好地以文化人,以文化聚人。让相融相生的集团文化流淌在每一位师生的血脉里。

二、集团文化互融的共同指向

"集团的一半是文化",它不仅体现在物质文化、制度文化等方面,更体现在精神文化方面。物质文化反映了集团建设的外在美观程度,制度文化体现了集团管理的优质化,而精神文化则成为集团的"主心骨",体现了集团发展的价值和实质,也就是我们平常从管理学角度所讲的"环境反映文化""制度决定成败""学校精神创造持久生产力"。可见,促进集团内涵发展的关键在于抓好文化建设,在于铸造集团的"精神和灵魂",这样的教育集团才是创办优质教育的窗口,才能结合本校的实际发展状况。

(一)集团文化互融遵循的原则

集团文化互融需有共同遵循的原则,具体体现在以下几个方面。

第一,坚持理念和实践结合原则。任何一所学校都有自己的教育价值观,把学校办成什么样,是每个校长心中的客观存在和客观追求,关键在于要确立积极的、可以实现并成为全校师生共同认可和追求的奋斗目标。校长必须不断更新观念,确立发展思路,不断完善新范式,构建管理体系,不断修正目标,创造新的特色,准确解读本校发展的历史,挖掘学校沿革与发展中的文化脉络,分析和反思学校当前的价值取向与办人民满意的教育的具体差距,依据学校自身的客观条件、历史传统、办学理念、学校活动等提炼和构建学校稳定的核心价值理念,这是学校的灵魂,是统领全校师生员工的精神动力,是落实学校培养什么样的人和怎样培养人的根本问题,是学校各种环境文化和行为文化的根源与本质。应遵循人的成长规律和教育规律,坚持使用符合实际的、具有可解释性及可操作性的、自己能够驾驭的教育理念办学。并且把这种核心价值理念始终贯穿于教育教学之中,在实践中科学论证,在深入研讨的基础上不断完善,使学校文化成为师生共同认可的先进文化。

第二，坚持共性和个性结合原则。学校文化代表的是学校的核心价值取向，这就是我们学校的共性，是社会接受学校的一个基础。长期的计划经济体制和传统的领导方式导致一些学校的"同质化"倾向，缺乏自己的办学个性。实际上，执行党的教育方针和实施素质教育是共性的，但每所学校的办学思想、发展愿景、生源水平、办学条件，特别是教师队伍，是明显不同的。只有承认差异，才能从学校自身的实际出发，准确定位，实现个性化办学。在追求教育均衡发展的过程中，学校办学水平与教师水平在逐步缩小的条件下，学校应着力研究在遵守社会道德规范、法律法规，服从国家需要的前提下，进行丰富的、深刻的、富有个性化的建设。

第三，坚持继承和创新结合原则。继承是创新的前提，创新是继承的延续。我们不应为了继承而继承，继承也不应该是墨守成规，而应该以发展的眼光自觉改革传统的不适之处，面向未来，鼓励探索，给后辈开拓出更为广阔的创新的空间。教师是学校文化建设的主体，更是学校文化的直接传播者，他们通过课程与活动实现文化的传承和创新。因此需要增强教师对学校文化建设的紧迫感、使命感和对本校文化特色的自豪感，应积极发挥他们各自的能力和特长，壮大本校的文化，使之成为学校文化的主动建构者。学生是学校教育的主体，既是学校文化的参与者、体现者，又是学校文化的建设者、创造者。离开了学生，学校文化就失去了继承性，不再具有生命力。学校文化建设的成效，不仅要看对学生的影响程度，还要看学生参与建设的程度。学校领导和教师要通过各种途径激发学生参与的热情与创造潜能，使学生在更多的感动和感悟中，在巨大的感染和启发中，形成弘扬学校文化的自觉性。学校文化建设应当是在学校全体成员与历史的对话中实现超越的过程。

第四，坚持人本和民主统一原则。以人为本，简言之就是要把人民的利益作为一切工作的出发点和落脚点，把人民群众作为推动历史前进的主体，不断满足人的多方面需要和实现人的全面发展。实际上，以人为本的内涵十分丰富。在学校坚持以人为本的学校文化，就是要把教职工和学生的利益作为一切工作的出发点与落脚点，要把教师和学生作为建设学校文化的主体，不断地满足教师和学生多方面的需要与实现学生全面发展的需要。

学校文化建设以人为本的原则，就是要在力所能及而又竭尽全力的条件下，遵循学生成长、发展的规律，遵循教师教与学生学的规律，以教师和学生的利益为根本出发点，以教师和学生为中心，考虑、设计、安排学校的文化建设。学校文化建设时时、处处、事事都在影响着教师和学生，时时、处处、事事都应当为教师和学生着想，使他们愿意接受、乐意接受、最终变为自觉接受学校文化对他们的行为和思想的引导与影响，自觉地受到教育，从而有效地培养他们正确的人生观、世界观和价值观，为学生的全面发展提供极为有利的氛围。

　　在这个过程中，学校做出与学校成员密切相关的决策时，管理者、教师、学生具有平等的地位，都应参与决策过程，并且根据少数服从多数的原则进行决策。这样就会引导学校全体成员朝着共同的方向努力，互相帮助、互相促进，把分散的力量凝聚成达成目标的合力，形成"1+1>2"的效应。

　　第五，坚持实践和发展结合原则。学校文化建设要满足学生发展的需要。目前学生普遍最需要自主学习、动手操作、情感体验以及获得成功。这四个方面既是学校文化建设的核心，又最容易成为学校文化的薄弱环节。学生对自主的需求，对动手操作的渴望，是主体意识增强的表现。尊重学生的主体作用，就是摒弃强迫式的学习行为，注重对学生理性精神特别是批判精神和怀疑精神的培养，鼓励学生自由思考、独立探索，引导学生"会思考""会提问""会批判"。学生在情感方面最需要得到他人的关爱，最需要良好的人际关系，他们因得到关爱而产生温暖，因相互团结而倍感喜悦，因受到表扬而富有热情，因体验到被尊重而更加热爱学校。因此，学校文化建设要把以关爱为基础的人际关系作为重要内容。"学会拥抱"就能学会共处，乐于分享。在爱他人、爱集体的基础上，最终形成学生的道德感、理智感、美感。

　　但是，学校文化建设是一个动态过程，通过反复积淀、升华，呈现出特有的生命力。在挖掘学校历史底蕴、把握学校办学理念、融进各种先进文化的基础上，明确文化主题，关注群体价值观。坚持改革与创新，持之以恒地加强管理，扎扎实实地提高效益。我们要克服传统学校文化建设的"物化"倾向，重点提升深层次的精神文化，始终把人的发展摆在第一位，才是成功的保证。

第六，坚持有序推进和开拓进取的原则。学校文化是一个比较复杂的系统工程，不是一朝一夕可以建成的，学校文化建设的内容广泛，硬件可以一时建成，而保持整洁则是每天必做的事。制度文化需要不断完善，行为文化需要不断养成。况且学生是流动的——新生不断补充，精神文化的建设需要多人多年的努力，并且有传承的任务。要将文件的东西、理想的东西转变为现实、转变为现实的行动、转变为多数师生自觉遵守的制度，需要长期的培养和有效的引导、影响与教导。

在有序推进的过程中，必须有开拓进取的精神文化来支撑。开拓进取的文化源于学校成员的自我超越意愿。具有自我超越意愿的成员会每时每刻关注自身的发展。当全校成员都在不断自我超越时，开拓进取的文化才真正形成，而这种文化一旦形成，又能反过来激励学校成员不懈地努力，并且同化新成员，从而形成一种增强环路，形成良性循环。在这个过程中，要充分发挥成员的主人翁意识。主人翁意识就是把学校当作"我的学校"的意识，就是爱校，关心学校决策，参与学校管理的意识。若校长认为学校不属于我，迟早有人来接班；教师认为我只是打工的，随时可以走；学生认为我只是来学习的，学校管理是老师的事，那么学校文化中缺的正是主人翁意识。

（二）集团文化互融的内涵阐述

为促进集团的内涵发展，两校因地制宜，因校而论，充分讨论，开展运作，颇具成效。苏霍姆林斯基说过："学校的领导首先是教育思想的领导。"作为一个松散型的教育集团，要树立自身的品牌，必然要求具有科学的办学理念。抓准教育思想源头，挖掘互融内涵。

两校注重学校内涵的发展，从本校的实际出发通过教职工大会，全体师生共同提炼学校的办学思想，形成"人本化、前瞻性"的办学理念，并发展成师生共同的愿景。

采荷一小以"荷"为介，充分挖掘深刻的"荷文化"内涵。荷从最初作为经济作物到富含文化象征，经历了漫长的历史过程。历代植荷、艺荷的不断探索，文人墨客对荷的吟咏、赞叹，深化了人们对荷的审美体验，使荷不仅作为重要的经济作物为人们所重视、喜爱，也使荷拥有了内涵丰富的文化象征。

由于"荷"与"和""合"谐音,"莲"与"联""连"谐音,中华传统文化中,经常以荷花(莲花)作为和平、和谐、合作、合力、团结、联合等的象征;以荷花的高洁象征和平事业、和谐世界的高洁。因此,从某种意义上说,赏荷也是对中华"和"文化的一种弘扬。荷花品种丰富多彩,"荷(和)而不同",共同组成了高洁的荷花世界。"荷文化"价值观的核心为"和",其内涵包括合作、合力;尊重、理解;包容、赏识;等等,并体现了众人为一个共同的目标相互支持、合力奋斗的过程。

丁信小学以迎春报俏、激情多彩的"风信子"为校花,从而精心培育风信子校园文化,其文化内核是生命教育,学校以"呵护童心,欢享童年"为办学共同愿景,以"以童为先,以真为大"为办学的价值取向,立足于尊重教育个人的差异性,着力于为"风信娃"们打造童真多彩的筑梦空间,最终指向"培养好学生、好公民"的育人目标。

丁信小学还确定了"风信子"的伙伴花果。每季选一种,每种花果蕴含着一种特质,将四种植物种植于校园各处,被喻为"丁信四时"。夏天有向日葵、秋天有金柚、冬天有蜡梅,再加上春天的风信子,应了一句诗"春迎风信夏逢葵,秋收金柚冬赏梅"。

1.合作与合力

任何一个优秀的团队一定要拥有良好的合作环境,团队能给予每个成员不断的鼓励,能激发成员潜在的才能和技巧。教师不仅仅是为了个人的工作实绩而努力,同时他们在工作中的每一次付出都能从集体利益和共同目标出发。只有在这样的核心价值观的引领下,所有教师之间相互分享信息和资源,积极合作,取长补短,才能形成最大的合力。

2.尊重与理解

"荷文化"价值观倡导尊重领导,尊重同事,尊重下属。学校重视教师的培养,关注教师的发展,尽可能地为教师的成长和发展提供有利的条件与平台,教师在工作中才能得到应有的尊重和认同感。这样的学校是平安、积极、健康、整洁的,也是公平的、公正的,它能使教师每天怀着愉悦的心情工作。同时尊重和理解为学校创设了良好的工作氛围,因此教师的工作积极性和主动性也得到了充分的调动。

3.包容和赏识

"荷文化"有"和而不同"的寓意。在学校中，每一位教师都有自己的优势和不足，有自己的风格和个性。学校充分理解、尊重教师的差异性，应给教师安排合适的工作任务，让其扬长避短，充分展现才能。这就要求学校领导能够独具慧眼，扮演好伯乐的角色。教师都是独特的个体，正因为他们的不同和他们充分发挥出来的潜能，才让学校方方面面的工作都得到持续的发展。学校给予员工的未来发展和成长以足够的空间与希望，也让教师感受到工作的成就感，感受到自身存在的价值，这也是提高教师幸福感的重要元素。

4.清廉和正直

荷花出淤泥而不染，濯清涟而不妖。这一特性给人以洁身自爱、修身养性、为官正直等启示，古人常用莲花喻人之品性高洁。荷的这一品性可以涵养教师和学生高洁、清廉、正直的傲骨品质。作为教师，要安于乐教，甘于奉献，不能为社会上的金钱诱惑所动，要有良好的师风和教风，要有强烈的工作责任心和爱校如家的主人翁思想与团队意识，要教好每一个学生，上好每一节课，管理好每一个班级；作为学生，要学做堂堂正正的人，学做清清白白的人，崇尚清廉的、有正气的、有气节的、洁身自爱的人，努力成长为社会主义现代化建设的劳动者和接班人。

5.勤劳和坚强

荷花艳而不俗，迎骄阳而不惧。荷花盛开期为7月上旬至8月上旬，正值酷暑。丰稷《荷花》篇"人心正畏暑，水面独摇风"就是对荷不畏酷暑、开于骄阳之下的赞美，也可以寓意师生不畏困难、不怕艰险，勤劳、勇敢、坚强的品质。教育事业注定是艰辛的，教师在从教过程中只有不畏艰难、勤劳肯干、求真务实和勇于创新，才能胜任此项工作，并真正实现教育和教师的价值；而学习也一样，勇敢地面对挑战，并常怀"乘风破浪会有时，直挂云帆济沧海"的自信和执着，才能克服求学之路上所遇到的困难和坎坷。

6.自爱和自强

荷香沁人心脾，幽远而绵长。许多文人对荷香有揭示："香随出岸风"

"向晚风飘满郡馨""月落波寒浸香雾"等诗句揭示了荷香远溢清,所以,李白赞叹:"秀色空绝世,馨香为谁传。"荷的这一品性反映了只有自爱、自尊、自强、自立,才能赢得别人的尊重,才能达到"香远溢清""无花叶自香"的境界。

以荷育人、以荷塑人,使学校真正实现"接天莲叶无穷碧,映日荷花别样红"的美好愿景,确立采一教育集团的学子人人具备"正直、自信、灵动"的校园精神是集团努力奋斗的目标。

(三)宣传倡导集团精神,激励共生信念

通过多种形式、多方渠道积极宣传倡导集团精神,以此激励师生努力进取。从学校的办学传统和现实教育资源中提取有特点的基因,使之升华为两校共识的价值标准,让学校优良的教育传统和校风、教风、学风,引导学校、教师、学生的良性发展。

文化互融体现在教育理念是"以荷怡德,影响一生",即学校教育不能仅仅看重目前的知识教育,更重要的是要关注孩子的德育教育;关注的不仅仅是孩子的今天,更多的是孩子的明天、后天乃至一辈子。"对孩子一生负责",是学校以积极的教育方式和德育指导对孩子及其家庭的未来产生积极的影响,以博爱之心、赤诚之情给孩子以健康、智慧、梦想、刚毅、真诚……"对孩子一生负责",其实就是教书且育人,对整个国家和民族负责。引导教师以善的心态、眼神期待学生成长,不放弃每一个学生,关注孩子一生的发展;引导学生向善,丰富学生的心灵世界,将"正直、自信、灵动"作为学校精神予以传承,为每一个师生的生命打下底色,积极探索生命的意义。

文化互融体现在教育目标是"多元智能,和而不同",这是从教育管理学层面实施的学校主题文化,体现了"师生全面发展"的思想。荷花种类繁多,却有众所周知的共同点,即清雅、高贵。在我国古代,道德高尚的人被称为君子,君子所具备的重要特点便是"和而不同"。大教育家孔子有言:"君子和而不同,小人同而不和。"和,强调差异,差异是和谐的先决条件。同,则是等同,抹杀差异。而作为受教育者的学生是存在千差万别的生命个体,正如种类繁多的荷花。因此,对于孩子的教育,重视个体差异,注重"和而不同",让孩子们人人有喜好,个个有特长,以达到"乐学、善思、健体、厚德"的学生培养目标。

文化互融体现在教育追求的是"人际共和，滋养心灵"。人文情致的营造，历史文化的积淀，不仅有外在的物化形式，也有无形的文化内涵。而教师和学生正是这种文化内涵的核心凝聚力。我们追求的师生健康，不仅指身体健康，更重要的是注重心理健康。学生只有在教师"真爱"的陶冶下，才能更积极地参与到学习中；同时，教师在学生"真爱"的围绕下，才能更全心地投入工作中。师师、师生、生生之间的关系是民主而平等的，不存在上与下、尊与卑的不平等关系，承认并尊重每个个体的差异与独特个性。在和谐的人文氛围中，处处都有人文关怀，我们以一种超越功利的思想对教育与生活进行合理的定位，在教育教学中注重培养学生独立思考、批判思考、创造性才能，唤起学生对学习与生活的兴趣和热情，把培养学生独立、健全的人格放在首位。

（四）美润童年：集团文化的内涵解读

"向美而生　与美同行"，采荷一小一直坚持美育办学理念，几十年如一日。如今看来，该理念也有很强的先进性和科学性。

"兴于诗，立于礼，成于乐"，中华民族自古以来重视美育对人和社会发展的重要意义。进入新时代，习近平同志从培养德智体美劳全面发展的社会主义建设者和接班人的高度，明确提出要全面加强和改进学校美育，让祖国青年一代身心都健康成长。这既是全面贯彻党的教育方针、落实立德树人根本任务的需要，也是增强理论自信、制度自信、道路自信、文化自信的需要，还是实现教育现代化的需要。这要求我们扎根时代生活，遵循美育特点，弘扬中华美育精神，推动美育工作同步于中华民族伟大复兴的伟大事业。

2015年，国务院办公厅印发的《关于全面加强和改进学校美育工作的意见》中指出，美育是审美教育，也是情操教育和心灵教育，不仅能够提升人的审美素养，还能够潜移默化地影响人的情感、趣味、气质、胸襟，激励人的精神，温润人的心灵，对于立德树人具有独特而重要的作用。在采荷一小的发展历程中，美育一直如影随形，指明方向。它让采一人的生命不断积淀文化内容，于感性展开的同时完成理性规范，成为每一个人自我丰富、自我完善的不竭动力。

随着采荷一小教育集团化办学进入新时代,由紧密型办学模式逐步发展成为既有紧密型又有松散型双轨并行的办学模式,在坚守各校自身办学特色的同时,集团将继续遵循美育特点,弘扬中华美育精神,以美立德,以美树人,以美储善,以美启真,以美养性,以美怡情,以美治言,以美导行,从而提炼出共同的集团文化——美润童年。

"美润童年"是两所学校的文脉延展与交汇而成的共同理念,其内涵凝结着两校文化治校和育人的精髓。"美润童年"坚持以美育为集团文化共建的核心,以美为经纬与纽带,营造一个以童为本、以童为先,呵护童心、守护童年的"大童世界"。"美润童年"作为集团文化建设的目标指向,主要体现以下三个方面内涵:一是铺叙童年生活之美。校园处处有美,时时是美,人人向美,学生在美的校园里幸福成长。二是莹润童年品格之美。以美塑造热情、感恩、坚毅的精神,以美孕育"正直、自信、灵动"的品质。三是渲染童真生命之美。让孩子们在美的引领下,有梦想、有能力、有故事、做真我的自己。让美育守护孩子一生发展,沉淀童年幸福沃土,为丰厚生命底蕴、提升生命品质打下坚实的基础,实现各美其美、美人之美、美美与共的"美润童年"育人目标。

三、集团文化互融的举措

采荷一小和丁信小学——一个松散型集团的两所学校,两所不同区域、不同地方特色、不同法人的学校,如何将它们拧成一股绳,如何既保有原汁原味,又有共同追求,需要我们不断地思考和探究。

(一)人人都是集团文化参与者

1. 指导思想

通过总结前期两校文化互融的工作内容与经验,寻找优势,把脉问题,提升管理干部的反思意识,增强责任意识。

2. 组织架构

成立集团文化互融众筹会,由两校校长、各分管副校长、各部门中层干部以及轮岗干部组成(见图6-1)。

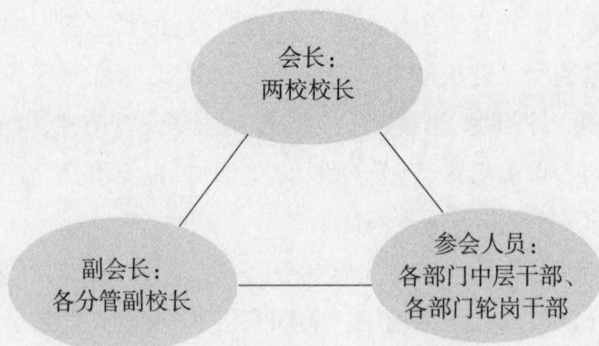

图6-1　文化互融研究制组织架构

从图6-1可以看出，文化互融众筹会会长由两校校长担任，副会长分别是各分管副校长，参会人员是各部门中层干部、各部门轮岗干部。

3. 具体实施

学年第一学期，两校安排半天分别召开干部学习会，即"头脑风暴"，开展学校文化沟通工作。在这次会议中，主要是总结前期文化互融工作内容与经验，寻找优势，把脉问题，同时针对学校现状，为集团下一阶段工作出谋划策。

4. 制度保障

一是日常考勤制度。参加人员按照要求严格执行考勤制度。原则上不请假，需要请假的，须向校长请假。

二是学习计划制度。参加人员在参会前都要认真分析学校现状，并能结合自身负责工作，制定下阶段的工作规划。小组讨论时，积极参与讨论学习，提高自身能力。

（二）人人都是学校文化介绍者

学校文化的渗透与传播离不开校内的每位教师。学校文化是一张网络，而每个人都是这张文化网络上的一个节点，连接着文化的脉络，并不断向外辐射文化波，形成新的连接。

1. 指导思想

通过总结前期两校文化研究的工作内容与经验，学习文化发展先进经验，针对学校发展现状，让教师、学生、家长为集团下一阶段文化互融工作出谋划策，增强主人翁意识。

2. 具体实施

在这次大会中,学校根据文化互融推广需求,每年确定一个主题2~3项内容进行培训学习。采取集体讲座、互动式培训、小组讨论等多种形式相结合。

具体要求参加人员上台或精彩主持、或谈学习感受,交流文化推广的具体设想等。

3. 制度保障

学习培训期间,根据组织安排参加各项活动,不迟到,不早退,不做与学习无关的事。需个体行动的,须报校长室同意方可。

参加人员在学习培训结束回到工作岗位后,要结合本职工作,认真将学到的经验、知识、方法进行运用或创新,推动文化推广工作有效开展。

(三)五年规划共同借力

学校工作要保持动态平衡,不断形成新的稳定有序的良性发展态势,就需要有一个整体发展规划做支撑。采荷一小和丁信小学就共同借力五年办学规划,通过民主测评、提案多种形式,凝聚各方共识、分析诊断学校存在的问题,恰当地设定理想的奋斗目标,寻求可持续发展的生长点,选择适切的操作路径,以实现各种管理要素之间的相互协同,人、财、物等各种资源的最佳配置和最有效地利用,从而使学校管理的各种功能得到充分发挥,并通过系统的、连贯的、有节奏的工作,向着预定的目标推进,直到最终实现。

1. 指导思想

针对学校发展现状,学校中层干部为两校下一个五年规划工作出谋划策,感受先进理念,提高业务素养,提升管理水平、业务能力和团队合作能力,提高管理工作效率,促进干部队伍快速发展。

2. 具体实施

两校统一安排2~3天召开干部大会,分条线、分块状,共同探讨,结合集体讲座、集体探讨、个别发言等形式,要求每一位参会干部谈学习感受,交流所思所感等。最终确立"一个宗旨""一个打造"的总目标。

(1)一个宗旨

以"关注孩子一生的发展"为宗旨,坚持在"荷文化""正直、自信、灵动"的美育精神引领下,将学生培养成集大美(堂堂正正)、壮美(正直、勇敢,有担当、有责任)、柔美(溢满灵气,充满智慧)之大成者,在生活中,面对诸多变化时能从容有原则;面对机遇挑战时能积极善把握;面对困难逆境时能乐观有自信。

(2)一个打造

坚持美育化办学思路,打造品牌学校和欣荷少年。将以"荷"作为文化隐喻的美育化办学特色渗透在学校工作的方方面面,通过全面育人,努力培养具有"正直、自信、灵动"的荷品质的欣荷美少年。

丁信小学以两校文化互融为契机,打造适应于"多法人集团化"办学模式的学校治理结构,将总体目标概括为一个秉承,两种坚持。

①一个秉承

采荷一小秉承"荷文化""正直、自信、灵动"的校园精神。丁信来自采一,采一与丁信的关系是"亲如母子、情同手足"。这种关系不仅在立校之初为新校注入了原动力,更是为丁信今后的发展提供了更多的可能性。能否让新校在新区块被家长认可并赞誉,让采一的品牌效应最大化,能否有效地传承采一的校园精神是关键所在。让采一的校园精神成为新校的基石;让采一"让美浸润校园,让美充盈课堂,让美流淌心田"的"荷文化"办学理念,也成为丁信学生幸福成长的开始。

②两种坚持

一是坚持"面向全体学生,促进学生全面发展"的办学方向,这是普世性的教育价值观,必须坚持。坚持之,新校的路不会走偏;坚持之,新校的品质提升之路才会更通畅。二是坚持"呵护童心,欢享童年"的办学理念,是我们新校最初的梦想,这个办学理念表达了丁信小学有志于打造"以童为先,以真为大"的"大童世界"的教育初心。坚持之,新校追求给每个"风信娃"提供童梦舞台和筑梦空间的校园文化特质的路径就更明晰;坚持之,新校年轻队伍的职业成就的获得感和专业成长的使命感就更强烈。

从两校的办学发展规划不难看出:文化互融,让发展规划凝聚人心,激励干部、师生办学的积极性。有了共同的文化追求、一致的奋斗目标和发展规划,就能够激励并凝聚全校师生,以主人翁的姿态去努力工作,保证学校主体目标的实现。

第二节 彰显：集团文化的个性发展

集团文化是核心理念在较长时期的成长、发展过程中的积累、沉淀和提炼，是一个教育集团不同于其他集团的特色所在。集团文化的打造就是要形成一种凝聚所有成员的核心理念，并将这一核心理念体现在办学目标、育人目标中，辐射到教育教学活动、师生行为和学校管理中，实现"内化于心，外显于形，取效于行，固化于制"。它是经过一代代师生的教学活动积淀而成的精神风貌与行为方式，是集团人文传统和优良风气的根本之源。优秀的集团文化总是以特有的象征符号向人们潜在或公开地传播某种思想规范和价值标准，使全体师生在不知不觉中接受教育。当你走在校园里，就会有一种无形的精神力量在感染、吸引和改变着你。因此，着力打造集团文化，是集团发展到一定阶段的转型产物，是集团丰富发展内涵的需要。

一、集团个性文化分析

作为一个集团，必然要有集团共同的文化，因此我们致力于通过互融，共建集团的共性文化。但同时，作为一个松散型教育集团，其所属的学校又是独立法人，需要有自己的个性文化。正是基于这种认识，我们在努力构建集团文化的同时，又积极鼓励集团内部的各个学校建设自己的个性文化，从而形成和而不同的集团文化格局。

(一)个性文化的内涵

个性文化即学校特色文化，是学校个性的生命所依。学校特色文化是一所学校在长期积累中有意识地探索并加以总结而成的，因而必定符合这所学校的实际情况，如学校历史、学校位置、社区文化、生源等。如果认真摸索和总结,每一所学校都有其独特的文化,就像人与人之间存在个性气质差异一样,正是这种差异构成了学校的个性所在。一所学校有个性才有活力,才能在竞争中求得生存和发展。但是,追求个性并不意味着否定共性,共性作为事物的普遍性、绝对性,是事物的基本特性,学校在发展个性的同时,更要坚定不移地把好共性,使个性与共性互动共生。

如中国的北大和清华,季羡林曾说:"北大像杜甫,清华像李白",也是从文化的角度对两所学校的一种看法。再以两所学校的校训来看,北大是"思想自由,兼容并包";清华是"自强不息,厚德载物"。正是有了立意独到、特色鲜明的学校文化,才使得一所学校能长期保持自己的风格而不至于迷失自我,才使得一所学校长期保持良性发展态势而长盛不衰。

(二)个性文化建设的困惑

教育的本质在于"文化育人",文化育人的关键在于学校的文化建设和文化力的形成。优秀的学校文化蕴藏着一股巨大的隐性教育力量,使师生崇尚美好人性,塑造完美人格,追求幸福人生。

现阶段,采荷一小学校文化特色日益鲜明,逐步提炼出了"正直、自信、灵动"的校园精神,精心开辟了"五美"实施路径:让美充盈校园,让美浸润课堂,让美流淌心田,让美智慧思想,让美发展特色,着力培养"德美、智美、慧美、谐美、健美"欣荷美少年。采荷一小的办学文化历经沉淀与提炼,文化体系更加成熟,文化个性也进一步得到彰显。

同时,教育大环境也带给我们巨大的挑战:教育整体改革迫使教育理念发生转变,后峰会时期给江干教育提出了更高的要求。后峰会时期,作为城市国际化新窗口区域的学校,迫切需要加强内涵发展,树立远大梦想,才能与城市新发展相匹配。教育资源不足限制学校的发展,校区空间狭小限制多元发展,钱江苑校区班级数急剧增加,办学资源严重不足已经遏制了学生和学校的进一步发展;缺少与高校合作的机遇,让集团办学模式只能靠自己摸着石头过河,依托自身的造血功能,缺少系统的理论指导和经验提炼。

丁信小学的地理位置很特殊,位于素有"孝乡"美誉的丁桥,丁兰区块办学,首先必须为"丁",学校的文化内涵应适合"丁兰"文化的整体架构。其次,丁信的文化中又必须以"花"为名,"仙女散花"的典故就是发生在丁兰的皋亭,仙女撒下了各种花,学校以兰花为载体,取名"丁兰";以荷花为核心,名为"丁荷";以蕙兰花为价值取向,称其为"丁蕙"。于是,以风信子为价值追求,"丁信"名称应运而生。学校最初提出"一年站稳脚跟、三年略有口碑、五年小有所成"的目标。以此目标为指引,有序地开展建校工作,初步得到了家长和社会的认可,形成了政府支持、家长依赖、学生喜欢的良好开局。

丁信小学依据教育教学实际的需要在完成基础性建设的起点上突出校园环境适恰化、技术设备智能化、人文景观特色化。面对学校未来两个校区——"童园校区"是低学段校区,"真园校区"是高学段校区的特点,按照"班子一套、目标一致、理念统一、资源融通、优势互补、特色鲜明"的校区管理思路,如何确定两校区的建设风格、场馆布局、课程设置等不同方面的侧重点,使校区管理效能更佳、队伍配置更强、设施作用更大,形成两校区资源最优化的管理模式?如何进行教育空间重组和整合?如何将学校功能区域进行同平面重组,建设学生喜爱的"风信之家"?都将是丁信小学面临的挑战。

采荷一小和丁信小学作为一个集团的两所学校,如何在共同的价值取向,一致的育人目标:立德树人;一致的发展目标:优质均衡发展,让老百姓在家门口就能享受优质的教育资源;一致的奋斗目标:不分你我,合作共赢的基础上,实现集团内两所学校实现既亲如母子、情同手足,又各美其美、美美与共呢?两校又进行深入的思索和探究:一样的制度、内容和形式容易复制,但执行与效果却很难一致。文化内容容易复制,但组织文化、学校精神、制度文化因多种原因,不一定会达到共同期待的效果。在校园文化构建的过程中特别关注本土化的改变和发展性的改变。

二、采荷一小的个性文化建设

采荷一小的个性文化建设是基于各个学校(校区)的实际情况而进行的,从不同的视角,努力打造各个学校(校区)的文化独特性。

(一)校园环境

校园环境的建设上,采荷一小一直致力于"荷文化"的开发。通过青葱雅洁、荷韵悠远的校园绿化，汇集文化元素、个性张扬的校园建筑，全力打造多元个性的浓厚育人环境，关注每个孩子的发展，怡养个性，让他们个性、朝气、全面地成长起来。一系列校园环境的改建都与学校"荷文化"特色主题相呼应，使校园整体呈现出典雅的意境效果，使全体师生于无声处接受荷文化的熏陶，拓展知识的广度，激发了对"荷文化"的激情，增添了"荷文化"新的内涵。

根据三个校区的不同地理特点，采荷校区、双菱校区和钱江苑校区的自然环境、教学环境、文化生活设施、花坛等硬件工程布局科学合理，使教学区、休息区、运动区、生活区相对独立又和谐统一。学校三个校区已经形成了独具个性元素的校园文化。生命的绿色作为校园建筑的主色调，走进采荷校区，迎面而来的是沁人心脾的荷风；双菱校区浓浓的书香让我们沉醉；钱江苑校区笛韵悠悠、棋乐无穷，让我们驻足。这样具有生命情怀的校园文化润泽着每一个师生，同样也孕育了具有"荷文化"和美育特色的生命教育。

软环境上，采荷一小正在加强校园精神形态文化的建设。一所学校的精神文化集中体现了该校独特、鲜明的个性和办学理念，反映着学校的追求和信念。学校在"荷文化"理论的指引下，通过塑造"荷文化"的无形文化气场，推进"正直、自信、灵动"的校园精神，"乐学、善思、健体、厚德"的校风、学风；通过完善各类文化载体（如网络、社团、广播台、电台、报刊），举办丰富的文化活动（学科节、诗情月、科幻月、笛韵月、墨香月等），积极推进争章活动等，创设文雅环境，搭建学生走向成功的平台，让学生真正成为文化的主人。正是在这种文化建设下，学校帮助学生培养了科学的世界观、价值观和人生观，形成全面、和谐、有序的行为规范。

（二）学校精神

有人说："一所学校是一锅老汤，一所好的学校是一锅好的老汤，一锅好的老汤好的味道的形成都有自己独特的发酵过程。"两校在发展中都很注重学校历史文化的传承，不断挖深，开辟出一块"人无我有，人有我强"的个性发展领地，营造出一个源远流长且特色鲜明的学校精神气质。两校在共融的基础上致力于复制和传承一脉相承的校园精神。

未步入校门，便已远远看见采荷一小那一行醒目的大字："关注孩子一生的发展"。这正是采荷一小一贯的办学宗旨——不仅仅关心孩子一时一段的进步,更关注孩子的一生发展。把教育的长度和广度延展到孩子的整个生命历程中,为孩子打造终身受用的理想教育。醒目的文字,时刻提醒着每一位教师关于教育的神圣使命,用心呵护每一个孩子,赋予教育以温情。教育与终生相连,教育与生命相携。这样的理念细致地渗透在校园环境之中。沿着楼梯拾级而上,生命教育的展板赫然在目:人与自然的相生相惜,从一个博大的视角让孩子理解生命,热爱生活,爱护环境。将教育的线轴紧紧地彼此缠绕,教育目标互相渗透,给孩子的心灵以强大的感染力。

校园呈现出清雅、清逸、清朗的意境,其背后的支点则是采荷一小一直坚持的美育化的办学理念,即始终坚持"让美充盈校园,让美智慧思想,让美浸润课堂,让美流淌心田,让美发展特色"。这在整个校园的空间布置上,非常鲜明地得到展现。和谐的色彩、整齐有致的建筑、丰富多彩的文化元素,将校园之美表现得淋漓尽致,真正让美的溪流滋润孩子的心田,让美的力量感染学生的心灵。

在校园最大的景观石上,请西泠印社的书法家题写了孟郊的"谁言寸草心,报得三春晖",让每一个进出校园的人都能看到这句话,其实这就是无言的教材。学校最有特色的生命八景中的一景,即文化石刻——生命教育从感恩开始。其他七景分别是:对弈棋苑——在一攻一守中品味人生的哲理;植物迷宫——在课间游戏时释放生命的活力;生命通道——在驻足观望时感受生命的情怀;欣荷书吧——在潜心阅读中体味人生的精彩;剪纸世界——在刀剪翻飞中展示生命的魅力(目前已经有走进大师、剪纸长廊、小小剪纸博物馆、宋胜林传承艺术工作室);奇迹教室(机器人实验室、科技制作室)——在动手操作中创造生命的奇迹;种植乐园——在校园的东面开垦一块种植园,在精心呵护中感受生命的珍贵。营造良好的生命教育氛围,让孩子们在尽情体验时感悟生命的价值,以此来促进孩子正直、自信地成长。

(三)校园空间

学校环境文化是一种潜在的课程,是学校内涵的外在表现,学校在建设过程中坚持"以人为本",不断对学校的环境文化进行整体规划。坚持环境文化建设的"文化品位、人文精神和时代气息"，力求"突出特色与个性，突出人文与科学"，努力融情感陶冶、人文关怀、生命价值于其中，以适应新课程对学校环境文化生命性的要求重点进行两方面建设。一方面努力改善办学条件，建设"整洁、规范、和谐、文明"的校园。另一方面在基础设施的建设中，准确把握学校文化建设方向，坚持民族性和时代性相结合，实现"让每面墙壁说话，让每个角落育人"。

走进采荷一小校园，就会感到校园里处处洋溢着荷文化的气息，汇集了众多荷文化元素，且独具一格，个性鲜明。它们用凝固的音符、独特的语言来诠释荷之美。优美、雅致的环境能使学生产生学习的积极心态，能强化学生对学校校园生活的归属感。

整个校园就是思想品德教育的大课堂，要让学生视线所及都带有教育性。为了实现这个目标，我们赋予石壁、砖壁以生命，让墙壁"说话"，使其成为陶冶学生的"主体的画，无声的诗"（见图6-2）。

图6-2　采荷一小校园环境教学楼外墙

教学楼外墙别具一格。踏进校园，一幅幅大型荷花剪纸跃入眼帘，白绿相间的图案特别引人注目。那一幢幢教学楼，其外墙在校园立面改造时特意使用了富有创意的大型荷花剪纸图案，简洁自然、清澈透明，真有一种"一入校园门，荷风迎面来"的感觉。基本色彩使用浅蛋糕色和嫩芽色，整体建筑外立面表现了一种清澈透明的效果，使整个教学楼外立面与学校主题文化相呼应，使校园整体呈现一种"清雅、清逸、清朗"的意境效果（见图6-3）。

图6-3 采荷一小校园环境

学校通透式围墙荷意悠然。学校围墙全部采用通透式设计,其间设置了八块宣传栏,分为"荷之韵、荷之典、荷之情、荷之健"四大系列,包括:荷花的生长史;荷花的传说、象征意义;赞颂荷花的古诗词;荷花的书画;与荷有着深厚情谊的名人名家介绍;等等。校园的立墙上有占据整个墙面的巨幅书法作品,如篆书《论语》、千古名篇《兰亭序》、《真草千字文》经典名句。地面有历代书法家书写的十二个风格各异的"荷"字。双菱校区书法长廊里长期展示着学生们的"百荷绽放"书法展。

(四)文化识别系统

采荷一小作为一所现代化的学校,把企业CI的方法论引入自己的"荷文化"品牌工程中来。我们认识到,学校形象,在认识层面上是战略,在执行层面上是技术。学校形象的设计涉及教育学、设计艺术学和市场学等多种领域,因此,我们组建了一支强劲的形象战略团队,主要由学校管理决策层、骨干教师、综合学科教师、学生、家长组合而成。小到一次性纸杯,大到学校的装修风格都忠实地向受众传达同一个主题——"荷文化",通过系统性和特色性这两个方面,形成学校形象整合传播的正能量,奠基学校的核心竞争力。

1. 集团名称

我们的集团名称是由著名的书法家郭仲选先生题写的,如图6-4所示。

图6-4 集团名称

2. 校徽

校徽释义以"采荷一小"的"采"字拼音首写字母"C"的变形构成，主体图案是一本打开着的书，又是叶子的变形。绿叶形状的书本衬托着即将盛开的荷花。整体图案设计的象征意义是非常明显的：绿色代表活力，寓意着积极进取、勇于开拓的学校老师们，在老师的辛勤呵护下，祖国的花朵将会开得更加艳丽、更加芬芳（见图6-5）。

图6-5　校徽、校名

3. 校园雕塑

校园中心位置竖立着雕塑"欣荷之光"，它是采荷一小六年级学生设计的（见图6-6）。将"采"的第一个字母"C"造型为雏鹰展翅腾飞的双翼，寓意全体师生奋发向上的精神。同时它又像一条绿色彩带环绕四周，既如奔腾不息的钱江潮，又像繁荣盛开的片片荷叶，无华的绿叶衬托着含苞待放的小荷，象征

图6-6　校园雕塑

采一教师甘为绿叶，甘于奉献。字母"H"设计为小荷初绽，荷花颜色为不锈钢原色，代表学生纯洁、天真无瑕的本色，同时也隐喻着学校教书育人的基础教育性质。金色圆球代表丰收的果实光芒四射，美丽的小荷在园丁辛勤的培育下收获希望。此造型又像两只手托起初升的太阳。整个雕塑造型简洁明了，寓意丰富。整体雕塑代表了学生（荷花）在老师（荷叶）的呵护下茁壮成长，成为祖国未来的栋梁之材。同时也寓意着钱塘江畔的采荷一小在"荷文化"的引领下朝气蓬勃、健康和谐的发展趋势。

4. 校园吉祥物

健康、活泼、可爱的荷花宝宝是学校的形象代言人（见图6-7）。

图6-7　校园吉祥物美美、和和

5.校歌

学校校歌，如图6-8所示。

欣荷少年之歌

杭州采荷第一小学教育集团校歌

顾颖颖，黄小波 词
刁玉泉 曲

自豪的

自由　　　　　　　　　　　明快的

六月里来，　荷花盛开，　花儿朵朵，　绽放笑　颜，
欣荷少年，　昂扬向　上，　沐浴阳光，　茁壮成　长，

清荷盖绿水，芙蓉披红鲜，荷香飘满园，荷韵润心田，我们是清　雅的小荷，尖尖　小
勤奋学　习，自主生　活，心怀梦　想，放飞希　望，我们是新时代的少　年，钱塘　少

荷，　追逐阳光追逐阳光　心里流淌美的宣言，　我们是清　雅的小荷，
年，　宏扬荷风宏扬荷风　心手相连展望未来，　我们是新时代的少年，

尖尖小　荷，　追逐　阳光　心里流淌美的宣　言.　我们是
钱塘少　年，　宏扬　荷风　心手相连展望未　来.　我们是

清　雅的小荷，尖尖小　荷，追逐阳光追逐阳光　心里流淌美的宣言.
新时代的少年　钱塘少　年，宏扬荷风宏扬荷风　心手相连展望未来.

图6-8　校歌

第六章　共生：文化互融新范式的设计与运作

采荷一小紧紧围绕着"以荷怡德、以荷塑人、以荷扬和"的教育理念，"正直、自信、灵动"的校园精神，"乐学、善思、健体、厚德"的校风、学风，建立以"荷文化"为主题的学校形象。"荷文化"形象工程的主要目的是增强学校的教育功能。通过"荷"的内涵延展和挖掘，更好地促进学生素质的全面发展，提高学校的办学水平与质量，实现环境、形象、理念的和谐统一，提升学校的整体影响力。

采荷一小作为江干区的一所城区学校，经过几代人的共同努力，培养了一批优秀的骨干教师，赢得了良好的社会声誉、积淀了富有特色的学校文化，成为江干区乃至杭州市有一定知名度的学校，成为江干区的优质教育资源。学校早已开始注重"荷文化"品牌形象开发。从实体到虚拟，涵盖了各种荷元素，特别是学校班牌、宣传标语、班级布置、校旗、校徽、校歌等也都注入了"荷文化"。学校在这些"荷元素"的开发设计中，非常鼓励学生们的参与，这不仅能激发他们的创造力，拓展美的诉求，更能帮助他们形成正确的人生观、价值观，树立社会责任感，成为学校的主人。

三、丁信小学的个性文化建设

丁信小学从办学理念、学校历史、校园环境、价值取向四个方面去打造新校的个性文化，以期未来的校园文化具有内生、优质和全面的特质。创校伊始，我们就提出"呵护童心，欢享童年"宗旨，明确提出要打造一个"环境美、校风正、队伍强、师德善；人情暖、心气顺、质量高、口碑好"——"以童为先，以真为大"的"大童世界"。所有的办学理念、学校历史、校园环境、价值取向等方面的设计、安排、培育、提炼都最终落脚在"童·真"两个字上。

精心谋划设计两个校区——"童园校区"是低学段校区，"真园校区"是高学段校区。校花风信子寓含的多彩、热情、梦想的深意也是为了突出"童趣、童心、童梦"的内涵，"风信加油站""风信子之家""风信书苑"等场所设置也都指向"童·真"趣味，2017年的环境建设中还加入"风信课城""风信广场"等校园基建项目。

（一）校园环境

丁信小学重点做的是怎样在采荷一小"尊重生命"的文化精神基础上既

有所传承,又别开一枝,有自身的识别度,同时在"荷文化""正直、自信、灵动"的文化精神基础上萃取出丁信小学特有的"风信子"文化,风信子的花语是"焕发生命热情,共享幸福人生"。

丁信小学在构思、设计和建设校园环境时,就突出"绿色校园"这个特质。构建风信子校园文化时就把绿色项目作为校园文化的精品项目进行打造。我们实施的绿色校园不仅是环保理念的渗透,更是绿色科技的引入,让"风信娃"带着绿色的理念,运用学习到的更多科学知识,制作具有科技含量和环保理念的生态作品,引导"风信娃"萌发的绿色环保意识能够生根发芽。学校绿化覆盖率达到35%,学校自身产生的污染(如生活污水、厨房油烟、锅炉烟气等)的有效设施控制、分区分管、减排净排等都得预先、充分考虑,环境基础设施良好。学校大量地采用太阳能照明、智能声控开关等环保设备;两校区均安装厨余垃圾生物处理系统,通过粉碎、发酵、沉淀、化油、清排等过程,既为学校解决了厨余垃圾、泔水外运的难题,又为学校增加了校园植物必需的有机肥来源。

(二)校园精神

丁信小学的校园精神:热情、自信、感恩、坚毅。这寄寓于丁信小学两个校区种植的特定植物中,也是希冀我们的教育产生滋养丁信师生特殊的精神气质。

风信子(校花)——代表"热情","焕发生命热情,共享幸福人生",我们希望丁信小学的师生对待生命生活、对待别人都要有热烈、积极、主动、友好、持久、稳定的情感或态度。向日葵(校花的伙伴花)——代表"自信","信念、执着、光辉、挺拔,勇敢地去追求自己想要的幸福",向日葵阳光、明亮,坦坦荡荡,不离不弃,有着始终朝向明确目标和梦想的独特自信。目标和梦想永远是我的阳光,只要认定目标,自信我终能到达。金柚(校花的伙伴果)——代表"感恩",金柚在民间是象征亲人团圆、子孝母慈、生活美满的果实。甜美的果实是果,精心呵护是因,孩子们领受了父母的养育之恩,助益于老师的教育之恩,照拂自公平的社会大环境。常怀感恩之心、懂得感恩之道、践行感恩之举,感恩是一枚金色的柚果,润泽每个人的心底。蜡梅(校花的伙伴花)——代表"坚毅",它表现了中华民族在强暴面前永不屈服的性格,给人以精神的启迪、美的享受。蜡梅开在春前,为百花之先,蜡梅开后,风信子才次第开放,共同迎接春天的到来。丁信小学两个校区有近百丛蜡梅,梅开时节,香盈校园,香醉人心,我们希望孩子们如蜡梅般不怕困难,具有坚毅的品质。

(三)校园空间

丁信小学在校园及道路两旁种植花、草、树,全面美化;完善体育设施,建设乒乓球台、篮球场;设置停车棚、停车位、安置路灯、透墙看绿的铁艺栅栏;在路灯杆上悬挂学校教育宣传标语,给学校建筑命名;在楼道内和走廊贴挂名言警句,开展走廊文化建设;在学校主楼设立电子显示屏,宣传学校教育理念精神;设校训石,展现学生成才报国的期望;在教学区适宜位置设有宣传窗、阅报栏,设置墙饰展板等,实现了让校园的每个角落都能使人产生美的体验、让一草一木一墙一砖都能产生自我完善的追求。

丁信小学创校伊始就尝试构建"更适宜学习、更适宜交流、更适宜活动"的校园空间,陆续打造了综合活动学习室、风信书苑、德育展示空间、下沉式篮球场、创客中心、秘密花园等复合式教育功能空间。在童园校区,对阅读空间、学生活动社交区、午间休憩区、藏书区、电子借阅区等空间进行优化,建成的"风信书苑"非常实用。在真园校区,对原有的教室和教师办公室进行打通与重构,促进了师师、师生和生生间的学习交流;另外,还对架空层进行围合再造,增加了学生300多平方米的德育展示空间,打破了原有的大队部、展览室、活动室独立闭合的布局;下沉式篮球场改变了原有篮球场单一的功能,融合了运动、社交、集会、展演等使用功能,使空间使用达成多用途、可延展、适分合的建造目标。这些环境的创设服务于学校办学的总体发展目标和共同愿景,成为风信子校园文化特质的重要组成部分,成为校园文化显性特质内容之一。

丁信小学的图书馆(风信书苑)不是单一功能的图书功能空间,而是集阅读空间、学生活动社交区、午间休憩区、藏书区、电子借阅区于一体的复合空间,这些功能通过空间重组、动静分隔、消除障碍、自主管理等手段进行了系统优化。童园校区和真园校区各设一处,两校区图书可以自主流动,同一平台进行智能化管理(见图6-9)。

图6-9 丁信小学风信书苑

在真园校区打破了原有的大队部、展览室、活动室等独立闭合的布局，进行空间组合，打造集队仪教育、队史教育、德育展示、组织活动、德育体验等功能于一体的德育空间。在童园校区整合了学生少先队大队部、美德银行电视台、医务室、团辅室、个辅室、演艺厅和家长志愿营等功能场室于一个空间，统称为"风信子之家"——小小市民中心，各场室分别用风信子的七种颜色命名：紫色演播厅、粉色音乐岛、黄色精灵屋、绿色美德银行、红色志愿营等（见图6-10）。

图6-10 丁信小学风信子之家

丁信小学从童园校区开始尝试到真园校区的空间优化，真园校区还增设了300多平方米的德育展示空间、下沉式篮球场等具有复合教育功能的空间（见图6-11）。

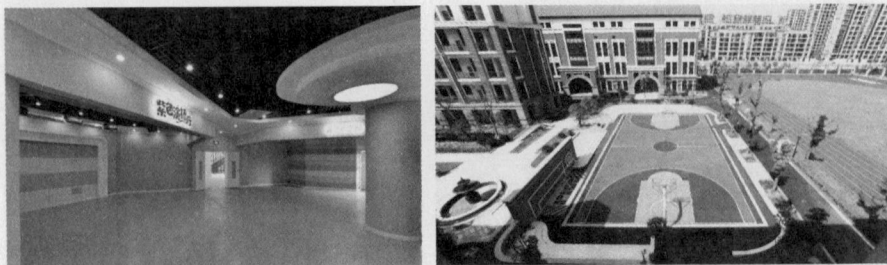

图6-11 丁信小学校园空间

(四)文化识别系统

1. 校名

学校的校名适用于不同场景和应用,但往往存在字体随意、规范不一的现象,所以丁信小学在创校初期,对学校有关校名称谓及字体的使用进行了系统规范,并使用语言规范中要求的简体。图6-12是不同场景下字体使用指引。

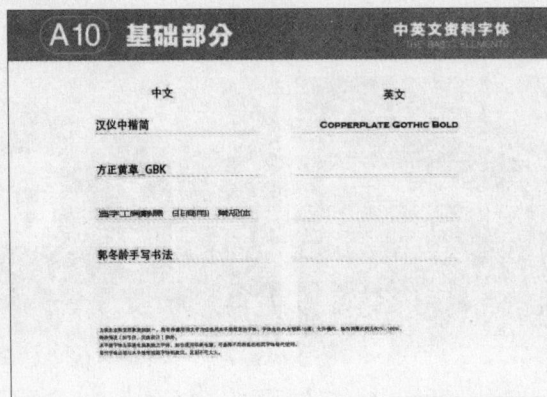

图6-12 丁信小学校名

2. 校徽

校徽设计用"风信子"作为创作的元素。"风信子"的花语是：只要点燃生命之火，便可同享丰盛人生。取"风信子"作为设计方向，是因为它的"信"，因为它童话般的美丽传说，因为它童心的向往，也因为它童趣的自由张扬。根据花色不同，它有多种多样的寄语。本案采用五彩的颜色作为logo的主色调。取意它与学校核心文化"用童心信守童年"的对应链接，也为了后期落地的延伸空间。图案以抽象的风信子笔触，用花瓣手拉手的形式组成，强化了整体的动感与活泼，让童心溢于言表，使童趣跃入眼帘，将童年抹上幸福的色彩（见图6-13）。

整体式　　　　　　　　　　　　简洁式

图6-13　丁信小学校徽

3. 校园雕塑

丁信小学确定的校园文化内核是生命教育，学校以"呵护童心，欢享童年"为办学的共同愿景，以"以童为先，以真为大"为办学的价值取向，"童真"二字是办学目标明确的指向。因此学校两个校区的大门中央景观都设置了"童真水岸"，水岸景墙上"童·真"突出醒目，辅以流水喷泉，寓意水流灵动，教育如源头活水，童园校区的景墙为花岗岩材质，真园校区为锈蚀厚板，随着时间流逝，会在这两种材质上留下时间的痕迹（见图6-14）。

(1)童园校区的"童真水岸"景墙　　　(2)真园校区的"童真水岸"景墙

图6-14　丁信小学"童·真"雕塑

真园银杏大道入口景墙(左右两侧)。学校把"以童为先,以真为大"的根本办学理念铭刻于真园校区银杏大道的入口处,与校名并列对称,开放大气,向视者直抒主旨(见图6-15)。

图6-15　丁信小学办学理念雕塑

4. 校园吉祥物

一脉相承的采一风信子文化中,丁信小学越来越明晰地抓住"童真"二字,确立了"以童为先,以真为大"的办学理念后,把"关注全体儿童、促进儿童全面发展,立足真实的童年、坚持真实的教育"作为办学的价值取向,培养社会主义事业的合格建设者和可靠接班人。由"童真"二字衍生出了校园的文化渗透,丁信小学的校园吉祥物就是男娃童童和女娃真真,男孩和女孩就像我们的风信学子(见图6-16)。

图6-16　丁信小学的校园吉祥物

5. 校园绿植

两个校区的中轴线上都设置了标志性的绿植,长绿长盛。童园校区的中轴景观花坛中种植了成片的风信子,花开时节,风信迎客(见图6-17左图);真园校区的中轴景观花坛中种植了一株冠大根深的杭州市树——桂花树,花开时节,芳香袭人(见图6-17右图)。

图6-17　丁信小学校园绿植

6. 特色楼名

童园校区各楼名来自采荷一小教育集团各校区名,分别以"采荷楼、双菱楼、钱江楼、丁信楼"来命名丁信童园校区的各楼幢。寓意学校是采一集团的一分子,前可溯源,后可脉承(见图6-18左图)。真园校区各楼幢取名来自"春迎风信夏逢葵,秋收金柚冬赏梅"这句"丁信四时"的诗,分别取名"春迎楼""夏逢楼""秋获楼""冬赏楼"(见图6-18右图)。

图6-18 丁信小学的校园特色楼名

学校文化的个性发展既是创建特色学校的"根"，又是统揽特色学校的"魂"；特色既要靠校园文化来传承，又要靠校园文化来彰显；特色成就学校，文化铸就品牌。学校的文化特色是一所学校核心价值观的体现，是学校的灵魂。有了这个核心引领，就能凝聚全体教职工的力量，向着更高的目标不断前行。校园文化是师生精神风貌、思维方式、价值取向和行为规范的综合体现，不仅彰显着一所学校发展的理念，更彰显着一所学校发展的方向，可以说校园文化是一所学校发展的内涵式品牌。所以，把握校园文化特征，加强校园个性文化建设是构建和谐校园的需要，更是提升教育内涵、促进教育可持续发展的重要途径。

第三节　重心:打造教师团队精神

教育集团文化的核心为教师文化。教师文化是集团所有教师共同的价值体系与行为规范的综合,是集团文化的重要组成部分,也是集团发展的动力。它不仅可以培养和激发教师的群体意识与合作精神,而且能够推动集团持续稳定地向前发展。因此,我们在集团的文化建设中,始终把教师文化的建设作为重中之重,尤其是教师团队精神的打造。

一、打造教师团队精神的认识

教师良好的团队精神则是教师文化的显性表露。团队精神是团队成员共同认可的一种集体意识,是所有团队成员的工作心理状态和一种士气,是团队成员共同价值观和理想信念的体现。团队精神也是集团发展战略、价值观方面教师思想高度统一的体现。

(一)教师团队精神的意义

所谓团队是指团结互助,相互激励,为承担共同责任,完成既定目标的集体。团队精神就是一群有着共同目的、志趣的人所组成的集体,为了完成一定任务,实现统一目标达到预定目的而团结合作、共同奋斗的思想、意志和行动的综合表现,也是大局意识、协作精神和服务精神的集中体现,它的核心就是共同奉献。它外显着教师行为,统一着全校教师的教育教学实践,是学校发展的强大动力。古人云:人心齐,泰山移。常言道:团结就是力量。教育事业是一项良心工程,任重而道远,教师只有团结合作,才能凝聚力量,克服困难,做好工作,取得胜利。

（二）教师团队精神的内容

打造一支有团队精神的教师队伍可以促进集团的科学发展。因为团队强调的是集体的整体业绩。团队精神的精髓是承诺,核心是奉献,本质是团结互助。有团队精神,才能产生奋斗的力量、创新的力量。

1. 集团与教师

在集团与教师之间的关系上,集团就是教师的"家"。教职工对学校有强烈的归属感,把自己的前途与学校的命运紧密联系在一起,愿意为学校的利益与目标而奋斗。教职工具有强烈的学校团队荣誉感,在处理个人利益与学校利益的关系时,坚持"个人服从团队,团队利益优先"的原则。

2. 教师与教师

在教师之间的关系上,表现为利益共享,相互宽容,彼此信任,互相帮助,团队成员和谐相处,凝聚力强,团队的整体绩效高。

3. 团队与教师

教师的团队精神表现为他们对教育教学工作的全心投入。集团充分调动教师的积极性、主动性、创造性,让教师参与管理、决策。教职工在教育教学活动时尽职尽责,充满活力,热情洋溢。教职工精诚团结,善于合作,相互沟通,共同搞好工作,发展事业。

一个人只有融入团队之中,为团队利益工作,推广团队声誉,才能做出一番事业,作为个人角色工作的人才会受到礼遇。每一位教师从各自的工作中得到的不单单是薪资,还有真正置身于彼此相互尊敬、相互信任、志同道合、宛如一个大家庭的团体之中,大家共享成果荣誉或承担失败处罚,真正的荣辱与共。

二、群体创优:教师团队精神建设的方式

那么,在采荷一小教育集团是如何建设这种教师团队精神的呢？我们主要通过"群体创优"这一方式。"群体创优"作为当前许多学校加强教师队伍建设的一项有效措施和一个有力抓手,我们从时代发展要求出发,从本校教师现状出发,常抓常新,抓出特色,抓出成效。

(一)价值引领：群体创优的根本

一个个体要自觉地融入一个团队，最重要的是主人翁意识的觉醒；教职工的主人翁意识又主要是建立在获得尊重、得到认可上。给予教职工知情权、参与权、表述权和监督权，让教职工参与学校发展规划、制度修订以及重大决策等，教职工的权利得到了保护，使其具有强烈的主人感，自觉地视校为家，视岗位为事业，形成共同愿景，潜意识地具有团队思想。

《中小学教师职业道德规范》第一条就明确指出，现代教师必须依法执教。要使教师懂法，群体创优起了很大的作用。

1. 学习法律，以法执教

《义务教育法》《教师法》《未成年人保护法》《预防未成年人犯罪法》《杭州市师德公约》等法律法规，都是我们教师依法执教的依据。要做到依法执教不是简单的事情。为了提高教师依法执教的自觉性，学校组织学习有关法规，联系实际，虚功实做。学校工会组织教师以统一加分散的学习方法，将这些法律法规放在校园网上，让教师每时每刻都做到有章可循、有法可依。工会组织全体教师进行《杭州市师德公约》学习测试，学校制定了《课堂教学常规》，使教师明确了应该怎么做，不该做什么，规范了教师的教育行为，依法执教，人人响应。

2. 优化制度，加强法治

建立和完善切实可行的规章制度是加强法治的有力措施。经全体教职工集体讨论，教代会审议，通过的规章制度有一定的制约效应，制度面前人人平等。集团结合实际，通过个人学习，年级组内多次讨论，意见反馈，在经过多次修改制定了学校管理的一整套制度，编印成册为《学校管理规程》。全体教师可以自己去对照制度，及时调整自己的教育行为。如人人平等的《教师教育工作考核奖发放办法》《教师教学工作考核奖发放办法》，对师德教育专门设立了"政治思想""乐于奉献""校风建设""出全勤"四项，教育教师注重师德，激励教师乐于奉献。

3. 突出政治，树立正气

为提高全体教师的政治素质，集团一贯重视讲政治、讲正气。具体做法强调三点：一是领导班子树立正气，以身作则，树立榜样，为青年教师做好表率;二是全体党员带头,结合公民道德建设工作,党员开展"一帮一,结对子"活动。每个党员联系同组一个团员教师,扶助同组一个特困生,给学生献爱心;三是积极开展榜样教育,树立身边的榜样,特别是青年教师的榜样,自己教育自己。新学期初,请优秀党员、优秀班主任等优秀教师举行师德报告会,介绍经验,互帮互学,共同提高。在党员、优秀教师的带领下,教师展现出良好的工作风貌。

(二)方案设计:群体创优的基础

采荷一小教育集团工会从2001年开始通过优秀年级组评比,开展群体创优工作,通过多年的积累,使评比方案更科学、更完整。目前实施的优秀年级组评比主要包括三大方面,即常规、师德、师能,共十一项内容。我们学校的群体创优考核评比大都以教师年级组为单位,采取捆绑式的评价方式,将竞争扩展为组与组之间进行,用外力来促进合作。采取每月初评、学期总评的评比方式,评出优秀年级组,给予表彰奖励。

【案例6-1】 采荷一小教育集团"优秀年级组"评比方案

为了更好地增强教师的团队意识,发挥团队力量,形成年级内部相互协作、密切配合,年级组之间相互竞争、相互学习的和谐氛围,从而更好地推动学校发展,采荷一小教育集团将实施优秀年级组评比方案。

根据学期考评成绩,经学校考核小组核定,总分为集团前30%～50%的年级组评为"优秀年级组"(优秀年级组的组长评为优秀年级组长),其他为"合格年级组",有违反师德或安全事故的年级不评定。

一、评比内容

(一)师德建设

年级组教师无体罚现象,无家长投诉。(校长室提供情况记录,A=10、B=0)

(二)德育管理

1.有切合本组实际的工作计划及学期总结,及时上交各种活动资料。(年级组材料上交情况等,A=10、B=6)

2.关注全年级学生的思想动态、学习态度和行为习惯,有针对性地做好学生的思想教育工作。(各班手册完成情况等,A=10、B=6)

3.认真组织学生参与各项活动。按时完成,过程创新,效果显著。(各班完成情况、检查情况等,A=10、B=6)

4.认真参加德育会议,不迟到、不早退。(查看会议签到记录等情况,A=10、B=6)

5.及时处理好本年级学生中的意外事件。(查看意外事件处理情况等,A=10、B=0)

(三)教学管理

1.落实教学常规,教师按时到岗,不无故离岗。[①调休、公出需要自行调课(管理)并报年级组备案;②事假、病假调课(管理)报年级组协调解决;③年级组如有困难无法协调上报研发中心;④年级组长做好代课、代管协调,落实到位;⑤相关记录完整、按时上交。教学研发中心根据每月考勤情况综合评定,A=10、B=6]

2.年级组按规定履行请假手续,手续齐全;如有教师遇特殊情况需要临时调整课务,组内教师间互助解决。(研发中心不定期抽查,检查后进行公示,没有违规行为评定为满分,A=10、B=6)

(四)安全防范

1.积极参与落实公物保管、收费、节约水电等工作,班级财产保管落实到位,无遗失。[总务后勤每周不定时(中午或放学)、不定内容(一至两项)进行检查一次,做到不遗失,不破损。检查记录汇总,A=10、B=6]

2.重视安全教育和防范,配合学校共同做好学生安全教育,利用安全教育平台每月对学生进行安全教育,及时上交各种安全活动资料。(总务后勤检查记录汇总,A=10、B=6)

(五)工会评比

1.办公室环境整洁、每月两次检查办公室卫生达标。(根据工会委员常规检查记录情况评定,几次检查记录汇总,A=10、B=6)

2.认真参加每一次教职工会议。(每次会议教职工无请假,为A。如有教职工请公出以外的假或有无故迟到的,1人为B等,2人及以上为C等。工会

检查记录汇总，A=10、B=8、C=6）

3.认真积极参与锻炼，健康运动。（根据工会的检查记录，根据出勤率+优秀率−迟到率的结果进行评比，检查记录汇总，A=10、B=6）

（六）办公室评比

积极参与通讯宣传报道工作。

二、学校考核流程

月度考核：

1.每月各部门在25日之前根据项目给各年级组评分。

2.各部门负责人将评分表传到校务公开，由工会汇总，并进行优秀事迹宣传。

3.校内网公示月度优秀年级组名单。

学期考核：

1.年级组长根据分项指标进行自评。

2.考评小组根据考核要求与平时检查情况进行考评，填写考评表。

3.工会进行分数统计。

4.考评结果在校内网上公示。

三、考核组成员

校长、各分管校长。

杭州采荷第一小学教育集团

附件一：

采荷一小教育集团"优秀年级组"月度评分表(试行稿)

年 月( )年级

项目	具体考核内容	准备材料	考评分	备注说明
师德建设（10分）	年级组无体罚现象，无家长投诉。组内教师团结协作，工作氛围和谐（如有体罚、家长投诉师德问题属实不得分）	校长室提供情况记录A=10、B=0		

项目	具体考核内容	准备材料	考评分	备注说明
德育安全管理(50分)	及时上交各种活动资料	年级组材料上交情况等 A=10、B=6		
	关注全年级学生的思想动态、学习态度和行为习惯,有针对性地做好学生的思想教育工作	各班手册完成等情况 A=10、B=6		
	认真组织学生参与各项活动,按时到岗、离岗,管理到位。按时完成,过程创新,效果显著	各班完成情况、检查情况等 A=10、B=6		
	认真参加德育会议,不迟到、不早退	查看会议签到记录情况等 A=10、B=6		
	及时处理好本年级学生中的意外事件	查看意外事件处理情况等 A=10、B=0		
教学常规(20分)	年级组按规定履行请假手续,手续齐全(调休、请假必须提前至少1天填写请假单报批,半天报教导处审批;一天及以上报校长室审批,同意后再安排课务),如有教师遇特殊情况需要临时调整课务、午休、困难班,组内教师间互助解决	教师按照学校要求办理请假手续,及时上报年级组;年级组长做好代课、代管协调,落实到位,没有管理真空;相关记录完整、按时上交。教学研发中心根据每月考勤情况综合评定 A=10、B=6		
	落实教学常规情况,抽查教师按时到岗情况,不无故离岗,按时下课,不无故拖堂	没有违规行为评定为满分 A=10、B=6		
公物保管与安全(20分)	积极参与落实公物保管、收费、节约水电等工作。班级财产保管检查内容包括电教设备、门、窗、灯、课桌椅等班级财产,每周不定时(中午或放学)、不定内容(一至两项)进行检查一次,做到不遗失,不破损	总务后勤检查记录汇总 A=10、B=6		

项目	具体考核内容	准备材料	考评分	备注说明
公物保管与安全（20分）	加强安全教育，每月定期利用谈话课进行安全教育（规定项目）	总务后勤检查记录汇总 A=10、B=6		
工会评比（30分）	办公室环境整洁，每月大扫除检查办公室卫生达标，办公室氛围和谐	工会检查记录汇总 A=10、B=6		
	认真参加每一次教职工会议（如有无故缺席，迟到、聊天，做私事等情况不得分）	工会检查记录汇总 A=10、B=8、C=6		
	认真做操、积极运动	工会检查记录汇总 A=10、B=6		
办公室评比（10分）	积极参与通讯宣传报道工作	通讯员汇总记录 A=10、B=8、C=6		
总计（140分）				

附件二：

采荷一小教育集团"优秀年级组"期末评分表

项目	具体考核内容	准备材料	自评分	考评分
师德建设（10分）	年级组无体罚现象，无家长投诉。组内教师团结协作，工作氛围和谐（如有体罚、家长投诉师德问题属实不得分）	校长室提供情况记录 A=10、B=0		
德育安全管理（50分）	及时上交各种活动资料	年级组材料上交情况等 A=10、B=6		
	关注全年级学生的思想动态、学习态度和行为习惯，有针对性地做好学生的思想教育工作	各班手册完成等情况 A=10、B=6		

项目	具体考核内容	准备材料	自评分	考评分
德育安全管理（50分）	认真组织学生参与各项活动，按时到岗、离岗，管理到位。按时完成，过程创新，效果显著	各班完成情况、检查情况等 A=10、B=6		
	认真参加德育会议，不迟到、不早退	查看会议签到记录情况等 A=10、B=6		
	及时处理好本年级学生中的意外事件	查看意外事件处理情况等 A=10、B=0		
教学管理（20分）	落实教学常规情况，教师按时到岗，不无故离岗，按时下课，不无故拖堂	教学研发中心根据每月检查情况综合评定（3~4个月都优秀为A；1~2个月优秀为B） A=10、B=6		
	协调课务，如有教师遇特殊情况需要临时调整课务、午休、困难班，组内教师间互助解决	代课、代管落实到位，没有出现管理真空（3~4个月都优秀为A；1~2个月优秀为B） A=10、B=6		
公物保管与安全防范（20分）	积极参与落实公物保管、收费、节约水电等工作。班级财产保管检查内容包括电教设备、门、窗、灯、课桌椅等班级财产，每周不定时（中午或放学）、不定内容（一至两项）进行检查一次，做到不遗失，不破损	总务后勤检查记录汇总 A=10、B=6		
	加强安全教育，每月定期利用谈话课进行安全教育（规定项目）	总务后勤检查记录汇总 A=10、B=6		
工会评比（30分）	办公室环境整洁，每月大扫除检查办公室卫生达标	每月工会检查记录汇总 A=10、B=6		
	认真参加每一次教职工会议（如有无故缺席，迟到、聊天，做私事等情况不得分）	每月工会检查记录汇总 A=10、B=8、C=6		
	认真做操、积极运动	每月工会检查记录汇总 A=10、B=6		

第六章　共生：文化互融新范式的设计与运作

项目	具体考核内容	准备材料	自评分	考评分
办公室评比（10分）	积极参与通讯宣传报道工作	通讯员汇总记录 A=10、B=8、C=6		
加分项目	1.承担学校布置的临时任务 2.及时上交安全活动材料（安全活动方案、通讯链接等），发现并上报校园安全隐患	校考核组讨论决定加分组室，每一项加3分 每上交一份安全活动材料，加0.1分；上报一次校园安全隐患，加0.1分		
总计（140分）				

在传承集团优秀年级组考核经验的基础上，丁信小学有自己的发展和创新。

附件三：

杭州采荷一小教育集团丁信小学"年级组项目"考评指标

一级指标（分值20）	二级指标（分值10）	评价方法	台账资料	自评	校评	备注
实施方案（6分）	1.方案按时完成（2分）	上交时间	记录时间			
	2.可操作性强（2分）	看方案	提供方案			
	3.有创新，重整合（1分+1分）	看方案	提供方案			
实施过程（8分）	1.按计划实施（1分）	对照方案	提供方案			
	2.有通讯报道（校区级以上网络1分，市级以上网络2分，区级以上报纸、电视台3分，不重复计分）	看通讯报道	通讯报道网址附在本表格内			
	3.学生喜闻乐见，过程丰富，影响力大（1分+1分+1分）	看过程	看与听结合			
	4.学生有活动评价（1分）	看综述	提供照片			

双射线模式：松散型教育集团治理新范式

一级指标 (分值20)	二级指标 (分值10)	评价 方法	台账 资料	自评	校评	备注
成果展示 (6分)	1.有形式丰富的成果集(1分+1分,包含图片、文字、视频等)	看成果集	提供成果集			
	2.有实施综述(1分+1分,案例、提炼与反思)	看综述	提供综述			
	3.展示有新意(2分)	看展示	展示现场打分			
合计						

在上面这个案例中,我们详细地介绍了群体创优——这一教师团队精神建设的做法,包括实施方案、评分细则等。众所周知,教研组是学校中教师的基层组织,换言之,依据学科专业划分的教研组乃是行政层面上的教师团队。教师的很多活动尤其是学科专业上的活动,都是通过教研组进行的。因此我们以教研组作为群体创优的基本单位,建设教师的团队精神。

(三)专业引领:群体创优的关键

能本思想的实质是:以提高人的能力为核心,即在提高教师的政治道德素质的基础上,想方设法提高教师特别是青年教师的业务素质,以适应日新月异的以创新教育为核心的素质教育。

1.拜师学艺,提高技能

集团拜师学艺、"一带一"制度。通过拜师学艺,青年教师能尽快适应教育教学工作。每个学期,工会与教学部门联合开展欣荷历练营活动,每两个星期一次,真正提高了青年教师的业务水平,一批又一批青年教师脱颖而出。除此之外,还与教学部门开展新教师"欣荷杯"教学比武大赛汇报课活动,促进青年教师业务素质的提高。在评比活动中,教师们以教研组为单位进行展示,采取上课、说课、评课以及现场答问的形式来进行比赛。教师们在比赛前就在组内进行认真交流,你上课、大家听,每位组内成员提出修改意见,你说展示材料,他积极准备材料,大家做评委,提出建议……随处都可见到一派团结奋进的场面,真让人感动。经过大家的努力,近两年,集团的高学段数学教研组、高学段语文教研组被评为区教育局"优秀示范岗";采荷一小英语组被评为区、市、省级的"巾帼建功示范岗";集团语文组、综合艺术组被评为区级优秀教研组。

2. 科研领路,提升素养

集团提出"质量立校,科研兴校",营造"人人搞科研,个个有课题"的氛围,努力使教师成为创新型的教师。集团的市级和谐课题就是各年级组确立了子课题,组内教师人人参与研究,同时学校适时举行科研讲座;每学期开一次课题研究汇报课,汇报课根据研究内容、教学方法、现代教学手段的运用、教学效果等情况组织评奖;每学期进行一次教科论文交流,选送优秀论文上市、省级以上发表,学校汇编成册。在教师们的共同努力下,集团已有省级、市级立项课题多个,教师们仅一年就有60多篇论文在省、市、区级评比中得奖,有10多篇文章刊登在各级各类报纸杂志上。学校还注重培养教师各方面素养,通过各种丰富多彩的活动,教师们的职业素养提高了,团结合作的能力也增强了。在区级教师比赛中,采荷一小教师发挥群体优势,多次获得一、二、三等奖。

(四)优秀师德建设:群体创优的保障

集团始终坚持以人为本、坚持以教师为主体的教师人本概念,抓好教师群体的人本管理,提高他们的道德素质,在组内教师的影响下,特别提高了青年教师的道德修养。

1. 师德承诺,面向社会

自觉遵守教师职业道德,敢于向社会承诺,这必须建立在教师人人都有这种精神,人人都敢于承诺的基础上,真正做到了以人为本。每一学年,学校全体教师都公开向社会承诺,遵守教师职业道德修养,人人都在承诺书上签字,接受社会监督。深入社会各行各业,从各个优秀的服务行业中体验学习提供优质服务的意识,培养敬业精神,提高服务学生、服务家长、服务社会的自觉性、主动性,增强教师教书育人、为人师表、敬业爱生的责任心,对开展社会综合实践活动进行体验。

2. 教书育人，民主评议

合作胜于竞争。集团希望每位老师在学校里都能找到自己的位置，发挥自己的长处，实现自身的价值。集团工会一月一次以年级组为单位推荐1~2名教育教学工作中的典型人物，写出典型事例。集团考评组通过每月的考核会议进行考核，评选出事迹特别突出、在教师中形成良好师德风尚的教师为本月的"每月之星"，集团工会汇总后每月在集团微信群中进行推送，将"每月之星"的优秀事迹在集团老师、家长的范围内进行宣传，在学期的期末颁奖大会中予以表彰、颁奖。虽然奖金很少，但老师们都以评上"每月之星"为荣，积极向这些具有良好师德的"每月之星"学习。校内，积极向上的良好风气已蔚然成风。这项民主评议制度，人人参与，人人有机会入选，大大促进了教师教书育人的积极性。每学期教书育人的优秀事例层出不穷。

【案例6-2】 杭州市采荷一小教育集团"每月之星"评比办法

一、指导思想

以社会主义核心价值观为引领，加强教师职业道德教育，巩固校园精神文明建设的成果，增强教师团队的向心力和凝聚力。进一步深化"最美精神"的宣传实践，更好地调动教师工作的积极性，鼓励教师自我提升，特在全校教职工范围内组织开展"每月之星"评比活动。

二、评比要求

1.热爱学校，热爱教师岗位，热爱学生，忠诚于教育事业，爱岗敬业，严格执行党的教育方针。

2.遵守工作纪律，严格执行教学常规，认真完成本职工作，模范执行《中小学教师职业道德规范》，不计较个人得失，有乐于奉献的精神。

3.关心学生，身体力行，善于沟通，倾情奉献，团结协作，能主动承担学校突发性教育教学工作，有较强的补位意识。

4.工作创新能力强，当月教学教育工作实绩突出，得到同事的广泛认可。

三、评比对象

全校教职工及中层干部。

四、评比时间

"每月之星"一月评选一次，一般在每月下旬推荐、评定。

五、评比流程

1. 每月20日左右，由各年级组长负责、部门负责，年级组、中层各推荐一名候选人，并提交当月事迹材料。

2. 每月最后一周提交校务会审核讨论，由班子成员综合考量最终确定推荐人选。

3. "每月之星"推荐人选最终确定后，由学校工会委员会发文公布名单。

4. 第二月月初，采一工会将利用学校微信公众号发布【兴荷撷芳】专题，展示宣传暖心事迹。

六、评比结果

期末学期总结大会时进行表彰，并作为评优推先的重要依据。

这样的评比活动，不仅仅加强了教师职业道德教育，更重要的是增强了教师团队的向心力和凝聚力，调动了教师工作的积极性，教师的团队精神也在评比过程中得到加强。

（五）玉荷评选：群体创优的彰显

为了表彰先进，弘扬正气，激发全体教职工的工作热情，扎实做好学校工作，集团从2016年开始进行"玉荷奖"评选活动，具体的评比办法是：首先在每个年级组进行初评，已经评过"每月之星"的老师不重复推荐，再由每个年级组推荐1~2名玉荷奖人员，推荐的老师每人认真撰写50~80字的事迹介绍+一张照片或视频。"玉荷奖"一学年评选一次，在每个学年结束之前，即每年的6月期末总结大会上举行隆重的表彰仪式。

三、交流：教师团队精神建设的平台

杭州采荷一小教育集团有一个惯例：每一学年的期末，每一位老师都要填写一份"工作意向调查表"。在充分了解教师工作意愿的基础上，学校再据此排定课表。没有亲身经历的人很难想象，要把200多位老师表格中的"工作意向"落实在课表中是一件多么复杂的事情，自然，每次排课都难免存在众愿难适的地方,学校的主要领导都要亲自出面进行沟通和协调。为此,有人建议,干脆取消填写"工作意向调查表"的环节,这样既可以减少排课的难度,也可以减轻领导的工作压力。但是,王红校长明确表态:"只要能让更多的一线老师舒心地工作,就算有再大的困难和压力,我们主要领导都要勇于面对、敢于承担!"没想到,就在2018年,一件棘手的事情发生了。在"工作意向调查表"中,一个老师明明写着"完全服从",可当学校把他从采荷校区安排到钱江苑校区时,他却找到学校领导,说自己"开始没有想到会有校区的变化",如果换了校区,每天接送孩子就会极不方便。这时,全校的课程安排已经尘埃落定,针对少数未能满足意向的老师的个别谈话也已经结束。如果要满足他的想法,就会引发多米诺骨牌效应,牵涉到很多老师的工作安排。换,还是不换?这的确是一次艰难的抉择。最后,学校考虑到他的实际困难,在反复讨论之后,还是决定重新安排、再次谈话。

【案例6-3】 杭州市采荷一小教育集团
2019年教师交流工作实施说明

根据江教〔2014〕65号《江干区教师、校长交流工作实施意见》、2019年《江干区教师交流相关事项说明》、2014年《杭州采荷第一小学教育集团教师交流工作的实施意见》以及2019年《杭州采荷第一小学教育集团"区管校聘"工作实施方案》,对采荷一小教育集团2019年教师交流工作做如下说明。

一、指导思想

通过构建科学、规范、有序的教师交流新范式,不断促进教师资源合理配置,优化教师队伍结构,增强教师队伍活力。

二、工作原则

(一)有序推进,优化资源。

(二)公正公平,规范操作。

三、交流人数

交流人数以学校教师数的4%(四舍五入)、交流轮岗教师的比例不低于符合交流条件教师总数的10%。2019年度采一交流人数为4人。

四、交流程序及步骤

通过教师自主报名、学校推荐等方法，采取教师自愿和组织调配相结合的形式，确定正式交流人员名单。基本推荐程序如下。

第一步：自愿报名。

第二步：集团选调推荐。根据集团发展实际以及交流学校实际需求，需要其发挥特殊作用的，由组织选调优先推荐交流。

第三步：如上述两步实施后依然无法满足区教育局核定集团交流比例总人数时，则按照教育局从"在现学校工作12年以上的骨干教师中酌情排序推荐"的规定执行。

五、时间安排

（一）6月13日前自主报名。（报名表附后）

（二）6月18日前集体讨论，确定交流名单。

（三）6月20日前学校申报符合交流条件教师名册。

（四）7月5日前办理交流相关手续。

六、工作要求

（一）建立工作领导小组，统筹解决教师交流工作中出现的各项问题。

领导小组成员：

组长：校长

副组长：副校长

组员：办公室人员、工会成员

（二）加大宣传力度，为推进教师校长交流工作创设良好的氛围和环境。

（三）及时研究解决教师交流中的突出矛盾和问题，有计划、有步骤地推进教师交流工作。

综上所述，采荷一小教育集团依托各自学校的文化背景，结合集团文脉的相承与发展，提出了"亲如母子、情同手足"的合作理念，抓准教育思想源头，挖掘互融内涵，倡导集团精神，激励共生信念，在校园环境、学校精神、校园空间、文化识别系统、教师团队文化等方面做到"互融共通"，优质资源和管理经验相互辐射，互惠互利，逐渐实现从"相加"到"相融"，打造成既相互融合又互助共生的品牌集团。

第七章

收获:采荷一小教育集团的新发展

　　"双射线模式:松散型集团内部治理新范式的设计和运行"课题自实践、立项、论证、再实践以来,在原有紧密型集团"射线型管理模式"的基础上锐意实践,落实立德树人的教育根本任务,深化课程改革,扎实教师专业发展,提升学校品牌的影响力,在促进杭州采荷一小与丁信小学平等互助、共同发展上起到了积极的推动作用,并取得了丰硕的成果。

第一节 收获:双射线模式
让采荷一小教育集团充满活力

"集团联动、多维推进"的研究思路促使课题研究更加扎实、有序。集团工作坚持以和谐理念与科学发展观统领全局、引领发展,在全面准确把握科学发展观的科学内涵、精神实质和根本要求的基础上,在江干区教育新共同体和"射线型管理模式"成功经验的基础上坚实展开,坚持集团"荷文化"育人模式,在进一步满足教育服务区内百姓对高质量教育的需求过程中,以均衡、优质、创新带动集团的内涵发展,取得了一系列的成果。

一、双射线模式的实践为学生发展提供了路径支持

无论是松散型集团还是紧密型集团,根本任务都是培养人。习近平总书记在2018年9月10日全国教育大会的讲话中提出了关于教育的"首要问题"和我国教育的"根本任务"的重要论断。他指出:培养什么人,是教育的首要问题。真正的教育对儿童满怀着敬意,真正的学校对儿童充满着爱护,真正的教师对儿童满怀着尊重。一个满怀着敬意的教育不会非人道地对待儿童,不会把儿童当作要塑捏的泥土;充满着爱护的学校不会成为监视儿童的地方,不会把儿童当作必须惩罚的对象;满怀着尊重的教师不会有歧视儿童的行为,不会把儿童当作行使教的威力的对象。

(一)彰显了采荷一小教育集团的少年正直、自信的精神

活动为孩子们的健康成长提供了一个自主发展的平台,让学生在这个平台上发挥自己的主体性作用,从而成长为有独立选择能力、有自由思考能力、有创新意识与实践能力的人。在丰富多彩的活动中,学生主动参与、乐于探究、善于实践,从根本上实现学习方式的转变,把学习过程转变为主动

建构知识的过程,真正为每个学生的终身发展奠定基础,孩子们更有气质了,更文明了,更有责任感了,更自信了,更爱学习了,更阳光了。2020年1月5日,丁信小学四年级女生陈子柔在教室外蹲着看书的瞬间感动了老师和同学,池昌松校长赠书为她点赞,《都市快报》对此做了专门报道。2016年G20峰会上精彩亮相的"苹果脸",雅加达亚运会《杭州八分钟》中和马云牵手走出的解子萱是集团少年的优秀代表,她们不仅展现了采荷少年正直、自信的品质,更是把中华少年的良好形象展示在世人眼前。

(二)展现了采荷一小教育集团的少年阳光、灵动的品质

丁信小学经过四年的实践,在"以童为先,以真为大"的办学理念引导下,逐步构建起了特色鲜明的"三季、五美、十会"学生综合素养评价体系,设计了"入学季、成长季、毕业季"的特色课程,同时明确了通过"红色仁美、黄色义美、绿色礼美、蓝色智美、橙色信美"德育评价载体指向学生的"五美品行";提出"会下棋、会乐器、会书画、会健体、会舞蹈、会阅读、会写作、会DIY、会表达、会生活"指向学生的十会能力要求。也就是说,我们希望学生在丁信小学的六年学习生活中,成为一名品德上有"五美"、技能上能"十会"的风信少年。

"五美"取自儒家"五常","仁义礼智信"是指"人"作为社会中的独立个体,为了自身的发展和社会的进步,而应该拥有的五种最基本的品格和德行。这"五常"贯穿于中华伦理的发展中,成为中国价值体系中的最核心因素。

丁信小学五美就出自此处。根据中国学生核心素养要求和需要具备的关键能力,学校将校花风信子的五色融入"五美"品德素养中,分别形成了红色仁美(保护环境、学会与人交往)、黄色义美(强身健体、自立自护)、绿色礼美(遵章守纪、谦和有礼)、蓝色智美(探究创新)、橙色信美(诚实守信、懂得感恩、社会实践)五大方面。

"以童为先,以真为大"的办学理念也让教师从过去的关注活动本身转为关注学生的所思所感。把学生体验的深广度作为检验一项活动是否开展成功的主要指标。在活动过程中,教师会常常思考学生在活动中可能产生的不同认识和情感状态,留心观察学生在活动中的表现,并为正确引导学生

的体验做铺垫。让更多的学生在活动中产生积极情感体验，实现学生的认识、情感态度从肤浅走向深刻，落实行为践履。于是，学校和教师听到了学生真实的心声。

构筑童心校园，建立在尊重和爱护学生的基础上。于是，学生的活力绽放了，学生不仅在校园学习，而且主动到生活中学习、到社会中锻炼。

（三）体现了采荷一小教育集团少年蓬勃向上的力量

无论是采荷一小的"正直、自信"还是丁信小学的"五美、十会"，其指向都是为孩子积蓄走向生活的力量。为学生提供丰富的课程是促进孩子发展、积蓄力量的重要抓手。集团以"课程共享"为杠杆，将课程建设摆在重要地位。从2007年至2017年，集团一心一意做好一件事，就是研发了"采一4D拓展性课程"体系，让学生们在动手、动脑、动口、动心中，打通感官壁垒，实现生命的高峰体验。丰富多彩的课程，培养了学生正直、自信、灵动的品质。

2018学年第二学期，采荷一小四年级和丁信小学四年级联合开展主题实践活动。这一活动极大地激发了孩子的想象力和创造力。

【案例7-1】 一份古诗词地图的绘制

2019年5月，采荷一小教育集团5名学生举行了一场与杭州景点和古诗有关的"产品发布会"。

"产品"中有一张手绘地图。断桥、钱王祠、柳浪闻莺、雷峰塔……地图上面，围着西湖标注了20多个景点，当你跟着地图来到一个景点时，扫一下地图上的二维码，就可以在手机里听到学生们朗诵的古诗词。

学生们说，之所以做这样一份古诗词地图，是因为市面上各种形式的旅游路线很多，但以古诗连接这些景点的几乎没有，这份地图在杭州很特别。

制作者之一的郑欣悦说得很形象："古诗词带来的意境，能让山水花草的'主角光环'更加耀眼。"300首诗词过一遍，最终甄选22个景点。

别看只是一幅小小的地图，大家一共忙活了一个月时间，前期问卷调查中，一共发放了700多份问卷，学生们发现，几乎没有人能掌握6首以上与杭州有关的古诗词，而八成的人愿意跟着古诗词游览景点，六成的游客会直接扫码听古诗词。

"九溪十八涧,山中最胜处。昔久闻其名,今始穷其趣。"发布会上,除了介绍地图的玩法,成员郑欣悦和田可欣还秀了一把古诗词背诵,其实在制作地图的过程中,5名学生不知不觉间已经掌握了很多首跟杭州有关的古诗。

田可欣说,在最开始,5名同学花了一周时间总结了杭州的100多个景点,收集了300多首古诗词,然后按照知名度排序,最终选出了22首古诗,对应22个景点,这个过程中,特别是主要负责收集古诗的劳珺琪,已经成了古诗小达人。

绘制地图也花了大家不少工夫,大家在杭州地图上描出主要线路,复印成简易版,并将事先整理的景点名称标注在简易版地图上,观察每个景点的实景照片,翻阅文字资料,归纳出最突出的景点特色,画出景点代表性图案,再进一步在地图上将西湖、钱塘江描绘上去。

上述案例介绍的是采荷一小四年级的5名学生经过长达一个月的调查研究,做了一张手绘地图。孩子们几乎把西湖边的景点都纳入其中。而且,这份地图还跟诗歌有关。

其实,不光是郑欣悦等5人制作的"古诗词地图",还有不少学生也展示了他们的成果,和郑欣悦一样,这些成果都是利用课余时间来完成的。比如许怡冉等5人,察觉到了一个现象:如果一个人到医院挂盐水,用普通的输液架,不管是上厕所还是叫护士都很不方便,特别是不好放手机。于是他们改进了传统输液架:配置呼叫按钮,保障病护及时沟通,增加了托盘设计,可放iPad等电子产品,也可放输液泵等治疗用品,还脑洞大开地加上了360度旋转手机支架,可以给病人自拍。

将拓展课程的开发与社会实践活动、研究性学习的实施三者紧密结合起来,三位一体,有效地实现学生学习方式的转变。增强教育与现实生活的联系,发展学生终身学习的愿望,培养学生的创造精神和实践能力,学生的综合素质得到了提高。学生学习不再只局限于一本书,而是拓展、延伸到生活世界、科学世界、文体世界和网络世界的各个角落,学生也不再只是听讲与做习题,他们学会了剪报贴画,收集各种资料,关心身边的事,寻找一切可以利用的学习资源。学生交流和表达能力提高了。课堂上,学生们经常交流各自的学习心得,交流彼此的看法,交流思想情感体验。学生的质疑创新能力提高了。学习过程更多地成为学生思考、质疑、批判、发现、求证的过程,学生能动性、创造性得到了发挥,批判意识和质疑精神得到了培养。

二、成功构建并形成了"双射线模式"四大新范式

通过对集团的文化建设、教师发展、教学管理和德育实施几个方面的探索与实践,分别提炼了双射线模式的四大治理新范式,分别是指向"德育实施"的德育互生新范式,指向"教学管理"的教学互惠新范式,指向"教师成长"的教师互动新范式,指向"文化建设"的文化互融新范式。

(一)四大新范式在集团管理中有序运行,推动集团平稳、优质发展

1.德育互生新范式推进了集团的德育实施,实现了育人实践的联动共情

活跃两校联动,推行德育项目共同架构,实践活动共同践行,美丽学生共同评选,培养两校学生的优秀品质与综合素养,促进学生全面、个性、优质发展。

2.教学互惠新范式优化了集团的教学管理,实现课程建设的众筹融创

深入课程建设,实现内容共享、师资多元、资源层叠、成果推广;推进课堂创新,开展项目共建,实现资源与师资的双向流动。

3.教师互动新范式促进了集团的教师专业成长,实现了两校教师的互助成长

以两校教师的联合成营打破校际交流壁垒,以双向开放的骨干带教与联合研训畅通跨校研训渠道,有计划、有策略地开展教师培训工作,实现两校教师的快速、优质发展。

4.文化互融新范式推动了集团的文化建设,实现两校办学文化的相容共生

通过文化互融新范式建设的创新实现集团文化共性追求,通过营造包容开放的文化环境实现两校文化个性发展,通过宣扬团队精神实现教师文化共同打造,最终达成两校文化共荣共生。

（二）促进集团管理组织结构发生了良性变化

自松散型集团实施以来，本着平等协商、互惠互利的原则，采荷一小和丁信小学管理层在教师发展、课程研发、课题共研、德育共融等方面开展了形式多样的探索和实践。由此引发了管理层组织结构的变化，主要表现在改变了原有的扁平单一的管理结构，催生了课题组、项目组等新的管理组织。以语文教研组为例，在两校校长室平等协商的基础上，双方充分认识到传统文化、互联网环境对于语文教学的影响和对孩子语文核心素养养成的重要意义，确立了"古诗组读""考拉阅读"两个项目组。这两个项目组既接受两校教学管理部门、教研组的指导，同时又在具体实施过程中平等协商、分工负责、合力推进。再如，新校在发展过程中，青年教师的发展成为影响学校可持续发展的重要制约因素，因此新校将青年教师的培养列入重点工作。因此，两校研发中心指定专门干部负责青年教师培养工作，共同成立"欣荷历练营"青年教师发展项目组。该项目组受两校教学管理部门的直接指导，重点落实新校教学管理部门的安排，旨在促进新校的青年教师快速发展和成长。组织结构的变化并不是一成不变的，而是根据教育教学发展的需要动态发展、变化的，也是根据研究的实施不断深入的（见图7-1、图7-2）。

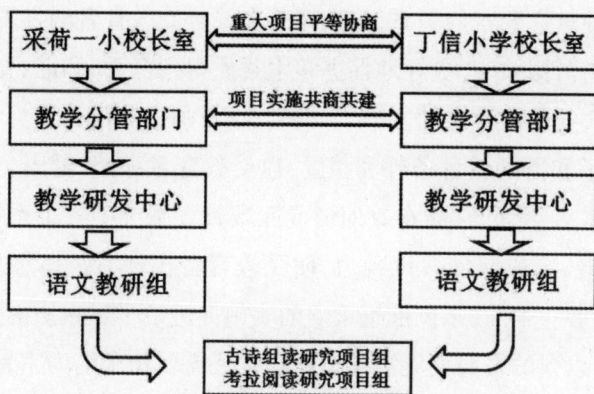

图7-1　语文教研组组织结构变化示意图

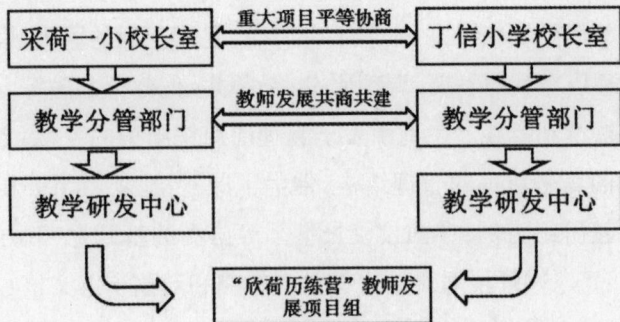

图7-2　青年教师发展项目组示意图

组织机构的变化,在一定程度从管理架构上改变了紧密型集团的运作方式。将扁平、单一、并行的管理结构变为交叉、多维、立体的网状管理模式。新的组织架构在"平等协商、互惠互利"的原则基础上开展工作,同时,这些新的项目组织、研究组织既带有动态变化的特点,也承担着相应的管理职能。组织架构的变化适应了松散型集团发展的需求,更好地促进了管理效能的提升,促进了两校教育教学全方位的均衡发展。

(三)治理新范式优化,继承发展,提升均衡度

"让每一个孩子享受优质教育"的内涵和要达到的目标在于:第一,教育事业和谐发展,学校文化、德育工作的打造更适合每个学生的发展,通过调控教育中诸种教育要素的关系,使教育节奏符合受教育者的发展节律,进而使教与学产生谐振效应,更好地促进学生素质得到全面、和谐、充分的发展,以取得最大效益的教育活动。第二,教学品质、师资队伍建设为学生身心健康发展创设了和谐的教育条件和氛围,以受教育者和谐、健康、全面发展为目标的一种教育活动,它能有效地形成区域教育系统中各子系统及各要素间的协调运转,形成区域教育合力,使受教育者在德、智、体等方面得到优质、全面的发展。第二,多位推进策略的实施促进了学生素质的全面、和谐、充分的发展,以人的自身发展需求与社会发展需要相和谐为宗旨,协调并整体优化各种教育因素,创设优质、和谐的育人氛围,使受教育者得到优质、全面、和谐的发展。第三,校区联动特色创建和学生活动创新的开展,促进学生个性能够获得充分发展,通过建立和谐、优质的教育管理体系与和谐的人际关系,协调学校中的各种教育因素,并运用符合教育规律、学生身心发展规律及学校实际情况的教育手段和方法,促进学生各方面素质的全面、优质发展。

在实施过程中,集团对治理新范式进行了总结完善,不仅对当前集团的可持续发展有积极的推动作用,也对未来集团的发展具有重要的引领作用。

进一步明确了集团两校的聚合点,那就是彼此成就,合作共赢;优质均衡,持续发展。围绕聚合点,选择了"德育互生、教学互惠、教师互动、文化互融"四个方面策略做深入聚合。

途径一:德育互生

松散型集团运作初期,两校紧紧围绕"把立德树人作为教育的根本任务"的精神,联合做好两个方面工作。

一是联手共研德育课程。采荷一小坚持做好年级德育项目活动,丁信小学则以这些项目为基础,架构起"五美、十会"风信德育课程。为使德育课程更加科学化、精细化和系统化,采荷一小设计完成了五美少年评价体系,丁信小学固化了风信好少年评价体系,让每一位学生都努力成为最美、最好的自己。

二是联手共促德育活动。集团举两校合力,共同举办毕业礼、成长礼、入队式、少代会等活动,让两校学生经历共同的情感体验,使普通的事件成为不普通的经历,激发学生在互联互动中实现生命的共同成长。

途径二:教学互惠

集团十年磨一剑,致力于拓展性课程的研发,架构起"采一4D拓展性课程"体系,让学生手脑并用,动口动心。着力打通感官壁垒,律动成长脉搏,实现生命的高峰体验,培养学生正直、自信、灵动的品质。

丁信小学在创办之初,就模仿采荷一小4D课程基本框架,结合自身的"DNA"架构起"风信课程"。课程内容同中有异,异中有同,相得益彰。每学年,集团全体教师为了课程走到一起,开展课程分享会,让教育更好地走向优质均衡。2018年,集团还组织多校区骨干共同研发了共享的CBD国际融通课程。

途径三：教师互动

新校创办初期急需解决的一个难题就是师资。丁信小学创办初期，13位教师中除了集团派出的3人，其余都是新招聘的教师。建立完善的研训新范式，激发教师自我生长的力量，是集团的重要使命和责任。通过特级教师走校带教、骨干教师校际流动、学科之间联合研训等，集团让越来越多的教师快速站稳讲台。除了借力，丁信小学在采荷一小欣荷历练营的基础上，新增了"新苗营、盈杏林、常青堂"系列教师培训体系，加强了自身造血功能。

松散型集团运作5年来，丁信小学共有50余名年轻教师到采荷一小跟岗学习，采荷一小也派出了18位骨干教师走校带教。每年10月，集团还为这些青年教师举办一次"课堂节"。两校青年教师同台展示，采荷一小名师全程跟进。如今，丁信小学2015年招聘的6位新教师中，两人获区教坛新秀称号，一人被评为区优秀班主任，一人被评为区优秀教师。

途径四：文化互融

文化是一种精神，是凝聚人心的重要体现。在30年的办学历程中，学校结合地域文化，提出了"'荷文化'育人功能的开发和实践"课题研究，更提炼出"荷"作为一种文化意象所承载的"正直、自信、灵动"的品质，逐步形成了扎实、朴实、真实的教师文化。因此，集团希望将这种优秀的教师文化辐射、延伸到新建学校。

丁信小学在发展初始，集团选派骨干教师深入新校，协助校长共同办学。集团化办学不是简单的复制，而是在继承中有发展，在发展中有创新。丁信小学找准自身的办学定位，提炼出了"热情、自信、感恩、坚毅"的风信子文化。

为让两校文化一脉相承，每年暑假两校全体干部都要聚在一起，就集团的文化推进、管理创新等内容开展一次"研讨坊"活动。

德育互生、教学互惠、教师互动、文化互融四条途径，让松散型集团聚合成了一个有机的生命体。未来，我们的着力点：一是借助互联网平台，进一步实现智慧共享；二是形成有效新范式，进一步加强内在聚合力；三是加强课堂教学联动，进一步促进优质均衡。在形散神聚之间，让每位学生都能享有公平而有质量的教育。这不仅是课题研究的目标,也是松散型集团办学的初心。

三、双射线模式有效地促进了教师专业成长

教师专业化的内涵是指教师在整个职业生涯中,通过专门训练和终身学习,逐步习得教育专业的知识与技能并在教育专业实践中不断提高自身的从教素质,从而成为教育专业工作者的专业成长过程。它包含双层意义:既指教师个体通过职前培养,从一名新手逐渐成长为具备专业知识、专业技能和专业态度的成熟教师及其可持续的专业发展过程,也指教师职业整体从非专业职业、准专业职业向专业性职业进步的过程。

著名教育家冯恩洪先生说,珍惜讲台要在上岗竞争当中展示出来。珍惜讲台就要发展自己,珍惜讲台就要做最好的自我。只有先珍惜讲台,才能热爱讲台;只有热爱讲台,才能享受讲台。课题的实施旨在促进不同层次的教师得到发展,提升教师队伍的职业素养、专业技能,最终促进学生的发展。

(一)促进了青年教师的成长

集团一贯重视青年教师的发展,以欣荷历练营为平台和载体,引领青年教师快速适应教育教学,掌握必备的教育教学技能。2018年,方卫成负责的"欣荷历练营:三段式新教师研训模式的研究和实践"在省市区立项。本课题以欣荷历练营为平台和载体,规划构建三段式研训模式,通过师徒结对、相约周二、欣荷杯赛课、德育实践、高端培训等多种方式促进新教师教育教学技能的提升。课题成果获杭州市三等奖、江干区二等奖。丁信小学李伊丹"依托'团队拓展游戏'构建'N+1'型教师培养模式研究"在2018年度杭州市教师教育科研课题立项。

1. 提升了青年教师的自主学习能力

自主学习是青年教师专业化发展的重要途径,自主学习能够充分利用教师的自主能动性来提高教师的专业化水平。首先,学校应积极培养青年教师的自主学习意识,加强教师对专业化发展的重视,鼓励青年教师在欣荷历练营的组织下积极开展自主学习;其次,青年教师应积极更新知识结构,不断学习新的专业知识和教育学新成果,在完善自身专业知识结构的同时,

还要积极学习其他学科知识，不断提高自身的文化素养；最后，青年教师应养成认真钻研的习惯，深入研究学科教学，不断提高自身的教学能力。

2. 健全了青年教师的研修体系

健全研修体系能够完善青年教师的专业教育，更好地促进青年教师专业化发展。在青年教师的培养过程中，我们坚持"二三四"联动策略。首先，教育教学两翼并重。对三年内新教师需具备的基本教育教学技能进行梳理，通过系统的规划和研修，以提高他们的专业技能。其次，三段循环成长历练。重置欣荷共同体培训模式，2017学年将原欣荷成长共同体升级为欣荷成长历练营。既有分期训练的意思，又有不断推进的含义，符合新的培训需求，是培训形式、培训内容的换代升级，以教师需求为导向，实施的主要操作模式是：菜单选课，分层培训，学院充电。最后，集团四校区携手共赢。欣荷历练营新教派研训模式受到了新教师的欢迎，为青年教师教育教学专业技能的提升提供了非常好的平台和载体。定期的学习、交流，促使集团全体青年教师携手共进，为集团的后续发展储备了师资和人才。同时，每学年组织参加高校研修，极大地开阔了青年教师的视野。

3. 建立了发展性评价新范式

首先，实现评价指标多元化。改变以往只注重教科研、公开课的评价指标，尝试从多角度考察教师的综合素质，在关注教师教学能力的同时，也关心教师其他方面的发展。其次，评价方式多元化。改变单一注重定量的评价方式，实现定性评价方式与定量评价方式相结合。最后，贯彻评价主体的多元化。将管理干部评价、教师自评和学生评价三位一体结合起来，实现评价主体多元化，针对全方位的评价内容，有针对性地帮助教师实现专业化的发展要求。

（二）带动了骨干教师的研修提升

教育网络研修平台，为教师培训、教育研究、教科研管理等工作提供全天候、全方位的服务。为满足教师研修的需要，建立了教学研讨、专业发展博客、教学资源库、科研网等多层次的网络信息平台，教师在这些网络平台互相学习交流，实现资源共享。积累了大量的教师深度备课和习题设计资源、各科经典课堂录像、优秀教学课件、专家讲座、获奖科研成果、论文资料等,不仅满足了教师学习、交流的需要,更形成了浓厚的网络教育教学研讨氛围,促进了教师专业发展。

以"三荷杏坛"为抓手,以"欣荷历练营""欣荷研训展示""盛荷研训展示"等为平台,促进各级各类名优、骨干教师专业发展。集团每年度都荣获师训项目考核优秀,被评为江干区教师专业发展示范学校,浙江省第二批示范性教师发展学校建设学校。三年内,安排数学、科学、信息、音乐、体育、美术学科省内培训六次,语文学科省外培训三次。2018学年,王红名师工作室承担江干区古诗组读培训班两期,共计培训学员近200人次。在采荷一小师训的大力助阵下,采荷一小单群群、邵斌老师被评为区精锐教师,朱虹、郭红燕、朱冰洁、陈庆橹、郭巍丹、朱珊珊等被评为区新锐教师,方卫成成为第二批区精锐教师培养对象,蒲晓花、萧依、金奕莼等选入第二批区新锐教师。

课堂能力在提升。采荷一小语文、数学团队在全国"千课万人"教学展示活动中承担了专场展示,有力践行采荷一小朴素教学的理念。在各级教学研讨活动和比赛中,采荷一小青年教师喜报频传,郑上兴荣获杭州市小管会体育学科赛课一等奖,袁婷荣获江干区小学英语课堂教学评比一等奖以及杭州市小学英语优质课评比一等奖,钱君婷荣获江干区小班化课堂教学评比一等奖。此外,有近10名教师在德育类赛课中获奖并在全区进行展示,8名教师分获区级班主任基本功大赛一、二等奖,并代表江干区参加杭州市的比赛。集团教师正在一次次课堂实战中华丽蜕变。2020年疫情期间,沈益强老师主持的课题"'三环五步'融创E学模式的实践与研究"在杭州市2020年规划课题中成功立项。其中,疫情专题案例"三环五步融创E学模式的实践与研究——以乘法分配律为例"获江干区一等奖。

目前,采荷一小共有在职在编教师190人,其中拥有高级职称教师22人,特级教师3人,精锐教师3人,新锐教师10人,一层次骨干教师6人,二层次骨干教师14人,三层次骨干教师49人;丁信小学教师105人,拥有高级职称教师2人,全国优秀教师1人,市区教坛新秀、骨干教师比例达90%以上。

(三)促进了教师学习能力的发展

课题的实施,给教师带来很大的发展空间。教师积极参与拓展性课程的创建,拓展了自身活动范围,除了能使课程更适合学生需要外,也使自己获得了专业的发展。教师由原来单纯的知识传授者变为学生学习的组织者、指导者、参与者、促进者和"资源人"。通过校本培训，教师主动发现问题、思考问题、解决问题的意识明显增强。善于思考，主动发展，确立了自己的地位。善于学习，能从教育教学实践中经常反思自己的行为，从同伴交流中吸收先进的教学理念和做法。学习已经成为教师的一种工作方式和生活方式，教师的学习思维正在走向不断开放。以拓展课程为例，集团的魔术、相声，丁信小学的沙画等成为孩子们非常喜欢的项目，极大地激发了孩子们学习的热情，也提升了教师的课程力。

（四）提升了教师的课程意识和设计实施能力

松散型集团办学历经了实践—重构—再实践的过程。在此过程中，教师的课程领导力显得尤为重要。落实立德树人的根本任务，教师的课程领导力起到至关重要的作用。课程领导力的前提是课程意识。教师的课程意识是教师对自身在课程决策、开发与发展中所处地位、作用与责任的自觉。课程意识包括课程专业意识、课程批判意识和课程资源意识。教师的课程专业意识，不仅表现为能熟练掌握所执教学科的专业知识、课程知识和学科教学知识，而且要对该课程的专业知识与技能的重要性和价值、学生及其心理特征、教育环境等有深刻的了解和研究。教师课程意识的提升主要表现在教师能够在学校课程顶层设计的理念框架下自主开发、实施课程。例如，采荷一小方艳老师的"魅力衍纸"、秦青老师的"6w课程"、沈益强老师的"魔力数学"、章晔玲老师的"趣味速叠杯"，丁信小学张页妮老师的"风信沙艺"、赵婷婷老师的"纸上花开"等。

课程意识是形成课程领导力的先决条件，缺乏课程意识，课程领导力也无从谈起。长期以来，我国中小学校长、教师习惯于被动地依照上级领导制订的课程方案和实施办法处理、解决课程实施中出现的问题，没有认识到课程领导也是自己的责任；没有意识到应该关注课程目标，关注课程及其实施能否让每一位学生健康、快乐地学习，能否让学生有尊严、有个性地成长；没有意识到应该从教育的目标出发审视课程的开发、设置和建设，判断课程及其实施是否能促进学生的健康发展。多数教师在新课程实施之后，仍然把自己定位于做既定课程方案的执行者，比较被动地执行上级教育行政部门的指令,在不同教育理念、教学观念的碰撞矛盾中以及课程实施中,无所适从,跟风转。

【案例7-2】 精品课程分享会议实录

2019年7月6日,采荷一小教育集团在丁信小学召开了精品课程分享会议,集团全体老师参与了此次活动。本次活动还特别邀请到江干区教育发展研究院科研部曾宣伟主任,为交流课程做指导点评。六位负责精品课程的老师做精彩的分享后,曾宣伟主任做课程指导。曾主任强调课程要从学科教学出发,要开发基于学科的拓展性课程,例如叠纸。对于第一个课程,曾主任建议明信片的名称要直白,要有当代存在的意义,能成为生命的载体。选材也可以作为德育的学习内容,例如校园十景、校园十大人物、校园一刻等。针对第二个课程,他强调培养空间感一定要实践、一定要玩,并且拼图一定要有创意。另外,对于英语课程,他建议要换思维,不要用西方绘本,用杭州地域文化做英文绘本。舞蹈课程也一样,要有杭州地域文化,名称具有学校特色,可以通过舞台剧表现一个完整的人来作为一个完整的项目学习。同样,曾主任也建议折纸和沙画都可以结合学校特色来开展学习。

江干区教育局费蔚副局长以"震撼"为关键词高度赞扬了集团开展这样的精品课程并总结交流会的意义价值,肯定不管是经验丰富的老教师还是初出茅庐的新教师,对课程的实施和理解都有自己的独到之处。她还从多样性、规范性、生长性三个角度,肯定了集团的课程建设工作——知识拓展类、体艺拓展类、实践活动类三类课程样样都有;课程纲要、课程目标、课程内容、课程评价、课程设计规范具体;还加入了很多国际元素,教师在不断成长,课程也在不断生长。

实践证明,只有校长和教师有了明确而坚定的课程意识,才能自觉关注课程实施与学生发展、教师专业能力提升的关系,引导师生共同探寻、理解课程的目标和理念,认识所设计的课程的意义,激励并带领师生积极参与课程的开发、建设和实施,追求课程目标的达成。只有有了明确的课程意识,才能在课程实施遇到困难和问题时主动、及时地进行反思、总结，并做出必要的调整和变革。

从"4D课程"到"风信子课程"，既有继承，也有创新。从目前的情况来看，集团的课程顶层设计已经基本完善，但仍需要在实践中不断调整。集团采用一年一度课程分享会的新范式促进精品课程的研发和推广、实施。

四、彰显了集团品牌，提升了社会美誉度

（一）履行了松散型集团办学的承诺

丁信小学地处丁兰街道，坐落于同协路以东、杭玻街以北。学校占地面积25189平方米，建筑面积18835平方米，是按30个教学班配置的小班化学校。学区内包含建塘苑社区、同协苑社区、东林桥社区及第二社区（规划名），学校周边聚集着多个高品质楼盘。采荷一小和丁信小学的结合，是基于"荷文化"理念引领的生命教育而构建的松散型教育新共同体。

在采荷一小"荷文化"办学理念的引领下，丁信小学提炼出"让童年在童话中成长"的办学特色，希望通过开展阅读童话故事等活动，引导孩子们听童话，让心灵在童话中飞扬；看童话，让双眸在童话中明亮；编童话，让思绪在童话中流淌。

丁信小学的师资配备采用"1+1+1"模式：从采荷一小教师队伍中选派；从外地引进成熟型优秀教师；招聘新教师，提前一个学期进行专业系统的岗前培训。截至目前，丁信小学师资队伍中，有全国优秀教师1名，市区教坛新秀、骨干教师比例达90%以上。课程建设方面，采荷一小传统文化课程，如美术课的剪纸、音乐课的竹笛等，都将传承到丁信小学，并会在呈现形式上有所创新。

早在2015年丁信小学办学之初，采荷一小教育集团总校长王红曾用"亲如母子、情同手足"来形象地界定两校的关系。集团努力打造一所有故事的学校，让童年在故事中成长。首先，努力利用物化环境讲述学校的故事。结合学校的办学理念，让花木含情、墙壁说话，为它们赋予内涵，让它们时刻讲述着学校从需求出发的教育故事。其次，利用课堂阵地学习故事。由老师们来讲故事，用生动、具体的故事传承学校的核心价值，彰显学校的育人精

神,让故事的营养渗透到学生生命的每一个细胞。由孩子们来读故事,引导孩子们听故事,心灵在故事中飞扬。看故事,双眸在故事中明亮。编故事,思绪在故事中流淌。让故事润泽孩子的生命,让故事带给孩子们美好的童年。让孩子们的精神成长史随着阅读史不断成熟与丰盈。由师生共写、共话故事,小课堂连着大世界。把故事作为学校文化的载体,让师生共同把教育教学和人生体验抒写成一个个洋溢着生命活力的故事,在一个个故事场中留下体验、留下情感、留下生命的感悟。最后还要利用网络媒体传播学校的故事。用故事传递正能量,用故事引领思想,用故事引导行为,用故事把丁信小学的办学理念植根于孩子与家长的心中。

【案例7-3】 校长赠书为她点赞

杭州采荷一小教育集团丁信小学401班的陈子柔同学收到了由校长池昌松送的一本书。随书一起收到的还有一张写有留言的书签。

这张书签上写着:

陈子柔同学,你好!

在值日老师的日志中看到你一个人静静地蹲在地上看书的照片,我被你爱读书的行为打动了,为你点赞!我还要把我收藏的一本书送给你(作者亲笔签名),希望喜欢。

校长:池昌松

这个孩子为什么要蹲在地上看书?

原来,上周的一个大课间,所有同学都去操场上锻炼了。可陈子柔因为刚做完一场小手术,不能和大家一起做运动。学校有一个规定,课间活动时,教室要关灯节能。所以爱看书的她就拿了一本书来到教室门口蹲下,静静地阅读。

那天天气很冷,一到室外就巴不得把手脚都缩进衣服里。值日老师夏丽慧在检查时经过401班门口,看到子柔一个人乖巧地蹲在角落看书,完全沉浸在阅读之中,不忍打扰。但想想外面的温度,夏老师还是忍不住问她:"你怎么不进教室去看?"

子柔抬头回复："为了我一个人开灯，太浪费了，我在教室门口也能看。"

夏老师又问："那你怎么不进老师办公室？"

子柔天真地说："我不想打扰老师办公。"

接着，夏老师不再打扰她，但在离开前，拍下了她看书的照片，发在了学校的工作群里。

当天，池校长就在群里看到了夏老师上传的工作日志，被她的身影感动，找出了一本书《谷子遇见豆子》，并在书签上附上了那则留言。

池校长说："其实这也就是一件小事。但作为一个老师，在任何时候看到这么爱看书的孩子，都会很高兴的。我手头正好有这么一本书，是当时作者来学校交流时送给我的，上面还有作者的亲笔签名。我想，这样的一本书送给这样一个爱读书的孩子，是最合适的。我也是第一次单独送一本书给学生，希望这本书能够鼓励她，让她继续热爱阅读。"

池校长将这本书交给了高段校区负责人戚书记，请她转交到子柔的手中。在第二天的谈话课上，戚书记当着全班同学的面将这本书送给子柔，鼓励班上更多同学向她学习，爱上阅读。

短短5年多时间，丁信小学在学校管理、课程建设、育人方式、智慧校园建设等全方面实现了高起点办学，得到了师生和家长的高度认可。2018年，季康云老师的文章《智慧校园撬动学校发展的支点》在《教育现代化》杂志发表。作为江干区教育局采用"名校+新校"的模式在丁兰区块举办的全日制公办小学，由采荷一小教育集团引领、指导新校的建设和发展。与此同时，集团办学又实现了新的层级化管理。2016年12月，江干区教育局决定将丁信小学教育服务区内的另一所新建42个班规模的小学由丁信小学主办，成为丁信小学的第二个校区。2018年9月，值杭州市丁信小学建校第三个年头，成为一所2个校区、72个班规模的小学。对一所自身尚待发展的新校来说，是新的挑战、新的课题，如何选择适合学校发展的管理模式、提高管理效能、促进学校健康发展仍是摆在管理层面前的重要任务。正是由于集团全方面的引领，才使丁信小学有了这样的底气和勇气。同时也进一步为松散型集团治理新范式的设计和运行提供了可资借鉴的模式与样本。

短短5年时间，丁信小学被评为"北京师范大学生命教育实验学校""杭州市2019年市级足球特色学校""杭州市美好小学""江干区绿色学校""江干区语言文字规范化学校""江干区中小学文明校园""江干教育青春联盟基地""江干区示范家长学校""2018年度江干区毒品预防教育示范学校"。

（二）扩大了集团品牌的社会影响

"把学生心中的美丽学校变成美好现实"是采荷一小教育集团的根本追求，"促进每一个孩子的个性化成长"是集团的终极目标。围绕这样的美丽愿景，逐步探索出"立足学生、基于文化、发展特色、形成品牌"的实施路径，绽放出新样态教育之花。2018年，学校成为全国新样态联盟成员学校。2018年9月，方卫成副校长代表学校参加新样态实验学校区域交流。学校对松散型集团的现状、思考、实践引起了专家和与会老师的共鸣。

2018年11月，在第四届全国"生态好教育"论坛活动中，集团总校长王红做了"凝心聚力，让松散型集团形散神聚"的报告，对松散型集团的治理新范式和策略做了较为详尽的介绍。对如何构建"松散型教育新共同体"，立足本校实践，主张聚焦"文化互融""教学互惠""教师互动"及"德育互生"四个方面，改变传统"硬治理"的方式，通过"软治理"，以文化人，从而达到形散神聚的集团化办学模式，得到与会专家、老师的好评。

2019年5月，在杭州名校集团化经验交流中，王红校长再次做经验交流，为新形势下杭州市集团化办学提供了一个可资借鉴的样本。

2019年5月，叶建胜副校长代表集团赴深圳参加新样态实验学校论坛，做"为未来而教，为未知而学"的专题报告，再一次在全国范围发出了"采一好声音"，同时也将集团的智慧教育经验做了很好的推介。

通过积极参与各级各类教育改革研讨交流活动，增加曝光度，是让人快速接受和认识的好方法。在多次的交流活动中，我们尽可能在较大范围内展示自身的形象、宣传自身的成绩、介绍成功的经验，不知不觉中就强化了人们对集团教育的认同和喜爱，扩大了集团的影响力和辐射力。

2019年4—5月，集团作为江干区教师发展基地，承办了两期"古诗组读"专题研训班，共有100位区内外语文教师参与学习研讨。专题培训以"王红名师工作站"为承办主题，以王红校长为总导师，集集团语文骨干教师之合力,两校骨干教师同台展示、研讨,展示了集团语文教学的风采和实力,受到了参训老师的好评。

集团每年度都荣获师训项目考核优秀,被评为江干区教师专业发展示范学校、浙江省第二批示范性教师发展学校建设学校。

(三)校区联动发展,各美其美,美美与共

1. 传承了荷文化的"DNA"

文化是学校凝聚力和活力的源泉,是学校的灵魂。有文化自觉的学校,会清晰地意识到自己该秉承什么,用什么样的理念影响师生生活,因而能够促进教师与学生的生命在学校中得到舒展、成长的文化,让普通人的潜力得到发挥、个性得到张扬;不好的学校文化,则存在于缺乏文化自觉的学校之中,可能会压抑个体生命,使学校整体处于平庸的文化氛围中。

学校文化建设最关键的东西在于使命、愿景、价值观。使命是学校的责任,即学校为什么而存在;愿景是学校的蓝图,即学校未来的目标和样子;价值观则是学校对于好坏、善恶、美丑、成败、是非的基本信仰和评价标准,即哪些东西要坚守,有些高压线绝对不能碰,教育应该有所取舍。总的来说,使命、愿景、价值观决定了学校文化的根本。

从松散型集团的治理角度来看,制度是学校的文化契约,是学校管理者和师生共同遵守的契约。制度与文化是一种相互依存的关系,制度是硬文化,文化是软制度;制度是文化的体现者和守护者,这样,文化才能得到真正的弘扬,制度的存续和影响同样会受到文化整体性的保护与滋养。

松散型集团由于特殊的独立法人办学模式,必须处理好这种文化"DNA"的传承和发展,首先是继承,然后是发展和丰富。

在紧密型集团的发展过程中,文化的传承显得比较便捷。荷花由经济作物到文化象征,经历了漫长的历史过程。历代植荷、艺荷的不断探索,文人墨客对荷的吟咏、赞叹,深化了人们对荷的审美体验,使荷不仅作为重要的经济作物为人们所重视、喜爱,也使荷成为丰富内涵的文化象征。而荷独特的生物秉性,深受人们喜爱、关注,并被颂咏、赋予人格意义及丰富的品质意蕴。

我们从中得到启示:以荷花为载体,多途径、多方法地讴歌丰富荷的精神内涵,揭示其独特的品质意蕴,使其成为育人的媒介和手段,更好地为学校建设服务。同时,理性去分析"荷文化",荷只是一个物象,一个载体,真正的内涵是荷文化所承载的品质和精神。

2. 丰富和拓展了荷文化内涵与外延

校园文化说到底是一种人的文化,应当将人放在第一位。校园文化最终的目的是发展教师,成长学生。制度、景观等终究是一种外显性表现。如若学校无视人的存在,仅靠外力打造校园文化,那么,校园的景观文化再精致,理念口号再前卫,也只能是空洞虚浮的。置身于一所校园,外显性文化只是先入为主的直观性感受,能否真正触动人的心灵,还是在于师生那一举手、一投足之间,由内而外散发的气质。这种气质不是靠人为设计就能实现的,这需要学校的每一位教育者从自身做起,一点一滴地累积与构建。

丁信小学作为一所集团内的新校区,完全复制集团的"荷文化",不现实也不可行,因为这是有悖教育发展规律的,也是和松散型集团治理的目标相违背的。

丁信小学在前三年的初创期,是通过3C模式来完善校园文化的,这3C就是复制(copy)、改变(change)和创造(create)。作为新校,如何实现在短时间内的高起点比较成熟的办学模式,丁信小学管理层想到了以下三种策略:(1)复制中萃取精华,复制采荷一小的名校精华和集团文化;(2)改变中推陈出新,作为一所在丁桥区块上的学校,要根据实际情况来将集团中的一些文化进行本土化;(3)创造中吐故纳新。丁信小学要有属于丁信小学自带的"DNA",最终打造自己的品牌特色。

校园文化是可以复制并传承的,这种复制和传承能内化为校园精神的一脉相承。集团所追求的"荷文化"育人,以"关注孩子一生的发展"为宗旨,以学生素质的多元发展为核心,构建了"荷文化"育人的基本操作体系,形成"正直、自信、灵动"的校园精神。

丁信小学重点要做的是怎样在采荷一小"正直、自信、灵动"的"荷文化"精神的基础上有所传承,丁信小学选取的校花是"风信子",与采一一样,由花而来、以花喻义。但新校又别开一枝,有自身的识别度,同时在"荷文化""正直、自信、灵动"的精神基础上萃取出丁信小学特有的"风信子"文化,风

双射线模式：松散型教育集团治理新范式

信子的花语就是"焕发生命热情、共享幸福人生"，将"风信子文化"确立为"热情、自信、感恩、坚毅"。而这四种品质正好也是丁信小学一年四季的植物景观象征的花语，春天风信子的热情，夏天向日葵的自信，秋天金柚的感恩，冬天蜡梅的坚毅。

由一脉相承的风信子文化中，丁信小学越来越明晰地抓住"童真"二字，确立了"以童为先，以真为大"的办学理念，把"关注全体儿童、促进儿童全面发展，立足真实的童年、坚持真实的教育"作为办学的价值取向，培养社会主义事业的合格建设者和可靠接班人。由"童真"二字衍生出了校园的三大文化渗透，校园的吉祥物就是男娃童童和女娃真真，男孩和女孩就是丁信的风信学子。从"荷文化"到"风信子文化"，在继承中发展、丰富了"荷文化"的内涵。

262

第二节 展望：深化松散型集团 "双射线管理模式"的构想

推行松散型集团"双射线管理模式"是目前区域推动义务教育均衡发展，实现教育公平与公正的有效途径。但我们也应该认识到，这种管理模式还是一个新兴的研究命题，发展尚不成熟。因此，基于松散型集团"双射线管理模式"的重要性和集团目前的研究现状，未来实践的过程中需要在以下几个方面予以重点关注。

一、把握时代发展脉搏，增强洞察力与前瞻性

随着社会的快速发展，经济环境不断更迭，松散型集团化办学形态应当根据实际情况适时调整。相对于环境的瞬时变化而言，松散型集团办学适应环境变化需要有一个过渡阶段，其改变具有相对滞后性。但是，所有事物的变化都会遵循一定规律，研究与实践的不同之处在于研究可以抽象地把握时代跳动脉搏，在总结前期变化的基础之上形成具有前瞻性的发展预期。研究的方向性和指向性可以总结实践发展的经验，也可以通过探索既定的发展规律，提前把握环境变化的具体方向，指导今后实践的发展。这不仅需要对集团化办学发展进行准确全面的定位，更需要根据现有的区域动态变化情况总结既定的发展轨迹，通过科学的判断和推理完成对未来发展方向的探索。目前，多数学者将研究的关注点聚焦在通过总结实践经验得出促进策略，比较倾向于对过去和现在已定事实的研究。基于松散型集团化办学的动力变化受社会环境制约，所以增强对周边环境变化的洞察力，形成具有前瞻性的研究，对于松散型集团办学的发展而言可以减少运行成本，提高办学质量，提升办学效果，这是当下"双射线管理模式"的持续发展、发

力具体且迫切的要求。

二、明晰各主体间关系,挖掘研究深度

松散型集团采用"双射线管理模式"办学发展至今,对参与主体的研究关注度较高,但此类研究多是单纯地停留在参与主体角色的变化上,对于纵向深度的挖掘体现并不明显。随着参与主体的增多,伴随不同利益相关者的入驻,一方面带来的是松散型集团化办学资源的增长以及力量的强大;另一方面则带来了同一合作范围内不同利益需求的分配问题。所以,随着松散型集团办学的深入,相互之间的责权情况将成为研究的重点,集团采用"双射线管理模式"扬长避短,抓住了这一时机。就当前社会的发展形态来看,松散型集团办学的参与主体类型接近饱和,角色分类将不再成为研究主流,所以未来研究的发展方向当从现在的横向拓展转向纵向深度挖掘,不能仅仅停留于基本角色的创新。不同类型的松散型集团组成元素不尽相同,其具体的入驻条件、标准以及各个利益主体间的责权重点倾向不一,未来的研究可以建立在不同维度的划分标准中,根据不同的办学模式探索各利益主体间的关系及动态影响因素,加强对于既定角色间纵深的细节研究,深度挖掘其运行细则与规律,以更好地实现"双射线管理模式"下松散型集团化办学的健康发展。

三、立足内涵建设目标,扎实研究基础与根蒂

内涵界定是区别事物的关键标准,其所描述的是事物发展的本质属性,同时也是一切研究的元问题。不仅如此,作为研究基础的内涵建设需要不断地深刻与锐化,为学术界的探讨与研究提供明确且精确的范畴。否则会导致办学主体在谈论"双射线管理模式"时,因角度的多样性形成不同的结论。随着"双射线管理模式"发展的逐渐成熟,我们不能再单一地追求数量及其规模的增加,关注重心当从重视数量的同时兼顾质量的提升。一方面,对于教育学科内的学者而言,应当达成问题讨论的同一平台及同一高度,避免在范畴划定上的无谓停留,将精力更多地放在不同维度及角度的深度剖析上。站在同一个话语体系或在达成共识状态下的探讨才会对问题的解决

添砖加瓦。另一方面,对于跨学科、融入多视角的研究者而言,扎实的内涵建设更显得尤为重要,只有这样,我们才能在同一层面通过多学科、多视角的方法研究同一个问题,否则,研究者可能会对变换学科或视角后的同一个问题做出不同的判断。内涵建设完成后,我们便可根据松散型集团"双射线管理模式"内涵和教育等发展的规律对集团运行进行统筹规划,其各方面需求也会迎刃而解。完善的内涵建设不仅关系到研究方向的问题,更涉及松散型集团功能的发挥,是研究的出发点,同时也是研究的归宿。

四、加强课题引领,迎接教育变革的挑战

无论是紧密型集团还是松散型集团,社会形态与技术的迅猛发展必然引发教育变革,教育需要在反思中面临重建。未来三五年,混合学习、STEAM学习、合作学习、学生从知识的消费者向知识的创造者转变这四种趋势和走向必将使学校产生深刻变化。在办学体制上汇聚优质教育资源,突破校园界限,不限固定学习场所;在教学结构上打破固定课时、跨越学科界限、围绕真实生活、重建课程体系,这些在技术上完全可以实现。在今后的智能学习过程中,定制服务不再是难题,有教无类能够真正实现。

未来,集团将继续加强课题引领,以课题为载体和纽带紧密合作。信息技术高度发展和互联网时代的到来,使知识成为一种可自由获得的生产资料,大大强化了学习者的主体性。松散型集团在治理过程中,应该也必须迎接信息化时代的挑战。我们置身于"互联网+"的教育信息化2.0时代,智慧教育的浪潮风起云涌。信息技术正以迅猛有力的势头影响或是颠覆着每个人的生活与学习。信息化时代也在不断叩问着我们:教育应该如何变革?如何为学生的未来发展积蓄持久的力量?

集团在"融创智学"理念的引领下,借力技术变革学习方式,促成智慧学习,建构了"融资源、融技术、创情境、创时间、创空间"的"两融三创"智慧学习基本教学模型。我们承担了"互联网+义务教育"智慧帮扶工作,各地师生相聚空中课堂,实现智能联通、智慧共享。我们深知,信息化时代的教育版图在未来几年将更为波澜壮阔。如何让现代教育技术的力量真正促进孩子的生命成长,让每一个孩子成为可以与未来时代对话的人? 我们需要展开

更多的思考，付诸更多的努力。

　　在迎接挑战的过程中，集团如何从立德树人的高度多维推进学习方式的变革，回答习近平总书记提出的"培养什么样的人"的问题，是一项长期而又富有挑战意义的工作，我们未来还有很多的工作要做。

参考文献

论 著 类

[1]李晓梅,田冬.责任教育[M].大连:辽宁师范大学出版社,2013.

[2]沈建平.新名校集团化——市域教育供给侧结构性改革的杭州范式[M].北京:现代出版社,2017.

[3]施光明,沈美华.区域性教育科研课题的设计与运作[M].长春:东北师范大学出版社,2011.

[4]肖方明.五维一体 全息共生——核心素养下的学校整体改革[M].重庆:西南师范大学出版社,2018.

[5]徐晖.新共同体——区域推进基础教育优质均衡发展的江干范式[M].上海:上海教育出版社,2017.

[6]陶西平.教育评价辞典[M].北京:北京师范大学出版社,1998.

[7]闻邦椿.顶层设计原理方法应用[M].北京:机械工业出版社,2014.

[8]孙裕君.现代项目管理学[M].北京:科学出版社,2010.

[9]王红.追寻"荷"文化——杭州采荷第一小学教育集团内涵发展的实践创新[M].上海:上海教育出版社,2013.

[10]王红.4D拓展性课程十年探索[M].上海:上海教育出版社,2017.

[11]于慧.五邑校长话教育——学校管理思考与实践[M].长春:东北师范大学出版社,2018.

[12]王天晓.对善治的追求:教师共同体治理的系统分析[M].北京:教育科学出版社,2013.

[13]吴华,吴长平,闻待.从"差距合作"到"差异合作":宁波市江东区学

校合作的创新实践[M].济南:山东教育出版社,2010.

[14]朱向军.名校集团化办学[M].北京:中国青年出版社,2006.

[15]瞿博.基础教育均衡与发展理论与实践[M].北京:教育科学出版社,2013.

[16]托马斯·库恩.科学革命的结构[M].金吾伦,等译.北京:北京大学出版社,2004.

论 文 类

[1]林成亩.集团化办学管理模式何者为优[J].中小学管理,2005(8).

[2]褚宏启.自治与共治:教育治理背景下的中小学管理改革[J].中小学管理,2014(11).

[3]代方娟.重庆名校集团化办学现状及问题研究[D].重庆:西南大学,2013.

[4]孙铮.简论中国传统"人本"管理思想[J].南方论刊·学术之窗,2019(3).

[5]何金华,王爱民,何金星.三维目标与核心素养的关系厘定——"人本"概念从雏形发展到根本确立[J].内蒙古师范大学学报(教育科学版),2018(8).

[6]赵斌,杨银.共生理论视域下我国融合教育发展的困境与反思[J].教师教育学报,2018(12).

[7]吴晓蓉.共生理论观照下的教育范式[J].教育研究,2011(1).

[8]曹海永.价值认同:助推学校新发展[J].中国教师报·教育家周刊,2019(7).

[9]王晓春.幸福教育实践样态的校本建构[J].江苏教育研究·管理方略,2019(6).

[10]应明安.教育区域板块推进发展模式的总体构想[J].浙江教育科学,2009(4).

[11]费蔚.教育"新共同体":义务教育优质均衡发展的江干模式[J].教学月刊·中学版,2015(10).

[12]李金龙.桃浦经验:教育洼地的学区式突破[J].人民教育,2014(3).

[13]冯虹,刘国飞.第三方教育评价及其实施策略[J].教育科学研究,2016(3).

[14]陈琳.智慧教育创新实践的价值研究[J].中国电化教育,2015(4).

[15]顾秀林.国际视野下教师流动的四大模式、特点及启示[J].教育参考,2016(2).

[16]王寰安.民办学校有效治理研究——以温州翔宇中学为案例[J].首都师范大学学报(社会科学版),2016(6).

[17]徐蕾.从制度约束、人本关怀到文化生成——现代学校管理模式变革与反思[J].现代教育管理,2014(9).

[18]蔡志宏.学校管理:从制度约束到人本服务[J].教学与管理,2015(36).

[19]赵联.要高度重视学校服务文化的创建和根植[J].中国教育学刊,2014(8).

[20]戚小丹.杭州市名校集团化办学的实践与思考[J].现代教育科学,2011(2).

[21]俞晓东,戚小丹.美好教育视野下深化名校集团化办学的定位与举措[J].上海教育科研,2019(7).

[22]俞晓东,戚小丹.“美好教育”样本区:集团化办学再出发的杭州新行动[J].中国教师,2020(6).

[23]陈阳.中小学教师流动的制度化研究[D].长春:东北师范大学,2007.

[24]王洪明.复杂性视角下的教育决策机制研究[D].大连:辽宁师范大学,2008.

[25]范卫萍.区域教育发展规划研究[D].长春:东北师范大学,2005.

[26]杭州市教育局.杭州市名校集团化办学进程的回顾与展望[R].2008.

[27]赵艳国.学校治理要从“人治”向“法治”转型[N].现代教育报,2014-12-24(2).

[28]颜嫦嫦.利益相关者视野下小学教育集团化办学的个案研究[D].金华:浙江师范大学,2017.

[29]严凌燕.义务教育集团化办学研究综述[J].江苏教育研究,2015(9).

[30]韩宗礼.教育产业化,产业教育化——试论社会主义商品经济下的

参考文献

教育趋势[J].教育与经济,1989(1).

[31]张民选.转制学校:事实、成因与前景[J].中国教育:研究与评论(第1辑),2001(9).

[32]熊庆年.大众的需要就是我们的目标——上海建平教育集团纪事[J].教育发展研究,2000(1).

[33]王伟.试论教育集团的模式构想与道路选择[J].教育发展研究,2000(6).

[34]谢根生,成梅.职业教育集团化办学的产生和发展趋势[J].职业技术教育,2005(25).

[35]孙琳.职业教育集团化办学实践的思考[J].教育研究,2007(10).

[36]张徐.基础教育集团化办学研究回顾、反思与展望[J].教育导刊,2019(1).

[37]薛二勇.基础教育名校办分校的政策分析——基于北京市基础教育均衡发展政策的调查研究[J].教育科学研究,2014,4(7).

[38]尹玉玲.从形式改进走向实质提升:对"名校办分校"政策的理性反思[J].中小学管理,2014,10(9).

[39]颜嫦嫦.义务教育集团化办学的模式、困境与出路[J].现代中小学教育,2016,32(12).

[40]成都市教育局.成都名校集团化实现两个"突破"[J].领导决策信息,2009,4(24).

[41]周彬."名校集团化"办学模式初探[J].教育发展研究,2005,22(16).

[42]柳国梁.义务教育集团化办学的应然特征、实然问题与对策建议[J].现代中小学教育,2019(6).

[43]杨晓梦.优质共生:集团化办学再出发的价值追问与路径选择——来自"第二届全国中小学管理理论与实践融合研讨会"的声音[J].中小学管理,2019(5).

[44]杭州市教育局课题组.借力新名校集团化,推动优质教育资源共建共享[J].杭州(周刊),2019(2).

[45]孟晓东.牧式教育:指向儿童的生命自觉[J].教育研究,2017(3).

后　记

　　努力将师生心中的美丽学校变成美好现实,这是每一个采一人为之奋斗的梦想。从办学至今,采荷一小从未停下追寻美好教育的脚步,以科研为引擎,在实践研究中不断思考、自省,努力做出诠释。十几年来,集团探究不止,涉及课程、课堂、学教方式、德育实施等诸多领域,并在每个领域都取得了一定的研究成效。而今,我们将研究的目光聚焦于集团治理层面,期望通过探究集团治理新范式,优化集团发展路径,提振办学效益,推动集团发展迈上新台阶。

　　采一一直以来都非常重视对于集团治理的思考和探究。2007年,采一加入了集团化办学行列,开启紧密型办学篇章,逐步总结出了以师生发展为出发点,以"点、线、环、面"为基本形式的"射线型管理"模式。随着丁信小学的成立,集团由紧密型教育集团变为松散型教育集团。在此背景下,我们又一次开始了集团治理范式的新探索。

　　松散型教育集团治理新范式的探究是一个巨大的挑战,可借鉴的经验不多,集团治理只能在实践中一步步摸索。"山口潜行始隈隩,山开旷望旋平陆。"庆幸的是,随着探究的不断深入,经验的不断累积,我们的研究思路越来越清晰,抓手越来越明确,整个研究架构也日趋完善。历时三年的探索,我们提出了崭新的"双射线"模式,以师生成长、管理创新、学校发展等为目标,以"一核、双线、多维、全面"为整体架构,通过对松散型教育集团的德育实施、教学管理、教师发展和文化建设的探索与实践,设计形成了四大治理新范式,分别为共情:德育互生新范式,共进:教学互惠新范式,共研:教师互动新范式,共生:文化互融新范式。实践中还提炼出了相关的操作策略,有效地完成了集团管理组织结构变革，促进了教师和学生的优质发展，为松散型教育集团的发展提供了典型样本。

我们期待借由对松散型教育集团治理新范式的探究，完成集团发展的自我更新和自我迭代，树立集团发展新的里程碑，集团办学的各个方面、维度都有新的发展和突破，从而带给学生更优质的教育、更全面的发展、更美好的童年。让"美润童年"集团办学理念扎实落地，这是我们所肩负的沉甸甸的使命，也是我们永恒不变的初心。

这部书稿的问世是集体智慧的结晶。本书由王红校长主编，各章节的作者分别为：第一章：王红、章彦婷；第二章：王红、叶建胜、章彦婷、陈欣玮、郑章云；第三章：陈净、苏丽琴；第四章：钟蓓蓓、孙健萍；第五章：赵远利、田月思；第六章：邬国文、章海英；第七章：方卫成。此外，本书的成稿也凝结着集团各位教师的实践智慧和心血。在编写组全体教师的努力下，经过章彦婷老师的用心修改，历时三年，本书终于和广大读者见面了。

集团在进行"双射线"松散型教育集团治理新范式的探索过程中，有幸得到了省、市、区教育局领导、诸位专家的智慧指引和悉心指导。浙江省教育科学研究院基教所所长林莉博士作为本课题的特聘专家全程跟进本课题的研究、实践，并予以悉心指导。同时还得到了施光明、俞晓东等多位专家的细心指导。在此，一并向他们致以深深的感谢！另外，在编写书稿的过程中，我们也引用了许多专家、学者和教师的优秀论著、论文，不能一一致谢，对于这些作者以及为此书付出辛勤努力的老师，表示深深的敬意。

本书的编写，开阔了我们的学术视野，也促使我们在探究集团治理的道路上勤于学、思、行、省，不断自我提升。本书反映了集团开展治理新范式探究的实践足迹，对松散型教育集团如何治理这一议题具有一定的实践价值、学术价值和指导意义。当然，由于本书编写时间仓促，编者水平也有限，因而书中难免存在一些不当之处，敬请各位专家、同人提出宝贵意见，以便我们进一步改进与完善。

编　者

2020年12月

图书在版编目（CIP）数据

双射线模式：松散型教育集团治理新范式 / 王红编著. -- 北京：现代出版社，2021.3
ISBN 978-7-5143-9042-1

Ⅰ. ①双… Ⅱ. ①王… Ⅲ. ①基础教育 - 办学组织形式 - 研究 - 杭州 Ⅳ. ①G639.285.51

中国版本图书馆 CIP 数据核字（2021）第 040591 号

作　　者：王　红
责任编辑：窦艳秋
出版发行：现代出版社
通讯地址：北京市安定门外安华里 504 号
邮政编码：100011
电　　话：010-64267325　64245264（传真）
网　　址：www.xdcbs.com
电子邮箱：xiandai@cnpitc.com.cn
印　　刷：杭州万星印务有限公司
开　　本：710mm×1000mm　1/16
字　　数：270 千字
印　　张：17.75
版　　次：2021 年 4 月第 1 版　　2021 年 4 月第 1 次印刷
书　　号：978-7-5143-9042-1
定　　价：45.00 元